Holger Kleinhenz
Gerhard Deiters

Jura Professionell
Klausuren, Hausarbeiten, Seminararbeiten, Dissertationen
richtig schreiben und gestalten

Holger Kleinhenz
Gerhard Deiters

Jura Professionell

- **Kausuren**
- **Hausarbeiten**
- **Seminararbeiten**
- **Dissertationen**

richtig schreiben und gestalten

AchSo! Verlag
im Programm der Bund-Verlagsgruppe

Bibliografische Information der Deutschen Bibliothek
Die Deutsche Bibliothek verzeichnet diese Publikation in der Deutschen Nationalbibliografie; detaillierte bibliografische Daten sind im Internet über http://dnb.ddb.de abrufbar.

Umschlag: Neil McBeath, Stuttgart
AALEXX Druck GmbH, Großburgwedel
Printed in Germany 2005
ISBN 3-7663-1261-8

www.achso.de

Vorwort

Das vorliegende Buch ergänzt die Reihe »Jura Professionell« und beschäftigt sich mit den **Formalien** und der **sprachlichen Gestaltung** von Klausuren, Hausarbeiten, Seminararbeiten und Dissertationen.

Es richtet sich vorwiegend an Studierende der Anfangssemester, die sich mit der anspruchsvollen Aufgabe konfrontiert sehen, zum ersten Mal eine schriftliche juristische Arbeit abliefern zu müssen. Gleichzeitig soll es den Fortgeschrittenen als Leitfaden für die korrekte Anfertigung von Seminar- und Doktorarbeiten dienen.

Bedanken möchten wir uns bei Frau *Yun-I Kim* für ihre Lektorentätigkeit.

Dem Leser legen wir ans Herz, zunächst die Hinweise zur Arbeit mit diesem Buch – gleich folgend auf Seite 7 – sorgfältig durchzusehen.

Köln, im August 2005

Holger M. Kleinhenz
Gerhard Deiters

Zur Arbeit mit diesem Buch

Ausgangspunkt dieser Darstellung ist die Erkenntnis der Autoren, dass der Jurist im Laufe seiner Ausbildung und späteren Karriere nahezu ausschließlich danach beurteilt wird, was und wie er schreibt. Der Hauptgrund hierfür ist, dass die Rechtswissenschaft in besonders hohem Maße mit dem Lesen, Verstehen und Schreiben von Texten zu tun hat. Die schriftliche Fixierung entspricht andererseits auch den Bedürfnissen der Rechtspraxis: Gesetze, Verträge, Urteile, anwaltliche Schriftsätze sollen verständlich, aussagekräftig, überzeugend und vor allem rechtssicher sein. Der angehende Jurist muss sich deshalb bereits früh mit den formellen Regeln der fachbezogenen schriftlichen Äußerung vertraut machen.

Formalien in juristischen Prüfungsarbeiten sind erfahrungsgemäß nicht nur »reine Formsache«. Eine gelungene Prüfungsleistung setzt neben inhaltlicher Richtigkeit und Vollständigkeit auch voraus, dass der Bearbeiter die von ihm erarbeiteten Ergebnisse fachgerecht darstellt. Hierbei können ihm zahllose leichte und schwere Fehler unterlaufen, die sich letztendlich auch in der Bewertung niederschlagen.

Die Prüfungspraxis an den Universitäten und den Justizprüfungsämtern zeigt, dass die Benotung einer Klausur oder Hausarbeit maßgeblich davon abhängt, ob und inwieweit **Inhalt und Form einander entsprechen**. Eine inhaltlich glänzende Arbeit wird kaum mit der vollen Punktzahl bewertet werden, wenn Form und Sprache nicht ebenfalls auf höchstem Niveau sind. Umgekehrt wird eine schlechte Arbeit selbstverständlich nicht dadurch zu einem Meisterwerk, dass sklavisch alle formellen Regeln eingehalten werden.

Das vorliegende Buch ist gleichermaßen als **Lernbuch** und als **Nachschlagewerk** konzipiert. Die einzelnen Kapitel können in beliebiger Reihenfolge durchgearbeitet werden und eignen sich insbesondere auch zum gezielten Nachlesen währende der Bearbeitung einer Prüfungsarbeit. Damit die Kapitel auch unabhängig voneinander ihre Aussagekraft nicht verlieren, wurden identische Informationen zum Teil an mehreren Stellen des Buches untergebracht, sofern dies im jeweiligen Kontext geboten erschien.

Inhaltsverzeichnis

Kapitel 1 – Die Formalien

Das folgende Kapitel behandelt die Formalien von Prüfungsarbeiten. Ausgehend von den Formalien der Hausarbeit wird am Ende dieses Kapitels auf die Besonderheiten von Seminararbeiten, Klausuren und Dissertationen eingegangen. Für die technische Umsetzung der Formalien am PC wird auf die einschlägige Literatur zu den einzelnen Textverarbeitungsprogrammen und das Buch »**Haus- und Examensarbeiten mit Word**«[1] aus dieser Reihe verwiesen.

Die Bedeutung der Formalien wird oftmals unterschätzt. Nach der Rechtsprechung darf die äußere Form von Prüfungsarbeiten in die Benotung einbezogen werden. Bei den Formalien handelt es sich nicht um reinen Selbstzweck oder gar Schikane. Sie sind zum einen Ausdruck wissenschaftlichen Arbeitens, zum anderen zeigt sich in der Prüfungspraxis immer wieder, dass »Formfehler« durch Fehler im »materiellen Teil« bedingt sind und umgekehrt. Besonders deutlich wird dies zum Beispiel im Rahmen der »Gliederung« (ab Seite 23) und bei der Zitierung in den Fußnoten (ab Seite 69).

Die »trockenen« Formalien werden durch weitergehende Erläuterungen und Praxistipps ergänzt.

Am Ende des Kapitels werden die wichtigsten Punkte noch einmal schlagwortartig zusammengefasst.

A. Allgemeines zur Hausarbeit

Die Hausarbeit wird heutzutage in aller Regel am PC erstellt. Zwar ist die Erstellung mit der Schreibmaschine nicht verboten, jedoch zum einen nicht mehr zeitgemäß, zum anderen gerade bei kurzfristigen Änderungen des Textes kaum zweckmäßig. Es wird **unliniertes weißes Papier** im **Format DIN-A4** verwendet. Recycling-Papier ist zwar umweltschonender und generell natürlich zu empfehlen, bei einer Hausarbeit ist aber zwecks besserer Lesbarkeit und optischen Eindrucks auf weißes Papier zurückzugreifen (Anhänger der »ökologischen Linken« haben daher eine zusätzliche Motivation, sich kurz zu halten und auf das Wesentliche zu konzentrieren). Die **Blätter** werden **einseitig** beschrieben. Die **Arbeit ist möglichst gebunden** abzugeben, nur notfalls sollte sie im Schnellhefter abgegeben werden. Die **Spiralbindung** hat gegenüber der **Klebebindung** den Vorteil, dass sie sich bei der Korrektur praktischer umblättern lässt. Ob man **normales 80g/qm-Papier** wählt oder aber ein dickeres Papier (in keinem Fall mehr als 120g/qm), ist Geschmackssache.[2]

---

1 *Ralf Krämer/Michael Rohrlich*, Haus- und Examensarbeiten mit Word, 1. Aufl. 2005.

2 Dickeres Papier hat den Vorteil, dass sich die Seiten besser umblättern lassen und die Korrekturbemerkungen bei Benutzen eines Füllfederhalters nicht »durchdrücken«.

Auf den folgenden Seiten werden in den grauen Kästen neben kurzen Zusammenfassungen Formatierungsvorschläge für die einzelnen Abschnitte gemacht. Diese sind allgemein gültig. Allerdings ist auf den Bearbeitervermerk der ausgeteilten Hausarbeit zu achten, der natürlich Vorrang hat.

Wichtig: Oftmals werden vom Aufgabensteller eigene Formatierungsvorgaben gemacht. Diese sind unbedingt zu beachten!

B. Inhalt einer Hausarbeit (innere Gliederung)

Die Hausarbeit enthält in der aufgeführten Reihenfolge folgende Abschnitte:

- **Deckblatt** (siehe unten I.)
- **Aufgabentext/Sachverhalt** (siehe unten II.)
- **Gliederung** (siehe unten III.)
- **Literaturverzeichnis** (siehe unten IV.)
- **Abkürzungsverzeichnis** (optional, siehe unten V.)
- **Gutachten/Fließtext** (siehe unten VI.)
- **Unterschrift** (soweit nicht anonymisiert)

Die **nicht zum Gutachten/Fließtext** gehörenden Teile werden **Apparat** genannt.[3] Ob die Gliederung vor oder nach dem Literaturverzeichnis aufzuführen ist, ist Geschmackssache. Die hier genannte Reihenfolge ist üblich (insbesondere in der Examenshausarbeit). Enthält der Bearbeitervermerk einer Hausarbeit eine abweichende Reihenfolge, so ist selbstverständlich diese für den Bearbeiter bindend.

Der **Apparat** wird bis auf das Deckblatt mit fortlaufenden **römischen Zahlen** (I, II, III...) nummeriert. Folglich beginnt der Aufgabentext/Sachverhalt mit Seite »**I**«.[4] Der »**Gutachtentext**« wird mit **arabischen Zahlen** (1, 2, 3...) nummeriert und beginnt mit Seite »**1**«, die Nummerierung des Apparats setzt sich also nicht im Gutachtentext fort. In jedem modernen Textverarbeitungsprogramm besteht die Möglichkeit, die Seitenzahlen automatisch einfügen zu lassen.

Etwaige Seitenzahlbegrenzungen beziehen sich natürlich nur auf den »Gutachtentext« und nicht auf den Apparat.

---

3 *Brühl*, die juristische Fallbearbeitung in Klausur, Hausarbeit und Vortrag, 3. Aufl. 1992, 2. Teil, B.V. (S. 153); *Bernhard Dietrich*, Jura 1998, 142 (143).

4 Nach *Theisen*, Wissenschaftliches Arbeiten, 12. Aufl. 2005, S. 180 wird auch das Deckblatt in die Seitenzählung mit aufgenommen, so dass der Aufgabentext/Sachverhalt mit »II« beginnt. Zwar erscheint dies nicht falsch, jedoch mutet es bei juristischen Hausarbeiten doch seltsam an, wenn in der Gliederung als Seite I »Deckblatt« aufgeführt wird.

»Standard«-Formatierung: Bei der Anfertigung der Hausarbeit sollte eine **einheitliche Schriftart** gewählt werden. **Ohnehin sollte die gesamte Hausarbeit einheitlich gestaltet werden**. Schließlich »isst das Auge mit«. Soweit die Schriftart nicht vorgegeben ist (eine Vorgabe wird oft bei seitenzahlbegrenzten Hausarbeiten gemacht), empfiehlt es sich, eine der Standardschriftarten ***Arial*** oder ***Times New Roman*** zu verwenden. Bei diesen Schriftarten handelt es sich um so genannte **Proportionalschriftarten**, bei denen also schmale Buchstaben weniger Platz einnehmen als breitere, was besonders dann von Vorteil ist, wenn eine Seitenzahlbegrenzung vorgegeben ist.

Die **Standardschriftgröße im Text ist 12 pt**, in den **Fußnoten 9-10 pt**. Bei den Seitenrändern ist zu beachten, dass links genügend Platz für die Spiral- oder Klebebindung bleibt und rechts die Möglichkeiten des verwendeten Druckers berücksichtigt werden.

Bei den **nicht zum Gutachtentext gehörenden Abschnitten** (also Deckblatt, Aufgabentext/Sachverhalt, Gliederung, Literaturverzeichnis, Abkürzungsverzeichnis) empfiehlt sich ein **linker Rand** von **2 cm** und **ein rechter Rand** von **1 cm**.

Im **Gutachtentext** ist ein **linker Rand** von **mindestens 7 cm** einzustellen (sog. Korrekturrand). Für den **oberen und unteren Seitenrand** empfiehlt sich **1,5 cm**. Ob die Seitenzahl **oben/unten mittig/rechts** eingefügt wird, ist im wahrsten Sinne des Wortes gleichgültig.

I. Deckblatt

Das Deckblatt enthält **links oben die Angaben zum Verfasser**. Bei der Anfertigung des Deckblatts ist zu unterscheiden, ob eine anonymisierte Bewertung vorgenommen wird (wie es im Examen der Fall ist) oder nicht. Im Fall der anonymisierten Bewertung wird lediglich die **Prüfungsnummer bzw. Kennziffer** (z.B. »Kennziffer JPA 889/04«) angegeben. Findet keine anonymisierte Bewertung statt, sind folgende Angaben zur Person zu machen:

- **Name, Vorname**
- **Studienanschrift**
- **Matrikelnummer**
- **Aktuelles Fachsemester (wird zumeist im Bearbeitervermerk genannt, ansonsten ist diese Angabe freiwillig)**
- **wenn zusätzlich eine Prüfungsnummer vergeben wurde, ist auch diese anzugeben**

Telefonnummern oder **E-Mail-Adressen** können zusätzlich angegeben werden, zwingend erforderlich ist dies allerdings nicht.

Formatierung der Angaben zur Person/Prüfungsnummer: Die Angaben sind ***oben links*** und ***linksbündig*** zu machen. Die Schriftgröße ist in der Regel ohne Belang, zugunsten der Lesbarkeit sollte aber mindestens eine ***Schriftgröße von 12 pt*** gewählt werden. Für den ***Namen bzw. die Prüfungsnummer*** sollte ***Fettschrift*** verwendet werden.

In der Seitenmitte werden die Angaben zu der Hausarbeit gemacht. Hier ist zwischen den Hausarbeiten an der Universität und denen im Examen zu unterscheiden.

Die Hausarbeit im Examen enthält lediglich die Angabe, in welchem **Rechtsgebiet** die Hausarbeit angefertigt wurde (z.B. »Examenshausarbeit im Zivilrecht«) und in einer neuen Zeile das **Abgabedatum** (z.B. »Abgabe am 20. Dezember 2004«).

Die im Rahmen des Erwerbs von Scheinen an der Universität angefertigte Hausarbeit enthält folgende Angaben, die jeweils in einer neuen Zeile gemacht werden:

- **Titel der Veranstaltung** (z.B. »Übung im Zivilrecht« oder »Vorbereitungskurs Schuldrecht II«)
- **Art der Arbeit**, gegebenenfalls mit zusätzlichen Angaben, um die wievielte Hausarbeit im Rahmen einer Veranstaltung es sich handelt (z.B. »Hausarbeit« oder »1. Hausarbeit«)
- **Angaben zum Semester** (z.B. »Wintersemester 2005/06«)
- **Angaben zum Dozenten mit voller Titelbezeichnung** (z.B. »bei Prof. Dr. Heinz-Peter Mansel«)
- **Termin der Abgabe** (z.B. »Abgabe am 20. Dezember 2004«)

Formatierung der Angaben zur Hausarbeit: Die Angaben sind ***in der vertikalen-Mitte*** und ***zentriert*** zu positionieren. Die Schriftgröße ist in der Regel ohne Belang, allerdings sollte sie größer als die bei den Angaben zur Person sein und das Rechtsgebiet bzw. der Titel der Veranstaltung hervorgehoben werden. Daher empfiehlt sich eine ***Schriftgröße von mindestens 14 pt*** und ***18 pt für die Angabe des Rechtsgebiets bzw. der Veranstaltung***.

Zur Veranschaulichung befinden sich auf den nächsten beiden Seiten Beispiele für das Deckblatt einer Examens- bzw. Universitätshausarbeit.

Justizprüfungsamt

bei dem Oberlandesgericht Düsseldorf

Erste Juristische Staatsprüfung

Hausarbeit im Zivilrecht

Abgabe am 20. Dezember 2004

Kennziffer JPA 889/04

Müller, Markus Friedrich
Sandplatz 3
80789 München
Matrikelnr. 08154711
2. Fachsemester

Hausarbeit

Vorbereitungskurs im Schuldrecht II

Sommersemester 2005
bei Professor Dr. Matthias G. Bühr

II. Aufgabentext/Sachverhalt

> **Seitenformatierung:** Besondere Anforderungen an die Formatierung der Seite gibt es nicht, es gilt der generelle Formatierungsvorschlag (***links 2 cm, rechts 1 cm, oben und unten 1,5 cm Rand***). Die Seiten sind mit **römischen Ziffern** zu **nummerieren**, beginnend mit »I«. In der Regel wird die Seitenzahl rechts oben (in der Kopfzeile) platziert.

Auf das Deckblatt folgt **auf einer neuen Seite** der Aufgabentext/Sachverhalt. Zwar ist es (wenn es der Bearbeitervermerk nicht ausschließt) möglich, eine Kopie des Originaltextes einzufügen, allerdings macht dies keinen professionellen Eindruck. Der **Aufgabentext/Sachverhalt inklusive der Fallfrage(n)** aber ohne weitere Bearbeitervermerke (wie etwa Angaben zu Schriftgröße und Schriftart) ist **von Hand** oder per **Texterkennungssoftware** zu erfassen. Das »stupide« Abtippen hat den nicht zu unterschätzenden **Vorteil**, dass man sich mit dem Aufgabentext/Sachverhalt intensiv auseinander setzt. Von daher sollte man dies schon am ersten Tag der Bearbeitung erledigen, um nicht Gefahr zu laufen, durch das »Überfliegen« des Aufgabentexts/Sachverhalts von Anfang an wichtige Aspekte zu übersehen.

Zwecks einheitlicher Gestaltung ist es erlaubt, den Aufgabentext/Sachverhalt an die in der Arbeit verwendete Rechtschreibung anzupassen (ergo: wird die Hausarbeit unter Verwendung der »neuen« Rechtschreibregeln erstellt, darf der Aufgabentext auch dann nach diesen Regeln eingefügt werden, wenn das Original noch die »alten« Regeln enthält und umgekehrt). Dem Aufgabentext/Sachverhalt ist eine entsprechende Überschrift voranzustellen (z.B. »**Sachverhalt**«).

> **Formatierung des Aufgabentextes/Sachverhalts:** Der Aufgabentext ist im ***Blocksatz*** und mit einer ***Schriftgröße von 12 pt*** einzugeben. Unterstreichungen, Fettschrift und sonstige Besonderheiten sind nur dann zulässig (und auch erforderlich), wenn sie bereits im Originaltext enthalten sind. Der Aufgabentext dient nicht dazu, den Leser auf die entscheidenden Gesichtspunkte hinzuweisen! Die Absätze werden vom Original übernommen. Die Überschrift ist auf der ersten Seite des **Aufgabentextes/Sachverhalts** ***oben links*** einzufügen und sollte ***14 pt*** groß und in ***Fettschrift*** geschrieben sein, um sich vom Text abzusetzen.

III. Gliederung

> **Seitenformatierung:** Besondere Anforderungen an die Formatierung der Seite gibt es nicht, es gilt der generelle Formatierungsvorschlag (***links 2 cm, rechts 1 cm, oben und unten 1,5 cm Rand***). Die Seiten sind fortlaufend mit **römischen Ziffern** zu **nummerieren**, die Nummerierung wird vom »Aufgabentext/Sachverhalt« fortgeführt. In der Regel wird die Seitenzahl rechts oben (in der Kopfzeile) platziert.

Auf den Aufgabentext folgt auf einer neuen Seite die **Gliederung** (auch »Inhaltsverzeichnis« oder »Anordnung« genannt), der eine entsprechende Überschrift voranzustellen ist.

Die Gliederung soll den Leser durch das Gutachten führen und muss die Prüfungsschritte samt Seitenangabe enthalten. Sämtliche aktuellen Textverarbeitungsprogramme besitzen eine Funktion, mit der die Gliederung anhand der im Text[5] verwendeten Überschriften automatisch erstellt wird.[6] Die genannte Funktion sollte vor Beginn der Hausarbeit ausprobiert werden, da es sehr ärgerlich ist, wenn man zum Ende einer Hausarbeit die Gliederung abtippen muss. Das Layout kann in der Regel frei gewählt werden.

Die **Gliederung** enthält alle **Gliederungsebenen des Gutachtentextes**. Die Frage, ob eine Gliederung überhaupt noch den **Zweck der Übersicht über die Prüfungsschritte** erfüllt, wenn sie bei einem 30-seitigen Gutachtentext über sechs Seiten geht und zehn Gliederungsebenen enthält, wird man in der Regel mit einem klaren »**Nein**« beantworten müssen. Gleichzeitig ist dies aber keine Frage, die sich im Rahmen der Anfertigung der Gliederung stellt (die ja zeitlich nach der Anfertigung des Gutachtentextes erfolgt), sondern bereits bei der Erstellung des Gutachtentextes zu berücksichtigen ist, da die Gliederung lediglich eine Zusammenstellung der Überschriften aus dem Apparat und dem Gutachtentext ist.

Merke: Ein übersichtlicher Gutachtentext hat immer auch eine übersichtliche Gliederung zur Folge! **Umkehrschluss**: Ist die Gliederung unübersichtlich und nicht aus sich selbst verständlich, dann ist auch der Gutachtentext in der Regel nicht gut strukturiert.[7]

Die **zentrale Aufgabe einer Gliederung** des Gutachtentextes und damit des Setzens von Überschriften ist immer, dem Leser den Prüfungsgang klar zu machen und gleichzeitig Übersichtlichkeit zu bewahren.

Folgende Regeln sind Grundvoraussetzung für eine korrekte und übersichtliche Gliederung:

1. Nummerierung der Überschriften/Einrückung

Zunächst einmal tun wir etwas, was Juristen selten machen: Wir sind ganz ehrlich! Selbst der beste Gutachtentext wird unübersichtlich, wenn man nicht mitteilt, auf welcher Ebene der Prüfung man sich gerade befindet. Dazu dient die Nummerierung der Überschriften. Wenn man die Überschriften nicht nummeriert, verliert der Leser sehr schnell den Faden.

---

5 Also »Gutachtentext« und Überschriften des »Apparats«.

6 Wie dies genau funktioniert, wird unter anderem in dem in Fn. 1 (Seite 17) genannten Buch »Haus- und Examensarbeiten mit Word« erläutert.

7 Siehe auch *Theisen* (oben Fn. 4), S. 182.

Sehen wir uns zunächst dieses **Beispiel einer schlechten Gliederung** an:

Hier hat der Verfasser anscheinend volles Vertrauen in das Vorstellungsvermögen und den guten Willen des Korrektors, ansonsten hätte er wohl kaum auf die Nummerierung der Überschriften verzichtet. Aus dieser Gliederung geht nämlich in keiner Weise hervor, auf welchen (hierarchischen) Ebenen sich die einzelnen Prüfungspunkte befinden. Zwar mag der geneigte Leser sagen »Klar doch, Handlung und Erfolgseintritt sind Unterpunkte des Tatbestands, der ist wiederum Unterpunkt des Totschlags«, allerdings geht dies zum einen nicht aus der Gliederung hervor, zum anderen ist nicht jede Prüfungsfolge so eindeutig und bekannt wie die des Totschlags.[8]

Merke: Die **Nummerierung** der Überschriften gibt eine **hierarchische Prüfungsfolge** wieder. Ohne eine Nummerierung der Überschriften ist die Hausarbeit vollkommen unübersichtlich! Allein das Setzen von Überschriften reicht also nicht aus.

Ob man die Gliederungsebenen **»flach«** untereinander darstellt oder **»einrückt«**, ist Geschmackssache. Bei der **»Einrückung«**, bei der die Gliederungsebenen (in der **Gliederung**, nicht im Gutachtentext) je nach Ebene versetzt abgebildet werden (siehe die folgenden Beispiele), besteht der Vorteil, dass die Hierarchie nicht nur durch die Nummerierung, sondern auch durch die optische Gestaltung erkennbar ist. Sämtliche modernen Textverarbeitungsprogramme bieten die Option der »Einrückung« bei der Gliederungserstellung an. Wir empfehlen diese Variante, da sie – wie gesagt – übersichtlicher ist. Wir verwenden sie daher auch in allen folgenden Beispielen.

Merke: Die Gliederung wird übersichtlicher, wenn die Gliederungspunkte je nach Gliederungsebene »**eingerückt**« werden.

2. Berücksichtigung der Gliederungsebene

Nicht viel besser als das erste ist das **folgende Beispiel einer Gliederung**:

8 Am strafrechtlichen Klassiker des »Erlaubnistatbestandsirrtums« z.B. kann man sehen, dass selbst die Einordnungen auf bestimmte Ebenen umstritten und für die Falllösung relevant sind.

2. Handlung 2
3. Erfolgseintritt 5
4. Rechtswidrigkeit 6
5. Schuld 8

Zwar hat sich der Verfasser löblicherweise dazu durchgerungen, seine Überschriften zu nummerieren und auch die Gliederungsebenen einzurücken, leider hat sich aber ein **grober Schnitzer** eingeschlichen. Wurde der Fehler entdeckt? Richtig, der Verfasser hat fälschlicherweise »Tatbestand«, »Handlung« und »Erfolgseintritt« auf eine Ebene gesetzt. »Handlung« und »Erfolgseintritt« sind aber Unterpunkte des »Tatbestands« und daher auf einer untergeordneten Ebene abzubilden (soweit ihnen überhaupt eine Überschrift zugeordnet wird). **Die Gliederungsebene entspricht der juristischen Denkweise** des Verfassers. Die **Zuordnung zu einer falschen Gliederungsebene** stellt daher auch gleichzeitig einen **methodischen Fehler** dar. Auf der **gleichen Gliederungsebene** dürfen daher nur **gleich geordnete Prüfungspunkte** dargestellt werden. **Richtig** ist es daher **so**:

I. Totschlag, § 212 I StGB 1
  1. Tatbestand 1
    a) Handlung 2
    b) Erfolgseintritt 5
  2. Rechtswidrigkeit 5

Merke: Gleiches nur zu Gleichem! Auf einer Gliederungsebene dürfen nur Prüfungspunkte stehen, die auch tatsächlich gleichrangig sind.

3. »Wer A sagt, muss auch B sagen«

Ein altes Sprichwort lautet »*Wer A sagt, muss auch B sagen!*«. Dies gilt insbesondere bei der Gliederung. Sehen wir uns zunächst einmal ein **schlechtes Beispiel** an:

I. Totschlag, § 212 I StGB 1
  1. Tatbestand des § 212 I StGB 1
    a) Handlung 2
    b) Erfolgseintritt 5
  2. Rechtswidrigkeit 5
    a) Notwehr, § 32 I StGB 6
  3. Schuld 8

Wo liegt der Fehler? Nach dem eben Gesagten dürfte es kaum schwer fallen, ihn zu finden. Der Verfasser hat unter dem Gliederungspunkt »Rechtswidrigkeit« den Gliederungspunkt »a) Notwehr« eingefügt, es aber unterlassen, einen weiteren Gliederungspunkt »b)« einzufügen. **Aus der Natur des Gliederungssystems ergibt sich jedoch, dass auf einen Gliederungspunkt mindestens noch ein gleichwertiger folgen muss**, denn ansonsten wäre es überflüssig, den ersten Gliederungspunkt extra zu benennen. Vorliegend ist aber davon auszugehen, dass der Verfasser dem Leser mit dem Gliederungspunkt »Notwehr« eine wichtige Information auf den Weg geben wollte, nämlich dass an dieser Stelle die Notwehr zu prüfen ist.

Das **gänzliche Weglassen des Gliederungspunktes** »Notwehr« wäre also die **schlechteste** von vier Lösungen. Die **zweitschlechteste Lösung** wäre das **Einfügen eines völlig abwegigen Gliederungspunktes**, in unserem Fall beispielsweise »b) Notstand«. Sinnvoll sind daher nur die Lösungen 3 und 4, nämlich das **Einfügen eines Gliederungspunktes »b) Ergebnis« oder auch »b) Zwischenergebnis«** beziehungsweise die Umbenennung des Gliederungspunktes »a) Notwehr« in »- Notwehr«. Es ist vorzugswürdig, einen **Gliederungspunkt »b) Ergebnis«** (oder »b) Zwischenergebnis«) **einzufügen.** Der Spiegelstrich mag zwar die »ehrlichere« Variante sein,[9] allerdings ist es dann nicht mehr möglich, weitere Gliederungspunkte auf der nächsten Gliederungsebene einzufügen, das heißt im Beispiel wäre es nicht mehr möglich, die Notwehr in die Gliederungspunkte »Notwehrlage« und »Notwehrhandlung« oder Ähnliches zu unterteilen (der Spiegelstrich wirkt wie ein »Stoppzeichen«, wenn es um die weitere Untergliederung geht)[10], was im Einzelfall jedoch sinnvoll sein kann. Um eine einheitliche Darstellung zu gewährleisten sollte also in den Fällen, in denen eigentlich kein weiterer Prüfungspunkt auf »a)« oder »1.« etc. folgt, ein Punkt »Ergebnis« oder »Zwischenergebnis« eingefügt werden. **Richtig** ist daher:

I. Totschlag, § 212 I StGB 1
  1. Tatbestand des § 212 I StGB 1
    a) Handlung 2
    b) Erfolgseintritt 5
  2. Rechtswidrigkeit 5
    a) Notwehr, § 32 I StGB 6
    b) Zwischenergebnis 8
  3. Schuld 8

9 *Dietrich* a.a.O. (oben Fn. 3) S. 144.

10 Würde man z.B. die Notwehr noch in die Unterpunkte »Notwehrlage«, »Notwehrhandlung« und »subjektives Rechtfertigungselement« untergliedern, käme eine Nummerierung mit »a)«, »b)« und »c)« nicht in Betracht, da die genannten Punkte eben keine unmittelbaren Unterpunkte der »Rechtswidrigkeit« sind.

Merke: Auf »1.« muss immer auch ein »2.«, auf »a)« immer auch »b)« folgen. In den Fällen, in denen kein sinnvoller weiterer Prüfungspunkt besteht, wird ein Prüfungspunkt »Ergebnis« oder »Zwischenergebnis« eingefügt.

4. Inhalt der Überschriften

Die Überschriften im Gutachtentext dienen dessen **Strukturierung.** Sie gehören aber selbst nicht unmittelbar zu diesem. Von daher sollen die Überschriften nur aus sich selbst heraus verständlichen Schlagwörtern (wie z.B. »Tatbestand«, »Mangel«, »Statthafte Klageart, § 40 I VwGO«) bestehen. Auf ganze Sätze ist zu verzichten, schließlich sollte der Aufbau selbsterklärend sein. Findet der Korrektor Überschriften vor, die sich auf mehrere Zeilen erstrecken, könnte er leicht auf die Idee kommen, der Verfasser wolle Aufbauschwächen mit langen Erläuterungen ausräumen. Zudem wird er sich bei Arbeiten mit Seitenzahlbegrenzung fragen, warum der Verfasser so viel Platz verschwendet, den er für den Gutachtentext hätte verwenden können. **Insbesondere ersetzen die Überschriften keine Obersätze im Gutachtentext.**[11] Schlechterdings falsch ist es daher, in der Überschrift z.B. eine Tatbestandsvoraussetzung zu nennen und im Gutachtentext direkt zur Definition oder gar Subsumtion überzugehen.

Folgendes Negativbeispiel zeigt, wie man es **falsch** macht:

4. Mangel im Sinne von § 434 I 2 Nr. 1 BGB

Ein Mangel im Sinne von § 434 I 2 Nr.1 BGB liegt dann vor, wenn sich die Kaufsache nicht zur nach dem Vertrag vorausgesetzten Verwendung eignet.

Fehler gesehen? Im gezeigten Beispiel wurde unmittelbar mit der Definition des Mangelbegriffs begonnen, obwohl noch gar nicht erwähnt wurde, dass die Kaufsache mangelhaft sein muss. Die Überschrift ersetzt diesen einleitenden Satz in keiner Weise. Dieses Phänomen taucht vor allen Dingen in Hausarbeiten mit Seitenzahlbegrenzungen auf, wenn der Verfasser am Ende Platz einsparen muss. Um dem (korrekten) Vorwurf der Missachtung des Gutachtenstils zu entgehen sollte man besser prüfen, ob nicht mehrere Prüfungsschritte unter eine Überschrift zu fassen sind.

Der Vollständigkeit halber wollen wir uns aber noch kurz ansehen, wie es **richtig** gewesen wäre:

4. Mangel im Sinne von § 434 I 2 Nr. 1 BGB

Weiterhin müsste die Kaufsache – also das Brotmesser – mangelhaft im Sinne von § 434 I 2 Nr. 1 BGB sein. Ein Mangel im Sinne von § 434 I 2 Nr. 1 BGB liegt dann vor, wenn sich die Kaufsache nicht zur nach dem Vertrag vorausgesetzten Verwendung eignet.

11 Der Gutachtenstil wird in Kapitel II eingehend erklärt.

Fatal wäre auch, die **Überschrift als direkte Frage** zu formulieren. **Diese und insbesondere Fragezeichen haben weder in Überschriften noch im Gutachtentext etwas zu suchen**, schließlich ist nicht der Verfasser derjenige, der Fragen stellt, sondern der Aufgabensteller. Die Aufgabe des Verfassers ist es, diese aufgeworfenen Fragen zu **beantworten**. Gerade bei Überschriften, die durch einen Gutachtentext führen sollen, sind direkte Fragen unangebracht und werden von Korrektoren in der Regel mit dem bissigen wie angebrachten Kommentar »Das sollen Sie mir doch erklären« oder »Das kann ich Ihnen doch nicht beantworten« abgestraft.

Korrektoren und Prüfer lieben Normen. Auch wenn sich aufgrund der kaum überschaubaren Zahl von Meinungsstreitigkeiten das Gefühl einschleicht, die gesamte Rechtswissenschaft bestehe nur aus akademischen Kontroversen, bleibt folgende Grundregel bestehen: **Jura basiert auf Normen**. Ohne Normbezug ist auch der schönste Streit ohne Hand und Fuß. Oftmals kritisieren Korrektoren an Arbeiten, dass sie vor lauter Streitdarstellungen vollkommen den Bezug zum Gesetz verlieren. **Von daher gilt es, bereits in den Überschriften – soweit möglich – zusätzlich die passenden Normen zu nennen**. Statt »Totschlag« sollte die Überschrift daher »Totschlag, § 212 I StGB« lauten. Oftmals ergibt sich dies auch zwingend daraus, dass ohne die Normenangabe gar nicht klar ist, was jetzt eigentlich geprüft wird. Schreibt man etwa »Notwehr«, denkt man unwillkürlich an die Notwehr aus § 32 I StGB, dabei gibt es aber auch die Notwehr aus § 227 I BGB. Ähnliches gilt beim »Mangel«. Eine Sache zum Beispiel kann mangelhaft nach § 434 I 2 Nr. 1 oder Nr. 2 BGB sein. Eine präzise Normenangabe ist daher geboten, um dem Korrektor zu zeigen, was genau geprüft wird. Natürlich darf die Überschrift nicht ausschließlich aus der Norm bestehen.

Oftmals sind **Problemkreise mit bestimmten Begriffen** wie »Erlaubnistatbestandsirrtum«, »hypothetisches Erklärungsbewusstsein« **belegt** worden. In diesen Fällen sollte die Überschrift dementsprechend lauten. Man sollte immer bedenken, dass der **Korrektor zumeist eine Lösungsskizze mit den Schwerpunktproblemen der Arbeit** vorliegen hat. Findet er diese bereits beim Durchblättern in der Gliederung wieder, wird er bereits vor dem Lesen des eigentlichen Gutachtentextes den (positiven) Eindruck haben, der Verfasser habe die wesentlichen Probleme der Hausarbeit gesehen. Findet er hingegen keines oder aber nur wenige der Probleme in der Gliederung, wird er bereits zu diesem Zeitpunkt an der richtigen Schwerpunktsetzung zweifeln.

> **Merke**: Die **Überschriften** sollen **kurz** und **aus sich selbst heraus verständlich** sein. **Überschriften ersetzen keine Obersätze**. Soweit möglich, werden **Normen in der Überschrift** genannt. Gleiches gilt für die **einschlägigen Begriffe** für bestimmte **Problemkreise**.

5. Das Nummerierungssystem

In den bisherigen Ausführungen zur Gliederung als auch im gesamten Buch haben wir zur Nummerierung der Überschriften das so genannte **»Mischsystem« aus Buch-**

staben, römischen und arabischen Zahlen verwendet. Diese **alphanumerische Ordnung** ist in juristischen Arbeiten absolut vorherrschend und sollte auch für die Hausarbeit benutzt werden. In diesem System wird mit **Großbuchstaben** begonnen. Darauf folgen **römische Zahlen**, **arabische Zahlen**, **Kleinbuchstaben** mit einer Klammer oder einem Punkt, **doppelte Kleinbuchstaben mit einer Klammer**, **arabische Zahlen in Klammern**, **Kleinbuchstaben in Klammern** und schließlich **doppelte Kleinbuchstaben in Klammern**. Danach kann man entweder **griechische Buchstaben** oder aber **eckige Klammern** verwenden, wobei letztere Variante hier bevorzugt wird.[12] Mit diesem System lassen sich elf Gliederungsebenen darstellen, wobei tunlichst darauf geachtet werden sollte, dass man diese Möglichkeit nicht zu oft ausschöpft, schließlich wird auch dann die Hausarbeit unübersichtlich. Mit »**Einrückung**« sieht eine Gliederung im »**Mischsystem**« folgendermaßen aus:

A. …
  I. …
    1. …
      a) …
        aa) …
          (1) …
            (a) …
              (aa) …
                [1] …
                  [a] …

Der Vollständigkeit halber stellen wir hier auch die **numerische Ordnung** vor. Nach der numerischen Ordnung werden die Gliederungsebenen eines Textes, mit Eins beginnend, fortlaufend nummeriert. Jede nachgeordnete Gliederungsebene beginnt erneut mit der Ziffer Eins. Nach jeder Zahl steht ein Punkt, der Schlusspunkt aber entfällt.[13] Natürlich ist auch diese Form der Nummerierung erlaubt, jedoch ist sie vergleichsweise unübersichtlich und gerade bei Verweisen umständlich.[14]

6. Maßvolles Verwenden von Überschriften/Gliederungsebenen

Die Überschriften sollen den Leser durch den Gutachtentext leiten, von daher ist das richtige Maß zwischen »**Detailverliebtheit**« **und** »**Askese**« zu wahren. Aus unserer eigenen Erfahrung wissen wir, dass es gerade bei Anfängerhausarbeiten fast immer vorkommt, dass die Verfasser für jeden noch so kleinen Punkt im Gutachten eine

---

12 Siehe auch *Dietrich* a.a.O. (Fn.3), S. 144.

13 *Theisen* a.a.O. (Fn. 4), S. 102 f.

14 Eine Verweisung im Mischsystem könnte folgendermaßen lauten: »*Siehe oben unter (cc)*« Im numerischen System hieße es dann z.B. »*Siehe oben unter 1.4.1.2.3.5.6.3*«.

eigene Überschrift verwenden. Insbesondere scheint es eine ungeschriebene Regel zu sein, dass jede Tatbestandsvoraussetzung und jeder Teil einer Definition mit einer eigenen Überschrift zu würdigen sind. Dabei wird allerdings übersehen, dass die Gliederung und damit die Überschriften nur die **wesentlichen** Prüfungsschritte wiedergeben sollen.

Um das eben Gesagte ein wenig anschaulicher zu gestalten, folgender Fall:

»A schießt mit seiner 45er Magnum auf den B, der von mehreren Kugeln im Oberkörper getroffen zusammensackt und auf der Stelle stirbt. Im Polizeiverhör teilt A dem Polizisten P wahrheitsgemäß und unter Tränen mit, er habe doch den C erschießen wollen. Aufgrund seiner Alkoholisierung habe er den B irrtümlich für den C gehalten. Dieser habe ihm kurz vorher gedroht, mit einer Flinte wiederzukommen und ihn zu erschießen. A, bei dem eine Blutalkoholkonzentration von 2,7 ‰ gemessen wurde, hatte den Schirm des B mit einem Gewehr verwechselt...«

Das folgende **Beispiel einer Gliederung** zeigt einmal mehr, wie man es **falsch** macht:

I. Totschlag, § 212 I StGB 1
  1. Tatbestand des § 212 I StGB 1
    a) A als tauglicher Täter 2
    b) B als taugliches Opfer 2
    c) Erfolgseintritt 2
    d) Handlung des A 3
    e) Kausalität 3
    f) objektive Zurechnung 4
    g) Vorsatz 5

Zugegeben, in diesem »Standardfall« stecken mehrere Probleme. Vollkommen unproblematisch ist allerdings, dass der A den objektiven Tatbestand des § 212 I StGB erfüllt hat. Dies kann man dann auch in **einem** Satz zum Ausdruck bringen. **Der Korrektor wird sich beim Anblick einer solchen Gliederung bereits Gedanken darüber machen, ob der Verfasser in der Lage ist, Schwerpunkte richtig zu setzen.**

Zudem trägt eine solche Gliederung nicht gerade zur Verbesserung der Übersicht bei, da bei so vielen einzelnen Gliederungspunkten nicht mehr ersichtlich ist, was das Wesentliche der Arbeit ist und schnell der Faden verloren geht. Zudem versetzt sich der Verfasser selbst in die »Zwangslage«, immer weiter zu gliedern, so dass er schnell auf der 7. oder 8. Ebene angelangt ist, was letztlich auch technische Schwierigkeiten nach sich zieht. Von daher wird er schon vor dem Lesen der ersten Zeile im »Gutachtentext« einen negativen Eindruck vom Verfasser haben, den es dann auszuräumen gilt. **Der Verfasser verschwendet zudem viel Platz und Zeit.** Wer eine Überschrift einfügt, muss auch ein paar Worte zu dem Gliederungspunkt verlieren. Bei der oben gezeigten Gliederung wird der Verfasser also mindestens eine Seite für Selbstverständliches ver(sch)wenden. Bei Arbeiten mit Seitenzahlbegrenzungen ist dies natürlich doppelt ärgerlich.

Nun stellt sich die Frage, wann man auf eine Untergliederung verzichten kann und wann nicht. Eine strikte Festlegung, wann ein neuer Gliederungspunkt notwendig wird, ist kaum möglich.

a) Verzicht auf neuen Gliederungspunkt

Auf einen **neuen Gliederungspunkt** kann man immer dann **verzichten**, wenn das geprüfte Merkmal unproblematisch ist. Im obigen Fall gilt dies für alle Merkmale des »objektiven Tatbestands«, so dass dieser unter einer Überschrift »abgehandelt« werden kann. Dort genügt dann auch ein Satz wie *»Indem der A den B durch den Schuss getötet hat, hat er den objektiven Tatbestand des § 212 StGB erfüllt«*.

Ist **von mehreren Tatbestandsmerkmalen** nur **eines problematisch**, können die **unproblematischen Tatbestandsmerkmale unter einer Überschrift zusammengefasst** werden. Hat man (was vor allem im Strafrecht öfter vorkommt) bereits den Grundtatbestand diskutiert und prüft nun die Qualifikation, kann eine Überschrift »Grundtatbestand des § ...« eingefügt und im Fließtext komplett nach oben verwiesen werden. **Eine Aufgliederung in die einzelnen Tatbestandsmerkmale würde nur Platz, Nerven des Korrektors und damit zwangsläufig Punkte kosten**. Manchmal ist mit der Vollendung eines Tatbestands zwangsläufig auch ein anderer erfüllt.[15] Dann kann dieser unter der entsprechenden Überschrift sogar ohne Obersatz in einem Satz bejaht werden.[16] Gleiches gilt für offensichtlich unwichtige Tatbestände.

b) Kein Verzicht auf einen neuen Gliederungspunkt

Auf einen **neuen Gliederungspunkt** kann man dann **nicht verzichten**, wenn ein Punkt **problematisch** ist oder **besondere Bedeutung** für die Prüfung hat.[17] Auch sollte ein »Grundgerüst« wiedergegeben werden, so wird etwa im Strafrecht grundsätzlich »Tatbestand«, »Rechtswidrigkeit« und »Schuld« getrennt aufgeführt (wenn keine der oben genannten Ausnahmen vorliegt). Auch sollte man dann nicht auf einen Gliederungspunkt verzichten, wenn ein bestimmter Problemkreis mit einem »Schlagwort« belegt ist. Dem **Korrektor liegt** – wie bereits angedeutet – in der Regel **eine Lösungsskizze mit den Schwerpunktproblemen der Arbeit** vor. Findet er diese bereits beim Durchblättern in der Gliederung wieder, wird er schon vor dem Lesen des

15 In der vorsätzlichen Tötung (= Totschlag, § 212 I StGB) z.B. steckt immer als notwendiges Durchgangsstadium eine vorsätzliche Körperverletzung nach § 223 I StGB.

16 In unserem Beispiel könnte die Prüfung des § 223 I StGB also in einem Satz wie »Indem A dem B in den Oberkörper geschossen hat, hat er sich auch der vorsätzlichen Körperverletzung nach § 223 I StGB schuldig gemacht.« erfolgen.

17 In unserem Beispiel ist es natürlich u.a. problematisch, dass der A den B irrtümlich für den C gehalten hat. Dies muss in einem eigenen Gliederungspunkt (hier: »error in persona«) zum Ausdruck kommen.

eigentlichen Gutachtentextes den (positiven) Eindruck haben, der Verfasser habe die wesentlichen Probleme der Hausarbeit gesehen.

Ob man bei der **Darstellung von Meinungsstreitigkeiten**[18] jeder einzelnen Meinung eine eigene Überschrift einräumt, ist Geschmackssache; jedenfalls sollten die wichtigsten Meinungen eine eigene Überschrift bekommen.

c) Nicht »pfuschen«!

Teilweise wird vorgeschlagen, innerhalb des »Gutachtentexts« Überschriften ohne Nummerierung einzufügen, die dann auch nicht in der »Gliederung« auftauchen.[19] So soll das Verzetteln in zu viele Gliederungspunkte und der Verstoß gegen »Wer A sagt, muss auch B sagen« verhindert werden. Davon ist aber abzuraten, weil es sich dabei in Wirklichkeit nur um einen »Pfusch« handelt. Entweder ist ein Punkt so wichtig, dass er in der »Gliederung« auftauchen muss, oder er ist es nicht. Zudem ergibt sich hier die gleiche Problematik wie beim »Spiegelstrich« (siehe oben S. 24).

Richtig wäre nach dem bisher Gesagten für obigen Fall die folgende Variante:

I. Totschlag, § 212 I StGB 1
  1. Tatbestand des § 212 I StGB 1
    a) objektiver Tatbestand 2
    b) subjektiver Tatbestand 2
      aa) Error in persona 2
      bb) Zwischenergebnis 4
  2. Rechtswidrigkeit 4

Grundsatz: Unproblematisches sollte unter einen Gliederungspunkt gefasst werden. Hat eine Tatbestandsvoraussetzung ein besonderes Gewicht im Gutachten, rechtfertigt und erfordert dies das Setzen einer eigenen Überschrift.

Eine Hausarbeit wird in der Regel nicht abgewertet, wenn **eine Überschrift zu wenig vorhanden ist.** Wichtig ist aber, dass die Gedankengänge im »Gutachtentext« erkennbar sind und dass eine **einheitliche** Handhabung erfolgt. Die Hausarbeit muss im Übrigen auch ohne Überschriften inhaltlich vollständig sein. Die Überschriften sollen den Aufbau nicht erklären.

In dem Fall, in dem die Hausarbeit eine einzige Ansammlung von Gliederungspunkten bis »Klein-Tripel-Gamma« (»γγγ«) ist, wird jedoch in der Regel eine Abwertung erfolgen, und zwar in doppelter Hinsicht. Zum einen wird der Korrektor zu Recht davon ausgehen, dass der Verfasser nicht in der Lage ist, seine Gedankengänge

18 Die Darstellung von Meinungsstreitigkeiten wird in Kapitel II eingehend erklärt.
19 *Brühl* a.a.O. (oben Fn. 3) S. 156.

übersichtlich zu vermitteln.[20] Zum anderen aber »reduziert« sich in Arbeiten mit Seitenzahlbegrenzung automatisch der Platz für inhaltliche Ausführungen.

7. Nummerierung nur innerhalb des Gutachtentexts

Wer die letzten Seiten aufmerksam gelesen hat, wird bemerkt haben, dass wir die Überschriften aus dem »Apparat« bislang unterschlagen haben. **Diese gehören natürlich in die Gliederung.**

Auch die Überschriften, mit denen eine etwaige Unterteilung des Gutachtens in mehrere Abschnitte (räumlich, zeitlich, nach Personen etc.) vorgenommen wird, gehören in die Gliederung. Die Überschriften des »Apparats« (also »Aufgabentext / Sachverhalt«, »Gliederung«, optional »Abkürzungsverzeichnis«, »Literaturverzeichnis«) bekommen aber ebenso wenig wie die Überschrift »Gutachten« eine eigene Nummerierung. Das wäre zwar streng genommen nicht falsch, würde aber unweigerlich dazu führen, dass der Verfasser je nach Hausarbeit bereits auf einer unteren Gliederungsebene angekommen ist, bevor das Gutachten überhaupt erst richtig begonnen hat.

Wenig praktisch ist daher die im folgenden **Beispiel** gewählte Darstellung:

A. Sachverhalt	I
B. Gliederung	II
C. Literaturverzeichnis	IV
D. Gutachten	1
I. Handlungsabschnitt 1: Geschehen im Wald	1
1. Strafbarkeit des A	1
a) Totschlag, § 212 I StGB	1
aa) objektiver Tatbestand	2

Da die Unterteilung einer Hausarbeit in mehrere »Handlungskomplexe« oder die Aufschlüsselung nach Personen oftmals sinnvoll und geboten ist, **beginnt die Nummerierung sinnvollerweise erst nach der Unterteilung der Hausarbeit in mehrere Komplexe**.

Gut ist daher die Darstellung wie im **folgenden Beispiel**:

Sachverhalt	I
Gliederung	II
Literaturverzeichnis	IV
Gutachten	1

---

20 Immer bedenken: Die Aufgabe eines Juristen ist nicht nur die Lösung eines Falles, sondern auch das Überzeugen anderer von der Richtigkeit der eigenen Lösung; dies funktioniert nur dann, wenn der Gegenpart die eigene Argumentation auch erfassen kann.

Ob man in dem Beispiel bereits bei der Überschrift »*Strafbarkeit des A*« mit der Nummerierung beginnt oder sogar erst mit der Prüfung des Tatbestands, ist Geschmackssache. Unterteilt man den Gutachtentext in mehrere Komplexe (etwa »Handlungsabschnitte«, Trennung nach Personen etc.) kann man diese mit »§ ...« oder »*Teil* ...« bezeichnen. Notwendig ist dies aber nicht.

Merke: Die Nummerierung der Gliederungsebenen beginnt erst **nach** der Unterteilung der Hausarbeit in die einzelnen Komplexe (etwa »*Handlungsabschnitte*«, Trennung nach Personen etc.).

8. Letzte Hinweise zur Gliederung

Oben haben wir schon festgestellt, dass es manchmal erforderlich ist, einen Gliederungspunkt »Ergebnis« oder »Zwischenergebnis« einzufügen. Darüber hinaus ist es sinnvoll, längere Prüfungsabschnitte ebenfalls mit einem solchen Gliederungspunkt abzuschließen. Wird auf mehreren Seiten die Mangelhaftigkeit der Kaufsache oder aber die Erforderlichkeit im Rahmen der Notwehr diskutiert, kann es je nach dem Ergebnis durchaus sinnvoll sein, dem Korrektor in einem kurzen Satz die Konsequenzen des gefundenen Ergebnisses mitzuteilen. Hat man aufgrund einer knapp kalkulierten Seitenzahlbegrenzung keinen Platz für solche Zwischenüberschriften, kann man selbstverständlich darauf verzichten.

Abschließend folgendes (richtige) Beispiel:

Merke: Wenn man genug Platz zur Verfügung hat, sollten längere Prüfungsabschnitte mit einem Gliederungspunkt »Ergebnis« oder »Zwischenergebnis« abgeschlossen werden. Dadurch bleibt der Leser »am Ball«.

Wenn man die genannten Regeln beachtet, steht einer guten und übersichtlichen Gliederung nichts mehr im Wege.

Formatierung der Gliederung: Die Gliederung ist mit einer ***Schriftgröße von 12 pt*** einzugeben. Die ***Gliederung*** sollte ***linksbündig***, die dazu gehörenden ***Seitenangaben rechtsbündig*** sein. Die Überschrift ist auf der ersten Seite der **Gliederung** ***oben links*** einzufügen und sollte ***14 pt*** groß und in ***Fettschrift*** geschrieben sein, um sich vom Text abzusetzen. Empfehlenswert – aber nicht vorgeschrieben – ist es, die **Gliederungsebenen einzurücken**.

IV. Literaturverzeichnis

Seitenformatierung: Besondere Anforderungen an die Formatierung der Seite gibt es nicht, es gilt der generelle Formatierungsvorschlag (***links 2 cm, rechts 1 cm, oben und unten 1,5 cm Rand***). Die Seiten sind fortlaufend mit **römischen Ziffern** zu **nummerieren**, die Nummerierung wird von der »Gliederung« fortgeführt. In der Regel wird die Seitenzahl rechts oben (in der Kopfzeile) platziert.

Im Literaturverzeichnis werden die vom Bearbeiter zitierten **wissenschaftlichen** Texte aufgeführt. Zum einen dient es der **eindeutigen (und schnellen) Zuordnung** der in den Fußnoten[21] aufgeführten Texte zwecks Nachprüfbarkeit durch den Korrektor. Zum anderen soll dem Leser ein **Überblick der verwendeten (und nicht der gelesenen, aber nicht im Fließtext zitierten) Literatur** gegeben werden. Von daher müssen bei der Anfertigung des Literaturverzeichnisses folgende Regeln beachtet werden:

21 Zu den Fußnoten siehe unten ab Seite 69.

- Durch die Aufführung im Literaturverzeichnis muss die Quelle eindeutig zuzuordnen und damit nachprüfbar sein.
- Im Literaturverzeichnis darf nur zitierfähige Literatur aufgeführt werden.
- Nur tatsächlich zitierte Texte dürfen (und müssen) im Literaturverzeichnis aufgeführt werden.
- Im Literaturverzeichnis ist die Zitierweise der Quellen festzulegen.

1. Was ist im Literaturverzeichnis aufzuführen?

Folgende Quellen dürfen und sollen im Literaturverzeichnis aufgeführt werden und sind damit **zitierfähig.** Bei den aufgelisteten Quellentypen handelt es sich um so genannte »**Sekundärquellen**« (hat nichts mit einem Sekundärzitat zu tun, dazu später!):

- **Lehrbücher** (Brox, BGB AT)
- allgemein: **Monographien**
- **Dissertationen** (Mansel, »Personalstatut, Staatsangehörigkeit und Effektivität«)
- **Habilitationen** (Mansel, »Grundlagen der Informationshaftung«)
- **Kommentare** (Palandt, Münchener Kommentar, Staudinger, Schönke/Schröder etc.)
- **Beiträge in Zeitschriften**
- **Beiträge in Festschriften**
- **Beiträge in Sammelwerken**
- **Entscheidungsanmerkungen**
- **Anleitungen zur Falllösung**, soweit sie **von Hochschullehrern** verfasst wurden
- ausnahmsweise **Zeitungen** (Süddeutsche, FAZ)
- ausnahmsweise **Zeitschriften/Magazine** (Spiegel, Stern)
- Beiträge aus dem **Internet**

Die Unterteilung kann manchmal schwierig sein (Handelt es sich um ein Lehrbuch oder um eine Monographie?), jedoch auch nicht zwingend erforderlich.

2. Was ist <u>nicht</u> im Literaturverzeichnis aufzuführen?

Einige Quellen dürfen <u>nicht</u> im Literaturverzeichnis aufgeführt werden. Zum einen sind dies die Quellen, die nicht den oben genannten Gattungen, sondern den »**Primärquellen**« zuzuordnen sind. Zum anderen dürfen die Quellen, die schon nicht zitierfähig sind, nicht im Literaturverzeichnis erscheinen.

a) Keine »Primärquellen« ins Literaturverzeichnis

Folgende Quellen sind nicht im Literaturverzeichnis aufzuführen:

- **Gesetze**, **Gesetzesblätter**, **Gesetzessammlungen**, **Gesetzesmaterialien** (BT-Drucksachen)
- **Gerichtsentscheidungen**, **Entscheidungssammlungen** (BGHSt, BVerfGE), **Rechtsprechungsübersichten** (»Best Of Strafrecht«, RÜ)

b) Keine »unwissenschaftlichen« Quellen ins Literaturverzeichnis

Folgende Quellen sind nicht im Literaturverzeichnis aufzuführen, weil sie nicht zitierfähig sind:

- **Skripten** (Alpmann, Richter, Hemmer, Abels&Langels)
- **Fallsammlungen** (»Lernen mit Fällen«, »Die Fälle« etc.)
- **Anleitungen zur Falllösung**, soweit sie **nicht von Hochschullehrern** verfasst wurden
- in der Regel **Zeitungen** (Süddeutsche, FAZ)
- in der Regel **Zeitschriften/Magazine** (Spiegel, Stern)

Da sich einige Skripten im Laufe der Jahre zu Lehrbüchern gemausert haben (bestes Beispiel: die Bücher von Rolf Schmidt), ist eine Differenzierung oft recht schwierig.

Im Zweifel sollte man diese Werke entweder **gar nicht zitieren** (und im Literaturverzeichnis aufführen) **oder** aber vor der Zitierung eine **verbindliche Information vom Lehrstuhl**, der die Hausarbeit stellt, einholen. Im Rahmen von Examenshausarbeiten sollte ganz auf die Zitierung solcher Bücher verzichtet werden, da oftmals Praktiker die Arbeiten korrigieren und diesbezüglich ihre manchmal durchaus kritische Auffassung vertreten.

> **Tipp**: Wenn man sich nicht sicher ist, ob ein Werk zitierfähig ist, und man es gerne mit aufnehmen möchte, empfiehlt es sich, die Literaturverzeichnisse von Standardwerken – insbesondere von Kommentaren – durchzusehen. Wird das Werk dort aufgeführt, dann ist es auch zitierfähig.

In den **wenigsten Fällen sind Informationen** aus den genannten Werken **nicht verwertbar**, denn zumeist geben sie Ansichten wieder, die aus zitierfähigen Werken entnommen sind. Gerade die Skripten von Alpmann & Schmidt und die Fallbücher aus der Reihe »Lernen mit Fällen«[22] enthalten eine Fülle von verwertbaren und im Vergleich zu vielen (oft nur so genannten) wissenschaftlichen Werken gut recherchierten Fundstellen. Der Grund hierfür ist simpel: Die Repetitorien verdienen ihr Geld mit der Vorbereitung auf die Examina, schlecht recherchiertes Ausbildungsma-

---

22 Titel abrufbar unter http://www.achso.de.

terial würde sich in Anbetracht des hohen Konkurrenzdrucks wirtschaftlich fatal auswirken.

Faustformel: In das Literaturverzeichnis werden **alle wissenschaftlichen Texte** aufgenommen, die keine Urteile sind. **Skripten, Schemata, Gesetze und Fallsammlungen sind keine wissenschaftlichen Texte**. Im Zweifel sollten Aufführung und Zitierung unterbleiben!

3. Allgemeine Regeln für den Eintrag in das Literaturverzeichnis

Für die Eintragung der verwendeten Quellen gelten allgemeine Regeln, die je nach Art der Quelle präzisiert werden. Diese Regeln lassen sich aus dem Sinn des Literaturverzeichnisses gewinnen.

Zum einen soll dem Leser ein **Überblick der tatsächlich verwendeten (und nicht etwa der gelesenen, aber nicht im Fließtext zitierten) Literatur** gegeben werden. Zum anderen dient es der **eindeutigen (und schnellen) Zuordnung** der in den Fußnoten aufgeführten Texte und damit letztlich der erleichterten Überprüfbarkeit durch den Korrektor.

a) Bibliographische Angaben zur Quelle

Die im Literaturverzeichnis aufgeführten Daten zu einem Titel müssen derart angegeben werden, dass das Werk eindeutig feststeht und keine Verwechslungsgefahr mit anderen Werken besteht.

Unabdingbare Angaben sind daher immer:

- Autor(in) bzw. Autoren
- Titel, ggf. Untertitel

Nicht zwingend erforderlich (aber zu empfehlen) ist es, auch den **Vornamen** des Autors mit aufzuführen. Es gibt **mittlerweile eine Vielzahl von Autoren mit demselben Nachnamen**, so dass eine **Verwechslungsgefahr** besteht, wenn man nur den Nachnamen angibt. Von daher ist es **mittlerweile üblich**, auch den **Vornamen des Autors mit anzugeben**. In jedem Fall aber gilt der Grundsatz der Einheitlichkeit. Unzulässig ist es daher, einige Autoren mit und einige ohne Vornamen aufzuführen. Dem oft gelesenen Vorschlag, nur die »kritischen« Autoren mit dem Vornamen anzugeben, kann nicht gefolgt werden. Auch bei mehreren Autoren eines Werkes sind die Vornamen aller Autoren anzugeben. Die Reihenfolge der Angabe ist immer **Name, Vorname**.

Autoren werden reduziert auf Vor- und Nachnamen. Der Prof. Dr. Claus-Wilhelm Canaris und der stud. iur. Paul Wolf tauchen also beide ohne Titel und Funktion auf. Zusätze wie Geburtsnamen etc. werden ebenfalls nicht aufgeführt, sondern der Name, unter dem das Werk veröffentlicht wurde.

Teilweise ist der **Autor einer Quelle nicht bekannt**, anonyme Werke waren insbesondere im 19. Jahrhundert und zur Zeit des Dritten Reiches nicht selten. Diese Werke werden unter »*N.N.*« oder »*Anonymus*« aufgeführt. Ist ein **Autor zugleich Herausgeber**, dann ist dies **mit dem Zusatz** »*(Hrsg.)*« zu kennzeichnen.

> **Merke**: Für eine eindeutige Zuordnung eines Titels ist es sinnvoll, neben dem **Nach-** auch den **Vornamen** anzugeben. Akademische Titel und/oder Berufsbezeichnungen haben im Literaturverzeichnis nichts verloren! Anonyme Autoren werden mit »**N.N.**« oder »**Anonymus**« aufgeführt. Ist ein **Autor Herausgeber**, dann ist dies **mit dem Zusatz** »*(Hrsg.)*« zu kennzeichnen.

Es ist eine **vollständige Angabe des Titels und gegebenenfalls des Untertitels erforderlich**. Die Angaben werden bei Büchern nicht vom Umschlag (dort steht oftmals nur ein Kurztitel), sondern von der **ersten Innenseite** mit bibliographischen Daten entnommen. Wenn sich der Titel über mehrere Zeilen erstreckt, dann ist dies kein »Fehler« des Verfassers der Hausarbeit, wenn er auch vollständig aufgeführt wird, sondern ein Ausdruck präziser Arbeit. Gerade bei Sammelwerken ist eine Zuordnung erst durch den Untertitel möglich. **Titel und Untertitel sind untereinander aufzuführen**.

Auch wenn es besonders aufmerksam seitens des Verfassers wäre: **Eine Anpassung des Titels und/oder Untertitels an eine mittlerweile geänderte Rechtschreibung oder Grammatik** ist tunlichst zu **unterlassen**. Gerade bei »Standardproblemen« wird es oftmals Quellen geben, die bis in das 19. Jahrhundert zurückgehen. Passt man diese (nur aus heutiger Sicht) »Fehler« an die aktuelle Rechtschreibung an, erfindet man ein Werk, das es nicht gibt. Im Sinne einer eindeutigen Identifizierung des Werkes sind daher nur die Originaltitel zu verwenden.

> **Merke**: Die **vollständige Angabe von Titel und** (falls vorhanden) **Untertitel** ist absolute Pflicht. Die Angaben werden bei Büchern nicht vom Umschlag, sondern von der ersten Innenseite mit bibliographischen Daten entnommen. **Rechtschreibung, Grammatik etc. werden nicht angepasst**.

Darüber hinaus gehende Angaben sind abhängig vom »Quellentyp« und werden weiter unten noch besprochen.

b) Angaben zur Zitierweise

Das Literaturverzeichnis dient auch der **eindeutigen (und schnellen) Zuordnung** der in den Fußnoten aufgeführten Texte zwecks Nachprüfbarkeit durch den Korrektor. Daher ist zu jeder Quelle die Zitierweise anzugeben. Die **angegebene Zitierweise muss** unbedingt **mit den Zitaten** in den **Fußnoten übereinstimmen und den Autoren sowie die Fundstelle (ggf. in Kurzform) enthalten**.

Beispiel:

Brox, Hans	Allgemeiner Teil des BGB 28. Auflage 2004 (zit.: *Brox*, BGB-AT)
Canaris, Claus-Wilhelm	Schutzwirkungen zugunsten Dritter bei »Gegenläufigkeit« der Interessen in: Juristenzeitung 1995, 441 ff. (zit.: *Canaris*, JZ 1995)
...	
1 *Brox*, BGB-AT, S. 123.	
2 *Canaris*, JZ 1995, 441 (442).	

Die Zitierweise wird durch den Verfasser der Hausarbeit festgelegt. Längere Titel können daher wie im Beispiel in der Zitierung durch eine Abkürzung ersetzt werden. Hier gilt es natürlich, eine aussagekräftige Abkürzung zu finden, in jedem Fall muss aber die eindeutige Zuordnung ermöglicht werden.

Tipp: Viele Lehrbücher und Kommentare enthalten neben den bibliographischen Daten im Innenteil auch einen Zitiervorschlag. Dieser muss aber nicht übernommen werden.

Angaben, wie die konkrete Fundstelle innerhalb eines Werkes zitiert wird, sind nicht erforderlich, da sich dies aus der Fußnote selbst ergibt. Von daher reicht wie im Beispiel eine Angabe wie »***Brox, BGB-AT***« auch ohne die Angabe, ob man nach Kapitel, Paragraphen, Randnummern und/oder Seite zitiert. Eine solch detaillierte Angabe der Zitierweise könnte dann »***Brox, BGB-AT, S.***« lauten. Wie gesagt ist dies nicht erforderlich und sollte daher unterbleiben.

Merke: Die **Zitierweise** muss **eindeutig** sein. **Autorennamen** werden bei der Angabe der Zitierweise immer ***kursiv*** dargestellt. Es ist nicht erforderlich, bei der Zitierweise den Vornamen mit anzugeben.

Ob die Zitierweise wie im Beispiel in Klammern angegeben wird oder aber mit »*zitiert als: [Autor], [Quelle]*« oder Ähnliches aufgeführt wird, ist im besten Sinne gleichgültig. Hier kommt es wieder einmal entscheidend auf die einheitliche Handhabung an.

Merke: Ob die **Zitierweise** mit »*(zit.: [Autor], [Quelle])*« oder »*zitiert als: [Autor], [Quelle]*« angegeben wird, ist gleichgültig, muss aber einheitlich gehandhabt werden.

c) Sortierung innerhalb des Literaturverzeichnisses

Die **Sortierung der Quellen** erfolgt **alphabetisch nach den Autorennamen**. Zwar ist eine Unterscheidung in Kommentare, Lehrbücher etc. nicht falsch, aber auch nicht zweckmäßig. Nimmt man es ernst mit der schnellen Auffindbarkeit der Fußnotenzitate im Literaturverzeichnis, muss man diese Möglichkeit außer Betracht lassen, da dem Korrektor nicht zugemutet werden kann, sich durch die einzelnen Kategorien durchzuarbeiten. Eine **schnelle Zuordnung** ist **nur dann möglich**, wenn **sämtliche Werke** zusammengefasst **alphabetisch sortiert** werden.

aa) Ein Autor, mehrere Werke

Werden **von einem Autor mehrere Werke** im Literaturverzeichnis aufgeführt, sind die Werke untereinander **(aufwärts) chronologisch oder alphabetisch** zu sortieren. Die chronologische Sortierung hat den Vorteil der einfacheren Zuordnung, da **bei Aufsätzen lediglich die Fundstelle**, nicht aber der Titel in den Fußnoten aufgeführt wird.

> **Merke**: Eine Unterscheidung nach dem »Quellentyp« ist im Literaturverzeichnis nicht sinnvoll. Von daher wird eine **alphabetische Sortierung nach Autoren** vorgezogen. **Mehrere Werke eines Autors** werden **chronologisch** (ältere Werke zuerst) aufgeführt. Bei **Büchern gleichen Jahrgangs** findet wiederum eine **alphabetische Sortierung** statt.

Beispiel:

Brox, Hans	Allgemeiner Teil des BGB 28. Auflage 2004 (zit.: *Brox*, BGB-AT)
Brox, Hans	Erbrecht 21. Auflage 2004 (zit.: *Brox*, Erbrecht)
Canaris, Claus-Wilhelm	Finanzierungsleasing und Wandelung in: Neue Juristische Wochenschrift 1982, S. 305 ff. (zit.: *Canaris*, NJW 1982)
Canaris, Claus-Wilhelm	Schutzwirkungen zugunsten Dritter bei »Gegenläufigkeit« der Interessen in: Juristenzeitung 1995, S. 441 ff. (zit.: *Canaris*, JZ 1995)

...

[1] *Brox*, BGB-AT, S. 123.

[2] *Canaris*, JZ 1995, 441 (442).

Theoretisch kann man bei mehreren Werken eines Autors den Autorennamen ab dem zweiten Werk in der linken Spalte des Verzeichnisses mit »*ders.*« abkürzen, bei Seitenumbrüchen im Literaturverzeichnis erschwert dies aber die Zuordnung eines Werkes. Zudem ist die Verwendung von »*ders.*« immer dann problematisch, wenn man das erste Werk aus dem Literaturverzeichnis entfernt hat oder aber das Literaturverzeichnis per Sortierfunktion neu geordnet hat. Dann kann man selbst als Verfasser mit der Angabe »*ders.*« nicht mehr allzu viel anfangen.

Merke: Auch wenn es lästig erscheint, bei mehreren Werken eines Autors ist der Autor für jedes Werk gesondert anzuführen. Auf Formulierungen wie »*ders.*« sollte verzichtet werden.

bb) Mehrere Autoren, ein oder mehrere Werke

Bei bis zu drei Autoren werden alle **Autoren** aufgeführt, und zwar **in der Reihenfolge**, in der sie in den **bibliographischen Daten genannt** werden. Das Werk findet man dann im Literaturverzeichnis unter dem Namen des erstgenannten Autors. Ob man bei mehreren Werken dieses Autors eine Unterteilung in allein verfasste Werke und Gemeinschaftsproduktionen vornimmt, ist gleichgültig. Herausgeber sind wie oben gesagt durch einen entsprechenden Zusatz zu kennzeichnen. **Beispiel**:

Wessels, Johannes *Beulke, Werner*	Strafrecht Allgemeiner Teil Die Straftat und ihr Aufbau 34. Auflage 2004 (zit.: *Wessels/Beulke*, AT)
Wessels, Johannes *Hettinger, Michael*	Strafrecht Besonderer Teil 1 Straftaten gegen Persönlichkeits- und Gemeinschaftswerte 28. Auflage 2004 (zit.: *Wessels/Hettinger*, BT I)
Wessels, Johannes *Hillenkamp, Thomas*	Strafrecht Besonderer Teil 2 Straftaten gegen Vermögenswerte 27. Auflage 2004 (zit.: *Wessels/Hillenkamp*, BT II)

Bei **mehr als drei Autoren bzw. Herausgebern** wird lediglich **der erste Autor** bzw. Herausgeber angegeben, und zwar **mit dem Zusatz »*u.a.*«** oder »*et al.*« (lat.: et alii),[23] damit klar ist, dass es weitere Autoren bzw. Herausgeber gibt. Werden in der **Zitierweise mehrere Autorennamen** aufgeführt, sind sie **durch »/« zu trennen, nicht durch »-«**, da man dies mit »Doppelnamen« verwechseln könnte. »***Wessels-Hillenkamp***« ist ein solcher (in der rechtswissenschaftlichen Literatur mangels entsprechender Eheschließung bisher nicht aufgetauchter) »Doppelname«.

> **Merke**: Bei **bis zu drei Autoren** wird das Werk unter dem **Namen des zuerst genannten Autors** aufgeführt. Die anderen Autoren werden ebenso aufgeführt. Bei **mehr als drei Autoren** wird **nur der erste mit dem Zusatz »u.a.«** aufgeführt. Werden in der **Zitierweise mehrere Autorennamen** aufgeführt, sind sie **durch »/« zu trennen, nicht durch »-«**, da man dies mit »Doppelnamen« verwechseln könnte.

d) Möglichst aktuelle Auflagen verwenden

Uneinheitlich wird die Frage beantwortet, ob immer die neuesten Auflagen eines Werkes im Literaturverzeichnis aufzuführen sind. Zum einen wird dies als zwingend erforderlich angesehen,[24] zum anderen wird gesagt, man müsse für den Fall, dass man nicht alle Neuauflagen verfügbar hatte, dies durch einen Zusatz wie »*Zum Zeitpunkt der Bearbeitung waren nicht sämtliche Neuauflagen verfügbar.*« am Ende des Literaturverzeichnisses kenntlich machen. Da beides gleichermaßen vertreten wird, ist die zweite Variante selbstverständlich ebenso gangbar.

> **Achtung**: Absolute **Standardwerke** wie »Brox – BGB AT«, der »Palandt« etc. müssen **unbedingt in der neuesten Auflage** im Literaturverzeichnis stehen. Von diesen Werken sind in den Bibliotheken so viele Exemplare verfügbar, dass eine Nichtberücksichtigung der Neuauflage nur durch schlampiges Arbeiten zu erklären ist.

Es gilt aber Folgendes:

Bevor auf Neuauflagen verzichtet wird, sollte man **alle Möglichkeiten der Beschaffung ausgeschöpft** haben. **Aktuelle Kommentare** befinden sich meistens an der **Pforte der Bibliotheken** oder aber in **Institutsbibliotheken**. Mittlerweile sind die meisten Institute an den Universitäten an **Online-Datenbanken** angeschlossen, so dass bequem am PC in der Bibliothek überprüft werden kann, ob und wo Neuauflagen erhältlich sind. Zudem verfügen die meisten **Universitätsbibliotheken** über die Möglichkeit der **Fernleihe**.

Als »Geheimtipp« haben sich die **Bibliotheken der Gerichte** erwiesen. Diese haben selbstverständlich immer die Neuauflagen verfügbar. Die **Öffnungszeiten und der**

---

23 *Theisen* (Fn. 4), S. 191.
24 *Dietrich* a.a.O. (oben Fn. 3) S. 145.

Zugang zu diesen Bibliotheken sollte möglichst **im Vorfeld** der Hausarbeit geklärt werden, oft reicht ein kurzer Anruf bei der Geschäftsstelle des entsprechenden Gerichts.

Oft haben auch **Großkanzleien** sehr **großzügig ausgestattete Bibliotheken**. Da man oft über mehrere Ecken jemanden in solchen Kanzleien kennt, schadet eine Anfrage sicherlich nicht.[25]

Für das **kurze Nachschlagen** kann man natürlich auch (mit Zettel und Stift ausgerüstet) in die **Universitätsbuchhandlung** gehen.
Sollte man von einem Werk (zumeist Kommentar oder Lehrbuch) die neueste Auflage trotz intensiven Suchens nicht bekommen haben, muss eben die Vorauflage genutzt werden. Ein entsprechender Hinweis sollte aber nicht am Ende des Literaturverzeichnisses geschehen, sondern ehrlicherweise in Klammern hinter die Angabe zur Auflage geschrieben werden. **Beispiel:**

Gerhardt, Walter	Immobiliarsachenrecht Grundeigentum und Grundpfandrechte. Fälle und Erläuterungen zum Sachenrecht für Anfangssemester 4. Auflage 1996 (die neueste Auflage war zum Zeitpunkt der Bearbeitung nicht verfügbar) (zit.: *Gerhardt*, Immobiliarsachenrecht)

Der Vorteil dieser Methode ist, dass der Korrektor nicht raten muss, welche Werke nicht aktuell sind.

> **Merke**: Der Zusatz, dass die neueste Auflage nicht verfügbar war, wird in Klammern hinter die Angabe zur Auflage aufgeführt.

Es empfiehlt sich, in den Tagen vor der Abgabe zu prüfen, ob in der Zwischenzeit (bei einer Bearbeitungszeit von vier Wochen oder mehr nicht unwahrscheinlich) Neuauflagen erschienen sind.

> **Tipp**: Aktuelle Auflagen von Kommentaren und Lehrbüchern stehen zumeist an der **Pforte von Bibliotheken**. Mögliche Beschaffungsquellen sind zudem **Institute**, **Fernleihe** der Universitätsbibliotheken, **Gerichtsbibliotheken**, **Großkanzleien**, **Universitätsbuchhandlungen**. Ob die Auflage eines Buches aktuell ist, kann man sehr einfach über die **Internetseiten der Verlage** sowie unter **www.buchhandel.de** prüfen.

e) »Altauflagen« bei Autoren- oder Ansichtenwechsel

Das **bisher Gesagte bedeutet natürlich nicht**, dass **nicht auch Vorauflagen** in der Hausarbeit verwendet werden dürfen. Gerade **wenn der Autor eines Werks** (wie

---

25 Auf diese Weise kann man auch mal nett für einen Praktikumsplatz nachhorchen.

beim »Wessels/Beulke«, der früher nur von Johannes Wessels bearbeitet wurde und jetzt von Werner Beulke aktualisiert wird) **oder** aber der **Bearbeiter in einem Kommentar wechselt,** kann es sinnvoll sein, auf die alten Auflagen zu verweisen, da sich durch den Wechsel die Ansichten durchaus verändert haben können. Auch wechselt ein Autor in späteren Auflagen gelegentlich seine Ansichten. Dann ist natürlich auch die alte Auflage zu verwenden, allerdings muss sich dann aus der Zitierweise eindeutig ergeben, auf welche Auflage sich das Zitat beziehen soll. Dazu später mehr…

Merke: **»Altauflagen«** dürfen immer dann verwendet werden, wenn ein **Autoren- oder Ansichtenwechsel** stattgefunden hat, der für die Bearbeitung von Bedeutung ist. Aus der Zitierweise in Verbindung mit dem Literaturverzeichnis muss sich aber ergeben, welche Auflage konkret zitiert wird.

f) Problemfall »Zitiert nach:«

Manchmal steht man vor dem Problem, dass man trotz größter Anstrengungen ein **Werk entweder nicht gefunden** hat **oder** aber (was in Hausarbeiten selten der Fall sein wird) ein Werk in einer **Fremdsprache** abgefasst ist. Dann ist es theoretisch erlaubt, das Werk aufzuführen und durch den Zusatz »zitiert nach: ...« klarzustellen, dass man dieses Werk aus einer anderen Quelle zitiert. Die Zitierweise kann dann folgendermaßen angegeben werden:

»(zit.: Posner, Economic Analysis, zitiert nach: Köndgen, FS-Huber)«

Das Werk wird dann entweder aus einem anderen Werk oder aber aus einer Übersetzung zitiert.

Achtung: Der Vollständigkeit halber haben wir auf diese Möglichkeit hingewiesen, können diese Vorgehensweise jedoch **nicht empfehlen**. In einer Hausarbeit soll man nur das aufführen, was man tatsächlich auch gelesen und bearbeitet hat. Die Aussage »zitiert nach« ist ohne jede Aussagekraft, da sie weder die Richtigkeit der Fundstelle garantiert, noch eine Auseinandersetzung mit dem Werk stattgefunden hat. Sie dient allein der Transparenz. Siehe auch die Ausführungen zu den »**Sekundärzitaten**« ab S. 87.

4. Die »Quellentypen« im Einzelnen

Zunächst möchten wir darauf hinweisen, dass wir immer nur Vorschläge machen. Diese Vorschläge sind auf Einheitlichkeit ausgelegt und in jedem Fall vertretbar. Am Ende werden wir allerdings noch kurz auf Alternativen eingehen.

a) Lehrbücher und Monographien

Grundsätzlich gelten für Lehrbücher und Monographien[26] natürlich die oben aufgeführten allgemeinen Regeln.

Folgende Daten sind anzugeben:

- **Autor(en)** mit Namen und Vornamen, ggf. Zusatz »**(Hrsg.)**«
- **vollständiger Titel**
- ggf. **Untertitel**
- ggf. **Auflage**, aber ohne Zusätze wie »neu bearbeitet« etc.
- **Erscheinungsort** (optional), **Erscheinungsjahr**
- **Zitierweise** (Name und Kurztitel)

Die **Angabe des Erscheinungsortes ist optional**. Sie dient nicht der Unterscheidung. Sie war in Zeiten, in denen es noch nicht die modernen Kommunikationswege gab, erforderlich, um den Verlagsort zu finden. Diese Zeiten sind allerdings längst vorbei. Ansonsten enthält der Ort keine verwertbare Aussage. Der Verlag ist übrigens nicht mit anzugeben. Man kann folgendes **Schema** verwenden:

[Autor(in) 1]	**[Titel]**
ggf. **[Autor(in) 2]**	ggf. **[Untertitel]**
ggf. **[Autor(in) 3]**	ggf. **[Auflage]**
	optional **[Erscheinungsort], [Jahr]**
	(zit.: [Name], [(Kurz-)Titel])

Beispiel:

Wessels, Johannes	Strafrecht Allgemeiner Teil
Beulke, Werner	Die Straftat und ihr Aufbau
	34. Auflage 2004
	(zit.: *Wessels/Beulke*, AT)

b) Dissertationen und Habilitationen

Bei **Dissertationen** und **Habilitationen** handelt es sich um **Monographien**, soweit sie **als solche veröffentlicht** wurden, wenn sie also unter einem Titel in einem Verlag erschienen sind. Dann gilt das unter »a) Lehrbücher und Monographien« Gesagte.

Ist das Werk aber »**nur« als Dissertation oder Habilitation erschienen** (das erkennt man daran, dass auf dem Umschlag »Dissertation« oder »Habilitation« oder Ähnliches steht), dann ist dies durch den Zusatz »**Dissertation**« bzw. »**Habilitation**« unter Angabe von **Hochschulort** und **Jahr** kenntlich zu machen. Alternativ kann man auch

---

26 Monographien sind »Einzelschriften«, die vollständige Abhandlungen über einzelne Gegenstände, Werke, spezielle Probleme oder einzelne Persönlichkeiten enthalten. Streng genommen sind Dissertationen und Habilitationen daher auch Monographien, weisen aber bei der Aufführung im Literaturverzeichnis Besonderheiten auf.

die Abkürzungen »Diss.«, »Diss. Jur.«, »Habil. Jur.« oder »Habil.« verwenden. Es gilt hier das **folgende Schema**:

[Autor(in)]	**[Titel]** ggf. **[Untertitel]** **»Dissertation«** oder **»Habilitation«, [Ort], [Jahr]** **(zit.: [Name], [(Kurz-)Titel])**

Beispiel:

Dürig, Günter	Die konstanten Voraussetzungen des Begriffs »Öffentliches Interesse« Dissertation, München 1949 (zit.: *Dürig*, Öffentliches Interesse)

Achtung: Ist die Dissertation oder Habilitation als Monographie veröffentlicht, wird sie auch als solche aufgeführt. Ist sie hingegen **»nur« als Dissertation oder Habilitation** erschienen, ist dies durch den **entsprechenden Zusatz** samt **Hochschulort** zu kennzeichnen.

c) Kommentare

Kommentare[27] haben **oftmals** sowohl **mehrere Herausgeber** als auch **Bearbeiter**. Dazu kommt noch, dass die »Großkommentare« wie etwa der »Münchener Kommentar zum Bürgerlichen Gesetzbuch« **auf mehrere Bände verteilt** sind. Selbstverständlich ist jeder Band für sich in das Literaturverzeichnis aufzunehmen.

Folgende Angaben sind erforderlich:

- **Herausgeber** mit Namen und Vornamen
- **vollständiger Titel**
- ggf. **Untertitel**
- ggf. **Band**
- ggf. **Auflage**, aber ohne Zusätze wie »neu bearbeitet« etc.
- **Erscheinungsort** (optional), **Erscheinungsjahr** bzw. **aktueller Stand** (bei Loseblattsammlungen)
- **Zitierweise** (Kurztitel)

Darüber hinaus werden in der Literatur eine Vielzahl von Eintragungsmöglichkeiten aufgeführt, von denen wir an dieser Stelle die »herkömmliche« und die in unseren Augen sinnvollere (und auch in der Literatur vertretene) Möglichkeit darstellen.

27 In einem Kommentar werden Rechtsnormen abstrakt und anhand von Beispielen er klärt und ihr Zusammenhang mit anderen Rechtsnormen erläutert.

aa) »Herkömmliche« Vorgehensweise

Nach der **»herkömmlichen« Vorgehensweise** wird der Kommentar **lediglich einmal** in das Literaturverzeichnis **eingetragen**, und zwar bei den so genannten **»Standardkommentaren«** **unter dem Namen des Kommentars** und **ansonsten unter dem oder den Herausgebern**. Es ist **zwischen »normalen« Kommentaren** und **Loseblattsammlungen** zu **unterscheiden**. Für **»normale« Kommentare** werden folgende Schemata verwendet:

[Hrsg. 1] ggf. **[Hrsg. 2]** ggf. **[Hrsg. 3]**	**[Titel]** ggf. **[Band]** ggf. **[Untertitel]** **[Auflage]** optional **[Erscheinungsort], [Jahr]** **(zit.: [Kürzel]-Bearbeiter)**
[Kurztitel]	**[Titel]** ggf. **[Band]** ggf. **[Untertitel]** **[Auflage]** optional **[Erscheinungsort], [Jahr]** **(zit.: [Kürzel]-Bearbeiter)**

Mit Inhalt gefüllt sieht das dann beispielsweise so aus:

Rebmann, Kurt (Hrsg.) *Rixecker, Roland (Hrsg.)* *Säcker, Franz J. (Hrsg.)*	Münchener Kommentar zum Bürgerlichen Gesetzbuch Band 1 Allgemeiner Teil, §§ 1-240, AGB-Gesetz 4. Auflage 2001 (zit.: MünchKommBGB-*Bearbeiter*)

oder

Münchener Kommentar	Münchener Kommentar zum Bürgerlichen Gesetzbuch Band 1 Allgemeiner Teil, §§ 1-240, AGB-Gesetz 4. Auflage 2001 (zit.: MünchKommBGB-*Bearbeiter*)

Für **Loseblattsammlungen** werden folgende Schemata verwendet:

[Hrsg. 1] ggf. **[Hrsg. 2]** ggf. **[Hrsg. 3]**	**[Titel]** ggf. **[Band]** ggf. **[Untertitel]** **Loseblattsammlung** optional **[Erscheinungsort], Stand: [Stand]** **(zit.: [Kürzel]-Bearbeiter)**

oder

[Kurztitel]	**[Titel]** ggf. **[Band]** ggf. **[Untertitel]** **Loseblattsammlung** optional **[Erscheinungsort], Stand: [Stand]** **(zit.: [Kürzel]-Bearbeiter)**

Beispiel für eine Loseblattsammlung:

Dolzer, Rudolf (Hrsg.) *Vogel, Klaus (Hrsg.)* *Graßhof, Karin (Hrsg.)*	Bonner Kommentar zum Grundgesetz Loseblattsammlung Stand: 117. Auflage 27.04.2005 (zit.: BK-*Bearbeiter*)

oder

Bonner Kommentar	Bonner Kommentar zum Grundgesetz Loseblattsammlung Stand: 117. Auflage 27.04.2005 (zit.: BK-*Bearbeiter*)

Bei **Loseblattsammlungen** ist der **aktuellste Stand** des Gesamtwerkes anzugeben.

Der »Vorteil« dieser Vorgehensweise ist, dass sie Tradition hat. Es ist sicher »finderfreundlich«, wenn man ein »Standardwerk« unter dem bekannten Namen im Literaturverzeichnis findet. **Allerdings hat diese Vorgehensweise entscheidende Nachteile.** Zunächst einmal ist es eigentlich unzulässig, aus »Tradition« gegen standardisierte Schemata zu verstoßen. Zum anderen muss **ein Werk anhand des Namens in der Fußnote eindeutig und schnell aufzufinden** sein.

Über den in der Fußnote »[1] **BK-*Degenhardt* Art. 5 I, II GG Rn. 12.**« genannten Namen des Bearbeiters wird man im Literaturverzeichnis nicht fündig. Man müsste also an dieser Stelle als Leser entweder den Herausgeber des Werkes oder aber den Titel des Werkes kennen. Dies wird zwar in der Regel der Fall sein, aus der Fußnote geht dies allerdings nicht hervor, so dass wir diese Vorgehensweise nicht empfehlen.

bb) Alternative Vorgehensweise

Die folgende Vorgehensweise ist zum einen »korrekter«, zum anderen wesentlich »finderfreundlicher« .

Neben den Kommentaren, aufgeführt **unter den Herausgebern**, wird der **einzelne zitierte Bearbeiter in das Literaturverzeichnis** aufgenommen.

Für **»normale« Kommentare** wird das folgende Schema verwendet:

[Hrsg. 1] ggf. **[Hrsg. 2]** ggf. **[Hrsg. 3]**	**[Titel]** ggf. **[Band]** ggf. **[Untertitel]**

	[Auflage] optional **[Erscheinungsort], [Jahr]** **(zit.: [Kürzel]-Bearbeiter)**

und für jeden zitierten Bearbeiter

[Autor]	**[Kommentierte Normen]** **in: [Hrsg. 1]** ggf. **u.a.** **[Titel]** ggf. **[Band]** ggf. **[Untertitel]** **[Auflage]** optional **[Erscheinungsort], [Jahr]** **(zit.: [Kürzel]-[Autor])**

Beispiel für einen »normalen« Kommentar:

Rebmann, Kurt (Hrsg.) *Rixecker, Roland (Hrsg.)* *Säcker, Franz J. (Hrsg.)*	Münchener Kommentar zum Bürgerlichen Gesetzbuch Band 1 - Allgemeiner Teil, §§ 1-240, AGB-Gesetz 4. Auflage 2001 (zit.: MünchKommBGB-*Bearbeiter*)

und zum **Beispiel** der entsprechende Eintrag für den **Bearbeiter**:

Kramer, Ernst	§§ 145-156 BGB in: Rebmann, Kurt (Hrsg.) u.a. Münchener Kommentar zum Bürgerlichen Gesetzbuch Band 1- Allgemeiner Teil, §§ 1-240, AGB-Gesetz 4. Auflage 2001 (zit.: MünchKommBGB-*Kramer*)

Für **Loseblattsammlungen** wird folgendes Schema verwendet:

[Autor(in)/Hrsg. 1] ggf. **[Autor(in)/Hrsg. 2]** ggf. **[Autor(in)/Hrsg. 3]**	**[Titel]** ggf. **[Band]** ggf. **[Untertitel]** **Loseblattsammlung** optional **[Erscheinungsort], Stand: [Stand]** **(zit.: [Kürzel]-Bearbeiter)**

und für jeden zitierten Bearbeiter

[Autor]	**[Kommentierte Normen]** **in: [Hrsg. 1]** ggf. **u.a.** **[Titel]** ggf. **[Band]** ggf. **[Untertitel]** **Loseblattsammlung**

	optional **[Erscheinungsort], Stand: [Stand]** **(zit.: [Kürzel]-Bearbeiter)**

Beispiel für eine Loseblattsammlung:

Dolzer, Rudolf (Hrsg.) *Vogel, Klaus (Hrsg.)* *Graßhof, Karin (Hrsg.)*	Bonner Kommentar zum Grundgesetz Loseblattsammlung Stand: 117. Auflage 27.04.2005 (zit.: BK-*Bearbeiter*)

und

Degenhardt, Christoph	Art. 5 I, II GG In: Dolzer, Rudolf (Hrsg.) u.a. Bonner Kommentar zum Grundgesetz Loseblattsammlung Stand: 117. Auflage 27.04.2005 (zit.: BK-*Degenhardt*)

Bei **Loseblattsammlungen** ist zunächst der **aktuellste Stand** des Gesamtwerkes anzugeben. Neben den genannten Vorteilen besteht **bei Loseblattsammlungen noch der Vorteil**, dass bei den einzelnen Bearbeitern der **Stand der kommentierten Normen** angegeben werden kann (und muss).

Empfehlung: Diese Vorgehensweise ermöglicht eine präzisere Fundstellenangabe und sollte daher verwendet werden.

e) Aufsätze in Fachzeitschriften

Aufsätze aus Fachzeitschriften werden mit **Titel, Fundstelle und Zitierweise** angegeben.

Es gilt **grundsätzlich** das **folgende Schema**:

[Autor(in) 1] ggf. **[Autor(in) 2]** ggf. **[Autor(in) 3]**	**[Titel]** ggf. **[Untertitel]** in: **[Zeitschrift], [Jahr], S. [Seiten]** **(zit.: [Name], [Abkürzung der Zeitschrift] [Jahr])**

Ob man den **Namen der Zeitschrift** bei der Angabe der Fundstelle wie im Beispiel **ausschreibt oder** aber bereits hier das **Kürzel verwendet**, ist grundsätzlich **unerheblich**. Wir empfehlen das Ausschreiben, da es unseres Erachtens nach zum einen »sauberer« ist, zum anderen einige Zeitschriftenkürzel nicht wirklich auf den tatsächlichen Zeitschriftentitel schließen lassen (die »ZIP« ist beispielsweise die »Zeitschrift für Wirtschaftsrecht«).

Die **Seitenangabe** kann auf zwei Weisen erfolgen. Entweder man gibt die Seiten genau an, also »***S. 406-407***«, oder aber nur mit der Anfangsseite und einem Zusatz, wenn sich der Aufsatz auf eine weitere Seite (dann »***f.***«) oder auf weitere Seiten (dann

»*ff.*«) erstreckt. Wie man es macht, ist im Prinzip egal, allerdings ist auch hier auf Einheitlichkeit innerhalb der Hausarbeit zu achten. Wer jedoch die letzte Seite eines Artikels korrekt angeben kann, erweckt beim Prüfer den positiven Eindruck, die jeweilige Quelle auch tatsächlich gelesen zu haben.

Merke: Ob man bei der Angabe der **Fundstelle den Namen der Zeitschrift ausschreibt oder** das **Kürzel** verwendet, **ist egal**. Wir empfehlen allerdings das Ausschreiben. Ob man zusätzlich zur Anfangsseite auch die letzte Seite angibt, ist ebenfalls egal. Gibt man die letzte Seite nicht mit an, dann muss aber ggf. unter Verwendung der Zusätze »*f.*« oder »*ff.*« klargestellt werden, ob sich der Aufsatz über mehrere Seiten erstreckt.

Beispiel:

Nickel, Karin	Der Restwertregreß In: Zeitschrift für Schadensrecht 1998, S. 409 f. (zit.: *Nickel*, zfs 1998)

Einige Zeitschriften wie das »Archiv für die civilistische Praxis« oder das »Archiv des öffentlichen Rechts« sind **nach Jahrgängen sortiert**. Für solche Zeitschriften wird das **Schema leicht abgewandelt, anstelle der Jahresangabe** kommt der **Jahrgang und dann in Klammern das Jahr** (unter anderem damit die chronologische Sortierung möglich bleibt).

Beispiel:

Weis, Hubert	Verfassungsrechtliche Fragen im Zusammenhang mit der Herstellung der staatlichen Einheit Deutschlands In: Archiv des öffentlichen Rechts 116 (1991), S. 1 ff. (zit.: *Weis*, AöR 116 (1991))

Hinweis: Ein **Kurztitel wie bei Lehrbüchern** ist **nicht erforderlich**, da die Zuordnung von Aufsätzen durch Zeitschrift, Jahr und Seitenangabe bereits eindeutig ist.

f) Festschriftenbeiträge

Eine Festschrift[28] ist die einem Gelehrten gewidmete Sammlung von Aufsätzen. Die Beiträge dieser Festschrift (auch: Festgabe) werden meist von Schülern, Freunden oder Fachkollegen zu einem runden Geburtstag des Geehrten ab dem 60. Geburtstag verfasst. Daneben gibt es auch Gedenkschriften (die anlässlich eines Todestages herausgegeben werden).

---

28 Heftige Kritik an Festschriften übt *Dietmar Kamper* in der taz Nummer 6576 vom 17.10.2001 auf Seite 16: »Festschriften sind obszöne Veranstaltungen. Da wird einer zur Festsau erklärt, um ihn anschließend am Spieß zu braten. So funktioniert der Wechsel akademischer Generationen: Den Ehrenplatz in den Festschriftregalen gibt es, damit man endlich Platz macht für seine Schüler«.

Beiträge in Festschriften sind im Grundsatz **Aufsätze**. Sie werden daher ebenfalls mit **Titel, Fundstelle und Zitierweise** angegeben. Es gilt das **folgende Schema**:

[Autor(in) 1] ggf. **[Autor(in) 2]** ggf. **[Autor(in) 3]**	**[Titel]** ggf. **[Untertitel]** in: **[Festschrift]** ggf. **[Band]** optional **[Erscheinungsort], [Jahr], S. [Seiten]** **(zit.: [Name], [Kürzel der Festschrift])**

Die **Festschrift** und ihr Anlass sind möglichst **genau anzugeben**. Herausgeber und etwaiger Titel der Festschrift müssen nicht angegeben werden. Hat **eine Festschrift mehrere Bände**, ist der **Band**, aus dem zitiert wird, **anzugeben**. **Beispiel**:

Schmitt-Kammler, Arnulf	Ungelöste Probleme der verfassungsrechtlichen Eigentumsproblematik in: Festschrift der Rechtswissenschaftlichen Fakultät zur 600-Jahr-Feier der Universität zu Köln 1988, S. 821 ff. (zit.: FS Universität Köln-*Schmitt-Kammler*)

g) Beiträge in Sammelwerken

Ein **Sammelwerk** ist ein Fachbuch mit **mehreren Autoren**, die **Beiträge zu einem speziellen Fachgebiet** liefern. **Viele Sammelwerke sind grundsätzlich Lehrbücher**. Von einem Lehrbuch, das mehrere Autoren hat, unterscheidet sich ein Sammelwerk in folgendem Punkt:

Während ein **Lehrbuch** mit mehreren Autoren ein **Gemeinschaftswerk** darstellt, trägt **jeder Bearbeiter eines Sammelwerks** einen oder mehrere **eigenständige** (und als eigenständige Arbeit ausgewiesene) **Teile** zum Gesamtwerk bei. Man erkennt dies zumeist daran, dass der **jeweilige Bearbeiter** wie in einem Kommentar **in der Kopf- oder Fußzeile explizit ausgewiesen** ist. Bekannte Sammelwerke sind etwa »Das neue Schuldrecht« von *Barbara Dauner-Lieb u.a.*, sowie das »Handbuch des Staatsrechts«, das von *Josef Isensee* und *Paul Kirchhof* herausgegeben wird.

Beiträge in Sammelwerken werden **ähnlich wie Aufsätze** behandelt, Einträge müssen **folgende Angaben** enthalten:

- **vollständiger Titel** des Beitrags
- ggf. **Untertitel** des Beitrags
- **Herausgeber** des Sammelwerkes
- **vollständiger Titel** des Sammelwerkes
- ggf. **Untertitel** des Sammelwerkes
- ggf. **Band** des Sammelwerkes
- ggf. **Auflage** des Sammelwerkes, aber ohne Zusätze wie »neu bearbeitet« etc.

- **Erscheinungsort** (optional), **Erscheinungsjahr**
- **Zitierweise** (Kurztitel)

Es gilt das **folgende Schema**:

[Autor(in) 1] ggf. **[Autor(in) 2]** ggf. **[Autor(in) 3]**	**[Titel Beitrag]** ggf. **[Untertitel Beitrag]** in: **[Herausgeber]** ggf. **u.a.** **[Titel Sammelwerk]** ggf. **[Untertitel Sammelwerk]** ggf. **[Band Sammelwerk]** optional **[Erscheinungsort Sammelwerk], [Jahr Sammelwerk], S. [Seiten Beitrag]** **(zit.: [Name], [Kurztitel Beitrag])**

Das **Sammelwerk** als solches ist dabei **nicht gesondert aufzuführen**. **Beispiel**:

Dauner-Lieb, Barbara	Das Leistungsstörungsrecht im Überblick in: Dauner-Lieb, Barbara (Hrsg.) u.a. Das Neue Schuldrecht- Ein Lehrbuch 2002, S. 64 ff. (zit.: *Dauner-Lieb*, Leistungsstörungsrecht)

Im Beispiel ist Frau *Dauner-Lieb* nicht nur Autorin, sondern auch Herausgeberin. Dennoch wird auf der linken Seite nicht die Herausgebereigenschaft aufgeführt, da es um ihren konkreten Beitrag am Sammelwerk geht.

h) Entscheidungsanmerkungen in Fachzeitschriften

Entscheidungsanmerkungen, die einen eigenen Titel haben (und eventuell eine Replik auf eine andere Entscheidungsanmerkung darstellen), sind wie Aufsätze einzutragen. Ansonsten sind einige »Eigenarten« zu beachten. Beim Eintrag in das Literaturverzeichnis sind folgende Angaben zu machen:

- **Entscheidungsart** (Urteil oder Beschluss)
- **Datum** der Entscheidung
- **Aktenzeichen** der Entscheidung
- **Fundstelle** der Entscheidung
- **Fundstelle der Anmerkung**
- **Zitierweise** (Kurztitel)

Bei der **Fundstelle der Entscheidung** gilt der **Vorrang der amtlichen Sammlung**, also »BGHZ«, »BVerfGE« etc. Sollte die Entscheidung nicht oder noch nicht in eine amtliche Sammlung aufgenommen worden sein, empfiehlt es sich, die Fundstelle in der Zeitschrift anzugeben (zumeist in der gleichen Ausgabe wie die Anmerkung oder aber wenige Ausgaben davor), in der die Anmerkung veröffentlicht ist. **Schema**:

[Autor(in) 1] ggf. [Autor(in) 2] ggf. [Autor(in) 3]	**Anmerkung zum [Entscheidungstyp] des [Gericht] vom [Datum] – [Aktenzeichen] – ([Fundstelle Entscheidung])** in: **[Zeitschrift], [Jahr], S. [Seiten]** **(zit.: [Name], [Abkürzung der Zeitschrift] [Jahr])**

Hierzu ein Beispiel:

Hruschka, Joachim	Anmerkung zum Beschluss des BGH vom 23.05.1969 – 4 StR 585/68 – (BGHSt 22, 385) In: Neue Juristische Wochenschrift 1969, 1634 f. (zit.: *Hruschka*, NJW 1969)

Achtung: Auch wenn man es kaum glauben mag, aber nicht jede Entscheidung ist ein Urteil!

i) Falllösungen von Hochschullehrern

Falllösungen stellen von der Zitierung her keine eigene Gattung dar, sondern werden je nach der Art der Veröffentlichung dem Typ »**Aufsatz**«, »**Lehrbuch/Monographie**« oder »**Sammelwerkbeitrag**« zugeordnet und dementsprechend zitiert.

Zu beachten ist aber, dass **nicht jede Falllösung** eines Hochschullehrers auch **zitierfähig** ist. Eine Zitierfähigkeit ist nur dann gegeben, wenn in der Fallbearbeitung eine eingehende Auseinandersetzung mit dem Problemkreis stattfindet, zu dem später die Fußnote den Beleg einer bestimmten Aussage leisten soll. **Bei rein »klausurtaktischen« Lösungen ist dies sicher nicht der Fall.**

Wenn Zweifel an der Zitierfähigkeit bestehen, sollte man lieber auf diese Fundstelle verzichten und nachsehen, ob der Autor nicht an anderer Stelle dieses Thema bearbeitet, was in den meisten Fällen zutreffen dürfte. Zudem enthalten solche Falllösungen oftmals wertvolle Verweise auf andere Fundstellen, auf die man sich vorzugsweise stützen sollte.

j) Beiträge in Zeitungen

Bei Beiträgen in Zeitungen handelt es sich **grundsätzlich** wieder einmal um **Aufsätze**, die mit **Titel**, **Fundstelle** und **Zitierweise** aufzuführen sind. Problematisch ist aber, wann man aus Zeitungen zitieren kann. Da nur »wissenschaftliche« Quellen zitierfähig sind, dürfen natürlich **weder Interviews noch Kolumnen, einfache Artikel und »Kommentare«** im Literaturverzeichnis aufgeführt werden. Die **zitierfähige Ausnahme** besteht dann, wenn zum Beispiel **Hochschullehrer eine Abhandlung über ein aktuelles Thema** schreiben oder aber im Rahmen einer aktuellen Diskussion Auszüge aus wissenschaftlichen Gutachten veröffentlicht werden. Dies geschieht oftmals, wenn eine zeitnahe Veröffentlichung in einer Fachzeitschrift nicht möglich ist, das Thema aber aktuelle Brisanz hat.

> **Merke**: **Im Zweifel** werden Beiträge in Zeitungen **nicht zitiert**, die so genannte »Boulevardpresse« muss außer Betracht gelassen werden!

Es gilt hierfür **folgendes Schema**:

[Autor(in) 1] ggf. **[Autor(in) 2]** ggf. **[Autor(in) 3]**	**[Titel]** ggf. **[Untertitel]** in: **[Zeitung]** ggf. **[Regionalausgabe] vom [Datum], S. [Seiten]** **(zit.: [Name], [Abkürzung der Zeitung] vom [Datum])**

Wie aufgeführt, ist unter Umständen anzugeben, in welcher Regionalausgabe der Beitrag veröffentlicht wurde.

k) Beiträge in Zeitschriften/Magazinen

Hier gilt dasselbe wie bei Zeitungsbeiträgen, »**Regenbogenpresse**« **wie** die »**Bunte**«, »**Welt der Frau**« etc. können **per se schon nicht zitiert** werden. **In Betracht** kommen daher eher Magazine wie »**Der Spiegel**«, »**Stern**« und »**Focus**«, wobei beim letztgenannten Magazin immer die nächste Ausgabe wegen der Richtigstellung zu beachten ist.

l) Beiträge auf modernen Medien

Die **bisher genannten Werke** haben alle eine wichtige Gemeinsamkeit: Sie werden **auf »Printmedien« veröffentlicht**, was eine **gewisse Gewähr** dafür bietet, dass diese zwecks **Kontrolle** zu beschaffen sind.

Bei modernen Medien wie **CD** und **DVD**, die **immer öfter den »Printmedien« beigelegt** werden, besteht **im Grundsatz auch diese Gewähr**, da sie nach der Herstellung nicht mehr veränderbar sind. Da das Verlagswesen aufgrund der geringeren Kosten zunehmend nicht im Printmedium aufgeführte Texte auf die genannten Medien packt und dem Printmedium beilegt, kann es dazu kommen, dass auch wissenschaftliche Texte auf CD und DVD veröffentlicht werden.

> **Grundsatz**: Ist ein Werk **sowohl in dem Printmedium** als **auch** auf **CD** oder **DVD** (mittlerweile selten: Diskette) veröffentlicht, ist **immer das Printmedium** aufzuführen. **Auch sonst gilt**: **Nur wissenschaftliche Texte** dürfen zitiert werden.

Im Übrigen sollte man **zwischen »Einzelveröffentlichungen«** (»Stand-Alone«) **und »Beilagen« unterscheiden**.

aa) Einzelveröffentlichungen

Für **Einzelwerke** sollte **das Schema** ähnlich dem für **Lehrbücher und Monographien** verwendet werden, wenn es sich um ein einheitliches Werk handelt.

[Autor(in) 1] ggf. **[Autor(in) 2]** ggf. **[Autor(in) 3]**	**[Titel]** ggf. **[Untertitel]** ggf. **[Auflage]** **[Medium]** optional **[Erscheinungsort], [Jahr]** **(zit.: [Name], [(Kurz-)Titel])**

Sind auf dem **Medium mehrere Einzelbeiträge** abgespeichert, verfährt man **ähnlich** wie bei **Sammelwerken**:

[Autor(in) 1] ggf. **[Autor(in) 2]** ggf. **[Autor(in) 3]**	**[Titel Beitrag]**, wenn möglich **[Dateiname]** ggf. **[Untertitel Beitrag]** in: **[Herausgaber]** ggf. **u.a. [Titel Sammelwerk]** ggf. **[Untertitel Sammelwerk]** ggf. **[Band Sammelwerk]** **[Medium]** optional **[Erscheinungsort Sammelwerk], [Jahr Sammelwerk], S. [Seiten Beitrag]** **(zit.: [Name], [Kurztitel Beitrag])**

bb) Beilagen

Wird das **Medium einer Publikation beigelegt**, ist neben dem Werk auch die Fundstelle (also die Publikation) anzugeben:

[Autor(in) 1] ggf. **[Autor(in) 2]** ggf. **[Autor(in) 3]**	**[Titel]** ggf. **[Untertitel]** in: **[Medium]** – Beilage zu(r) **[Genaue Angabe der Publikation mit allen Daten]** **(zit.: [Name], [Kurztitel])**

Tipp: Wenn möglich, wird der **Dateiname** mit angegeben. Da vielen Korrektoren »moderne Medien« als Quellen noch nicht geläufig sind, sollte man einen **Ausdruck der zitierten Textstelle (nicht den gesamten Text) der Hausarbeit beilegen** und wenn möglich für Nachfragen das Medium bereithalten.

m) Spezialfall: Beiträge im Internet

Grundproblematik: Das Problem von **Beiträgen im Internet** ist die **extreme »Flüchtigkeit«** dieser Informationen. Man sollte denken, dass durch die immer stärkere Verbreitung des Internets eine gewisse Beständigkeit besteht. Das Gegenteil ist jedoch der Fall. Die **Seiten werden** immer **häufiger aktualisiert** und **gelöscht**, viele Internet-Auftritte werden **von Hackern »gekapert«** oder **mit Virenangriffen** etc. **unerreichbar gemacht oder gar zerstört**. Gerade in Zeiten von dynamischen Seiten, die ein bestimmtes Layout und bestimmte Inhalte je nach Benutzerrechten etc. aufweisen, ist eine Nachhaltigkeit kaum gegeben. Von daher sind neben den bisher genannten strengen Anforderungen an die Wissenschaftlichkeit des Werkes weitere Erfordernisse zu bedenken. Zum einen muss das Datum des Abrufes angegeben werden, zum anderen gebietet es die »eigene Sicherheit«, den **Internet-Beitrag als Ausdruck** der Hausarbeit **beizulegen**. Dazu ist die **genaue Internet-Adresse** anzugeben. Gerade dann, wenn sich die Seite »dynamisch« zusammensetzt oder gar »**Java-Script-Popups**« anbietet, ist dies kaum möglich.[29]

Wichtig: Die **Internetadresse** (»**URL**«[30]) ist **ganz genau** anzugeben. **Groß- und Kleinschreibung** sind zu beachten. **Jede Abweichung** der eingegebenen Internetadresse mit der tatsächlichen **führt dazu**, dass entweder **kein oder aber ein falsches Dokument** geladen wird. Es gilt das **folgende Schema**:

[Autor(in) 1] ggf. **[Autor(in) 2]** ggf. **[Autor(in) 3]**	**[Titel]** ggf. **[Untertitel]** **[Vollständige Internetadresse] – zuletzt abgerufen am [Abrufdatum]** **(zit.: [Name], [Kurztitel])**

Achtung: Da vielen Korrektoren das Internet als Quelle noch suspekt ist, sollte man einen **Ausdruck der zitierten Textstelle (nicht den gesamten Text) der Hausarbeit beilegen** und wenn möglich abspeichern und für Nachfragen bereithalten.

n) Zusammenfassend noch einmal die »essentialia«

Wenn man sich nicht sicher ist, welchem Typ ein Werk zuzuordnen ist, dann kann man sich damit behelfen, die wichtigsten Regeln zu beachten, die noch einmal kurz zusammengefasst werden:

Das Werk muss eindeutig zuzuordnen sein, was **immer** die

- **Angabe des Autors** bzw. der Autoren und den
- **Titel des Werkes** erfordert. Gibt es einen
- **Untertitel**, ist dieser zwecks Präzisierung mit anzugeben.

Ist das **Werk kein eigenes Buch**, dann muss auch die **Fundstelle präzise** angegeben werden. Dies erfordert ggf. auch die Angabe des **Titels der Fundstelle**. Bei **mehreren Auflagen eines Buches** ist zwecks Zuordnung die **verwendete Auflage** anzugeben. Das **Erscheinungsjahr** ist **immer** anzugeben.

o) Alternativen und sonstige »Beruhigungsmittel«

Wie eingangs erwähnt, handelt es sich bei **allen Angaben um Vorschläge**, die **eine einheitliche Darstellung gewährleisten** und »narrensicher« sind. Wer die gemachten

29 Ein gutes Beispiel dafür, dass die moderne Technik für den Wissenschaftler nicht nur Vorteile bietet, sondern vieles erst richtig kompliziert macht.
30 »Uniform Resource Locator«.

Vorschläge befolgt, wird intuitiv die korrekten Eintragungen vornehmen, weil sie logisch sind. Natürlich ist es nicht falsch, wenn man in einzelnen Punkten von diesen Vorschlägen abweicht, allerdings gilt wie immer der Grundsatz der Einheitlichkeit.

aa) Beispiele für Alternativen

Beispiel »Zitierweise«: Wir haben die Zitierweise bei Bearbeitern innerhalb eines »Kommentars«, »Sammelwerks« etc. immer mit »**[Werk]-[*Bearbeiter*]**« angegeben, natürlich ist die Zitierweise »**[*Bearbeiter*] in: [Werk]**« ebenfalls möglich.

Beispiel »Ort«: Da wir den Ort nicht für ein Zuordnungskriterium halten, haben wir in unseren Angaben darauf verzichtet. Ebenso gut kann man den Ort natürlich auch mit angeben.

Beispiel »Seitenangabe« bei Aufsätzen etc.: Wir haben bei Aufsätzen die Seiten mit »*S. 23 f.*« etc. angegeben, natürlich ist es auch zulässig, das »*S.*« wegzulassen und den Zusatz »*f.*« oder »*ff.*« zum Beispiel durch » – *25*« zu ersetzen.

> **Wichtig**: Welche Darstellungsweise man auch wählt, das Werk muss durch den Eintrag in das Literaturverzeichnis eindeutig zuzuordnen sein. Die Zitierweise muss dazu führen, dass das Werk im Literaturverzeichnis ohne Umwege gefunden werden kann.

bb) Zur Beruhigung...

... möchten wir darauf hinweisen, dass es **DIE** Vorgehensweise nicht gibt. Wer die genannten Regeln befolgt, braucht aber keine kritische Anmerkung zum Literaturverzeichnis zu fürchten. Sollte ein Korrektor aufgrund von Unkenntnis richtige Eintragungen anstreichen und mit einer Abwertung »bestrafen«, dann ist dies selbstredend ein Grund zur Remonstration. Es gilt der Grundsatz: **Vertretbares darf nicht als falsch bewertet werden**. Ein guter Korrektor wird übrigens darüber hinwegsehen, wenn nicht alles perfekt ist. Flüchtigkeitsfehler passieren immer wieder und sind – soweit sie nicht überhand nehmen – kein Grund zur Abwertung. Kann man ein Werk nicht einem bestimmten Typ zuordnen, kann man sich mit den allgemeinen Regeln behelfen.

5. Kein künstliches »Aufmotzen«!

Vermutlich würde bei einer Umfrage unter Jurastudenten nach der Lieblingssportart eine ganz oben dabei sein: Das »**Aufmotzen« des Literaturverzeichnisses**. Gegen Ende einer Hausarbeit haben die meisten Studierenden anscheinend das Gefühl, dass ihr Literaturverzeichnis nicht umfangreich genug ist. Um die Wissenschaftlichkeit der eigenen Arbeit aufzuwerten, bedient man sich dann folgender Methoden:

- Gelesene, aber für den Fall uninteressante Quellen werden krampfhaft eingearbeitet, meistens mit Hinweisen wie »instruktiv dazu« oder »in einem anderen Fall«.

- So genannte »Standardwerke« bekommen irgendwo im Gutachtentext eine Fußnote und werden ebenfalls in das Literaturverzeichnis aufgenommen.
- Aktuelle Zeitschriften werden auf Verwertbarkeit durchsucht.

Der Umfang des Literaturverzeichnisses an sich sagt über die Wissenschaftlichkeit einer Arbeit kaum etwas aus. Vielmehr wird der Korrektor an der Wissenschaftlichkeit einer Arbeit zweifeln, wenn er direkt auf »Seite 1« des Gutachtentextes eine fünfzeilige Fußnote mit einem guten Dutzend Fundstellen findet (meistens gespickt mit »Exoten«), die belegen sollen, dass ein Vertrag durch »Angebot«[31] und »Annahme« zustande kommt. Unabhängig davon, dass eine solche banale Aussage keiner Fußnote bedarf, wird doch wohl jeder Korrektor diesen vermeintlichen »Trick« durchschauen. Dann hat man ihn gleich in zweierlei Hinsicht gegen sich aufgebracht. Zum einen wird er besagte Fußnote als »unangemessen« anstreichen, zum anderen wird er sensibilisiert sein und nach weiteren »Fußnotenmonstern« Ausschau halten.

> Als **unökonomische Arbeitsweise** wird es der Korrektor ansehen, wenn in mehreren aufeinander folgenden Fußnoten, in denen lediglich Unbestrittenes belegt wird, abwechselnd alle Standardkommentare auftauchen. In diesen Fällen sollte man sich entweder auf einen Kommentar wie den »Palandt« beschränken oder aber in jeder Fußnote mehrere Kommentare zum Beleg der Aussage aufführen. Ärgerlich wird es, wenn dem Korrektor auffällt, dass die meisten »Standardwerke« nur einmal – womöglich an unwichtigen Stellen – zitiert werden(so genannte »**Luftballon-Zitate**«).

Vollkommen unglaubwürdig wird die ganze Sache, wenn **eine 25-seitige Hausarbeit** ein Literaturverzeichnis mit **100 Quellen** beinhaltet. Da gerade »Anfänger« länger für die Auswertung von Quellen brauchen als »Erfahrene«, wird kaum ein Korrektor glauben, dass die genannte Literatur wirklich ausgewertet wurde.

Natürlich sollte das Literaturverzeichnis nicht zu spärlich ausfallen. Mindestens 20 Quellen (darunter alle gängigen Kommentare) sollten auch in einer Anfängerhausarbeit im Literaturverzeichnis auftauchen.

Von daher gilt: Wer von Anfang an mit zwei bis drei Standardkommentaren und ein bis zwei Lehrbüchern arbeitet sowie die über diese Werke und die Recherche gefundenen Quellen mit einarbeitet, wird ein repräsentatives Literaturverzeichnis vorlegen können. Wenn man dann am Abgabetag noch ein wenig Zeit hat, ist es sicher nicht verboten, noch nach ein paar weiteren Quellen Ausschau zu halten, aber dann sollten diese zum einen sinnvoll in das Gutachten eingefügt werden und zum anderen auch wirklich ausgewertet werden.

> **Merke**: Ein **»aufgemotztes« Literaturverzeichnis** steht **nicht** für **wissenschaftliches Arbeiten.** Vielmehr besteht die Gefahr, dass der Korrektor die Tricks entdeckt und negativ in die Bewertung einfließen lässt. Die **Wissenschaftlichkeit einer Arbeit** ergibt sich aus der **sorgfältigen Auswertung** der **einschlägigen Quellen**. Kön-

31 Das Gesetz spricht übrigens in den §§ 145-153 BGB von »Antrag«.

nen gelesene (und eventuell höchst interessante) Quellen nicht zur Falllösung herangezogen werden, sollten sie auch nicht zitiert werden.

6. Praxistipps

Die **Erstellung** des Literaturverzeichnisses sollte **sukzessive mit der Erstellung der Hausarbeit** stattfinden. Ein **nachträgliches Erstellen kann einen ganzen Tag kosten**, was bei der üblichen Zeitknappheit am Ende einer Hausarbeit nicht selten in Hektik ausartet. Am Abgabetag einer Hausarbeit türmen sich häufig eine Unzahl von Büchern auf den Tischen der Bibliotheken, weil ein Großteil der Verfasser erst jetzt die benötigten Daten für das Literaturverzeichnis zusammenträgt oder aber dem oben beschriebenen »Sport« des »Aufmotzens« frönt. Mit den beiden im Folgenden vorgeschlagenen Methoden, die auch kombiniert werden können, verhindert man, zum Schlussspurt verzweifelt auf Literatursuche gehen und eine Fußnote nach der anderen streichen zu müssen. Dazu gibt es noch den »Profitipp« auf S. 63.

a) Verwenden von Karteikarten

In der Regel wird vorgeschlagen, für jedes gelesene oder kopierte Werk (auch für Gerichtsentscheidungen wegen der Fußnoten) eine Karteikarte mit den Daten für das Literaturverzeichnis (also die bibliographischen Daten und die Zitierweise) anzufertigen und/oder bei Büchern die erste Innenseite mit den bibliographischen Daten zu kopieren und später anhand des Fußnotenapparats die zitierten Werke in das Literaturverzeichnis einzutragen.

Tipp: Wenn man mit **Karteikarten** arbeitet, sollte man **drei Stapel** (oder Fächer) bilden. Auf den **ersten Stapel** kommen die Karteikarten »**Blindzitate**«, die noch herauszusuchen und zu verifizieren sind (ergo: wird ein »Blindzitat« eingefügt, unbedingt Karteikarte erstellen und auf den ersten Stapel legen). Auf den **zweiten Stapel** kommen die Karteikarten der **gelesenen bzw. kopierten Werke**. Auf den **dritten Stapel** kommen die Karteikarten der Werke, die **gelesen bzw. kopiert und im Gutachtentext zitiert** wurden. »**Blindzitate**« sollten **im Textverarbeitungsprogramm** zunächst ***farbig markiert*** werden. Die Markierung wird erst dann aufgehoben, wenn das zitierte Werk nachkontrolliert und mit allen erforderlichen Daten auf der Karteikarte erfasst wurde (am besten wird noch die Signatur auf der Karteikarte mit erfasst). **Vor der Abgabe** der Hausarbeit müssen leider **alle farbig markierten Eintragungen** in den Fußnoten **gelöscht** werden (keine »Blindzitate« in der abgegebenen Hausarbeit). Zum Schluss werden die Fußnoten mit den Karteikarten des dritten Stapels abgeglichen und die danach verbliebenen Karteikarten zur Eintragung in das Literaturverzeichnis benutzt.

b) »Moderne« Methode

Am Ende zeitsparender und sinnvoller erscheint uns aber **folgende Vorgehensweise**: Wer einen Laptop hat, der sollte direkt nach dem Lesen oder Kopieren das Werk in das Literaturverzeichnis eintragen. Ebenso werden »blind« zitierte Quellen direkt in das Literaturverzeichnis übertragen.

> **Tipp**: Die **Quellen** werden **verschiedenfarbig** in das Literaturverzeichnis eingetragen. Noch nicht überprüfte Quellen, also »**Blindzitate**«, werden z.B. in ***roter Schrift*** eingetragen. Gelesene bzw. kopierte Werke werden z.B. in ***grüner Schrift*** eingetragen. Sobald eine Quelle **sowohl überprüft und vollständig erfasst als auch zitiert** wurde, wird die **Schriftfarbe** auf *schwarz* umgestellt. Am Ende wird das Verzeichnis per »copy&paste« zur Sicherheit in eine leere Datei kopiert und abgespeichert. Die **farbig eingetragenen Werke** werden **gelöscht** und nach dem Ausdruck werden die Fußnoten noch mit dem Literaturverzeichnis abgeglichen. Auf diese Weise reduziert sich die Arbeit am Ende auf das Löschen der farbig eingetragenen Werke und das selbstverständliche Abgleichen der Fußnoten.

Wer keinen Laptop hat, kann diese mit der zuvor beschriebenen Methode kombinieren und trägt die auf Karteikarten übertragenen Daten zu Hause am PC in das Literaturverzeichnis ein.

> **Achtung**: Die beiden von uns vorgeschlagenen Methoden funktionieren natürlich nur, wenn man sie diszipliniert umsetzt!

c) »Profitipp«

Wer die Funktionen moderner Textverarbeitungsprogramme ausschöpfen möchte, wird viel Freude an **folgendem Tipp** haben. Jedes moderne Textverarbeitungsprogramm wie »**Microsoft Word**« (die folgenden Ausführungen zu den Funktionen beziehen sich explizit auf dieses Programm, sind aber in nahezu allen modernen Textverarbeitungsprogrammen in ähnlicher Form vorhanden) hat die Funktionen »**Textmarke**« und »**Querverweis einfügen**«. Diese Funktionen kann man sich einfach für die Zitierung zunutze machen. Im Literaturverzeichnis werden **die Zitierweisen der Werke markiert** und jeweils einer **»Textmarke« zugewiesen. Möchte man ein Werk** in einer Fußnote **zitieren**, dann wählt man die Funktion »**Querverweis einfügen**« und sucht die gewünschte »Textmarke« aus. Dadurch ist die einheitliche Zitierweise der Werke gewährleistet und man erspart sich das lästige Nachschlagen bezüglich der gewählten Zitierweise. Ändert man die Zitierweise im Literaturverzeichnis (etwa zwecks besserer Unterscheidung etc.), werden die Querverweise spätestens beim Ausdruck automatisch aktualisiert. Wer die Querverweise öfter aktualisieren möchte, markiert den gewünschten »Querverweis« oder aber auch den gesamten Fußnotenapparat (ein Wort in den Fußnoten markieren und mit »**Strg-A**« den gesamten Fußnotentext auswählen) und drückt die Funktionstaste »**F9**«.

Dieser Tipp ist bei Kommentaren etc. natürlich nur dann anwendbar, wenn die von uns vorgeschlagene Aufführung jedes einzelnen Bearbeiters im Literaturverzeichnis angewendet wird. **Andernfalls** würde **folgendes (unbrauchbare) Ergebnis** erzielt:

Palandt, Otto	Bürgerliches Gesetzbuch 64. Auflage München, 2005 (zit.: Palandt-*Bearbeiter*)
…	
[1] Palandt-*Bearbeiter*, § 142 Rn. 4.	

Dem grau hinterlegten Text im Literaturverzeichnis wurde eine Textmarke zugewiesen. Dieser wird natürlich 1:1 im Querverweis übernommen. Mit der Angabe »*Bearbeiter*« kann der Korrektor nichts anfangen. **Folgendes Beispiel zeigt, wie es richtig funktioniert:**

Brox, Hans	Allgemeiner Teil des BGB 28. Auflage 2004 (zit.: *Brox*, BGB-AT)
Heinrichs, Helmut	in: Palandt, Otto Bürgerliches Gesetzbuch 64. Auflage München, 2005 (zit.: Palandt-*Heinrichs*)
Palandt, Otto	Bürgerliches Gesetzbuch 64. Auflage München, 2005 (zit.: Palandt-*Bearbeiter*)
…	
[1] *Brox*, BGB-AT, S. 124.	
[2] Palandt-*Heinrichs*, § 142 Rn. 4.	

Ein weiterer nützlicher Aspekt ist, dass zum einen kein Querverweis zu einem nicht existierenden Literatureintrag gemacht werden kann. Zum anderen erscheint eine Fehlermeldung wie »*Fehler! Textmarke nicht definiert*«, falls der Eintrag (warum auch immer) aus dem Literaturverzeichnis gelöscht wurde, aber noch in einer Fußnote zitiert wird. Letztlich ist noch vorteilhaft, dass sämtliche Formatierungen wie die **Schriftfarbe** (nicht aber die Schriftgröße) übernommen werden. »Blindzitate« werden bei farbiger Markierung im Literaturverzeichnis daher auch in den Fußnoten als solche gekennzeichnet.

Feinkost: Der Zitierweise der Werke werden »**Textmarken**« zugeordnet. Diese können in den Fußnoten per »**Querverweis**« übernommen werden. Die Aktualisierung erfolgt automatisch beim Abspeichern und Ausdrucken, man kann die Aktualisierung aber selbst jederzeit vornehmen.

Formatierung des Literaturverzeichnisses: Das Literaturverzeichnis ist mit einer *Schriftgröße von 12 pt* einzugeben. Für die Eingaben der Titel wird eine ***zweispaltige Tabelle*** mit ***unsichtbaren Rändern*** erstellt. Die **Autorennamen** sind in der **linken Spalte** einzutragen, die dazu gehörenden **bibliographischen Daten** werden in der **rechten Spalte** eingetragen. Es wird ein ***einfacher Zeilenabstand*** verwendet. Die **Tabelle wird alphabetisch nach Autorennamen** sortiert. **Mehrere Titel eines Autors** werden **chronologisch** sortiert. Die Überschrift ist auf der ersten Seite des **Literaturverzeichnisses *oben links*** einzufügen und sollte ***14 pt*** groß und in ***Fettschrift*** geschrieben sein, um sich vom Text abzusetzen.

V. Abkürzungsverzeichnis (optional)

Seitenformatierung: Besondere Anforderungen an die Formatierung der Seite gibt es nicht, es gilt der generelle Formatierungsvorschlag (***links 2 cm, rechts 1 cm, oben und unten 1,5 cm Rand***). Die Seiten sind fortlaufend mit **römischen Ziffern** zu **nummerieren**, die Nummerierung wird vom »Literaturverzeichnis« fortgeführt. In der Regel wird die Seitenzahl rechts oben (in der Kopfzeile) platziert.

Ein Abkürzungsverzeichnis dient dazu, die im Gutachtentext vorgenommenen Abkürzungen zu erklären. Aus vier guten Gründen sollte man in einer Hausarbeit auf ein Abkürzungsverzeichnis verzichten:

- Der Korrektor wird nur müde lächeln, wenn geläufige Abkürzungen wie »***z.B.***« für »***zum Beispiel***« oder »***d.h.***« für »***das heißt***« extra erläutert werden.
- Mit dem »**Abkürzungsverzeichnis der Rechtssprache, 5. Aufl. 2003**« von ***Hildebert Kirchner* und *Cornelie Butz*** besteht bereits ein umfassendes und vor allen Dingen anerkanntes Abkürzungsverzeichnis, auf welches man im Anschluss an das Literaturverzeichnis mit dem Zusatz »*Die benutzten Abkürzungen folgen dem Abkürzungsverzeichnis der Rechtssprache von Kirchner, Hildebert und Butz, Cornelie, Abkürzungsverzeichnis der Rechtssprache, 5. Aufl. 2003*« verweisen kann.
- Wer **Abkürzungen für nicht fachspezifische Wörter benutzt**, die nicht von *Kirchner/Butz* **aufgeführt werden**, muss sich bei Vorliegen einer **Seitenzahlbegrenzung** vorwerfen lassen, diese unzulässig **umgangen** zu haben.
- Niemand liest gerne einen solchen (zugegebenermaßen übertriebenen) Satz: »*Str in Rspr u Lit ist, ob Vor einer WE ein tats ErklBew ist*« (= »**Palandt-Stil**«)!

Merke: Ein eigenes Abkürzungsverzeichnis ist nicht zu empfehlen. Besser ist es, im Anschluss an das Literaturverzeichnis mit dem Zusatz »**Die benutzten Abkür-**

zungen folgen dem Abkürzungsverzeichnis der Rechtssprache von *Kirchner, Hildebert* und *Butz, Cornelie*, Abkürzungsverzeichnis der Rechtssprache, 5. Aufl. 2003« auf besagtes Abkürzungsverzeichnis zu verweisen. Es ist dann selbstverständlich unbedingt auf die Übereinstimmung mit diesem Werk zu achten. **Interessant**: *Kirchner* verwendet nicht die (in der Literatur sehr geläufigen) Abkürzungen »***aaO***« (= am angegeben Ort) oder »***aA***« (= anderer Ansicht), sondern »***a.a.O.***« und »***a.A.***«. Die Abkürzungen ohne Punkt werden in der Praxis kaum als Fehler angestrichen, korrekter ist es aber, die von *Kirchner* vorgeschlagenen Abkürzungen zu verwenden.

Selbstverständliche Abkürzungen wie Gesetzesbezeichnungen (»BGB«, »StGB« etc.) etc. sind **ohnehin nicht zu erläutern**. Wenn keine Seitenzahlbegrenzung besteht, sollte man zwecks besserer Lesbarkeit auf Abkürzungen im größeren Umfang generell verzichten.

Merke: Bei dem Einfügen eigener Abkürzungen ist auf etwaige verschiedene Bedeutungen einer Abkürzung in Gutachtentext und Fußnote hinzuweisen.

Beispiel:

DB (im Gutachtentext)	Deutsche Bahn AG
DB (in den Fußnoten)	Der Betrieb (Zeitschrift)

Formatierung des Abkürzungsverzeichnisses: Das Abkürzungsverzeichnis ist mit einer ***Schriftgröße von 12 pt*** einzugeben. Für die Eingaben der Abkürzungen wird eine ***zweispaltige Tabelle*** mit ***unsichtbaren Rändern*** erstellt. Die **Abkürzungen** sind in der **linken Spalte** einzutragen, die dazu gehörenden **Begriffe** werden in der **rechten Spalte** eingetragen. Es wird ein ***einfacher Zeilenabstand*** verwendet. Die **Tabelle wird alphabetisch nach Abkürzungen** sortiert. Die Überschrift ist auf der ersten Seite des **Abkürzungsverzeichnisses** ***oben links*** einzufügen und sollte ***14 pt*** groß und in ***Fettschrift*** geschrieben sein, um sich vom Text abzusetzen.

VI. Gutachten

Seitenformatierung: Besondere Beachtung findet der **Korrekturrand** auf der **linken Seite**, der **mindestens 7 cm** betragen muss, falls keine abweichende Vorgabe gemacht wird. Ansonsten gelten die allgemeinen Vorgaben (***links 7 cm, rechts 1 cm, oben und unten 1,5 cm Rand***). Die Seiten sind fortlaufend mit **arabischen Ziffern** zu **nummerieren**, die **Nummerierung beginnt** auf der **ersten Seite des Gutachtentextes** mit »*1*«. Empfohlen wird, die Seitenzahl rechts oben (in der Kopfzeile) zu platzieren.

1. Der Fließtext

a) Allgemein

Bezüglich des Fließtextes bestehen außer dem **obligatorischen Korrekturrand** und der **festen Schriftgröße** keine besonderen Formalien. **Gliederungsüberschriften** werden **fett** dargestellt.

> **Aufgepasst!** Wie der im Gutachtentext anzuwendende Gutachtenstil inhaltlich funktioniert, steht im zweiten Kapitel.

Auf Fett- und Kursivschrift innerhalb des Gutachtentextes **ist grundsätzlich zu verzichten**. Im Gegensatz zu dem vorliegenden Buch, in dem die Hervorhebung dazu dient, das Wesentliche beim »Überfliegen« zu entdecken, müssen die Aussagen innerhalb des Gutachtentextes auch ohne Hervorhebung deutlich werden.

Auf **Einrückungen** ist generell zu **verzichten, sie kosten nur Platz** und bieten ansonsten keine Vorteile.

»**Anführungszeichen**« sollten **nur bei wörtlichen Zitaten** benutzt werden.

Ist ein **Gedankengang abgeschlossen**, ohne dass eine neue Gliederungsüberschrift angefügt wird, kann dies durch einen **neuen Absatz** optisch kenntlich gemacht werden.

Übersichtlichkeit und **Lesbarkeit stehen im Vordergrund**. Die besten Gedanken sind nichts wert, wenn sie nicht auf dem Papier erkennbar sind. Deshalb empfiehlt es sich, keine allzu langen Sätze zu formulieren.

b) Einschub: Schreibweise von Normen

Im Gutachtentext sind **Normen möglichst präzise** anzugeben.

§ 223 StGB z.B. hat zwei Absätze, wobei § 223 I StGB die Strafbarkeit der vollendeten Körperverletzung statuiert, während § 223 II StGB die Strafbarkeit des Versuchs anordnet. Würde man im Gutachtentext nur »***§ 223 StGB***« ohne Angabe des Absatzes verwenden, wäre nicht klar, was eigentlich geprüft wird. Gesetze werden mit den üblichen Abkürzungen (»BGB«, »StGB«, »GG« etc.) anzugeben.

> **Merke**: Normen sind möglichst präzise anzugeben.

Es ist **zulässig, beim ersten Gesetzeszitat** in einer **Fußnote** darauf hinzuweisen, dass sämtliche **Normen ohne weitere Angabe solche des betreffenden Gesetzes** sind.

Beispiel:

> A kann gegen B einen Anspruch auf Herausgabe des Fahrrades gemäß § 985 BGB[1].
>
> …
>
> [1] §§ ohne weitere Angaben sind solche des BGB.

Der Platzgewinn dieser Methode hält sich in Grenzen. In den Fällen, in denen Normen aus verschiedenen Gesetzen im Gutachten zu prüfen sind, sollte diese Vorgehensweise unterbleiben, um Ungenauigkeiten zu vermeiden.

> **Merke**: Es ist zulässig, beim ersten Gesetzeszitat in einer Fußnote darauf hinzuweisen, dass sämtliche Normen ohne weitere Angabe solche des betreffenden Gesetzes sind. Werden Normen aus verschiedenen Gesetzestexten geprüft, sollte man diese Vorgehensweise besser unterlassen.

Bei der Angabe von Normen hat man als Verfasser die Möglichkeit, die Norm voll auszuschreiben wie »§ 223 Absatz 1 StGB« oder aber Abkürzungen wie »§ 223 Abs. 1 StGB« oder »§ 223 I StGB« zu verwenden. Wenn man sich für eine Schreibweise entschieden hat, ist diese in der Hausarbeit konsequent zu befolgen.

> **Abkürzungsmöglichkeit 1**: »***Art.***« (**Plural**: »***Artt.***«) für »***Artikel***«, »***Abs.***« für »***Absatz***«, »***S.***« für »***Satz***«, »***HS***« für »***Halbsatz***«, »***lit.***« für »***Buchstabe***«, »***Var.***« und »***Alt.***« für »***Variante***« und »***Alternative***«.

Beispiel für Abkürzungsmöglichkeit 1:

»§ 812 Abs. 1 Satz 1 Var. 2 BGB«

> **Abkürzungsmöglichkeit 2**: »***Art.***« (**Plural**: »***Artt.***«) für »***Artikel***«, ***Römische Zahlen*** für »***Absatz***«, arabische Zahlen für »***Satz***«, »***HS***« für »***Halbsatz***«, »***lit.***« für »***Buchstabe***«, »***Var.***« und »***Alt.***« für »***Variante***« und »***Alternative***«.

Beispiel für Abkürzungsmöglichkeit 2:

»§ 812 I 1 Var. 2 BGB«

Will man **mehrere aufeinander folgende Normen** nennen, geschieht dies mit dem Zusatz »*f.*«, wenn **nur die nächste Norm** mit genannt wird, und »*ff.*«, wenn **die nächsten Normen** mit genannt werden. »***§ 223 f. StGB***« bedeutet daher »***§ 223 StGB und § 224 StGB***«. Will man einen bestimmten Normenkomplex nennen, sollte man auf »*ff.*« verzichten und besser die erste und letzte Norm nennen, etwa »***§§ 223 – 227 StGB***«.

> **Merke**: Der Zusatz »*f.*« kennzeichnet die genannte und die nachfolgende Norm, »*ff.*« bedeutet, dass auch die nachfolgenden Normen gemeint sind.

Unabhängig von der gewählten Schreibweise ist **zwischen dem Paragraphenzeichen und der folgenden Zahl ein Zwischenraum** zu setzen, also »§ 303 StGB«. **Um Zeilenumbrüche zwischen dem Paragraphenzeichen und der folgenden Zahl zu verhindern**, sollte man statt einem einfachen Leerzeichen einen **»geschützten Zwischenraum« verwenden**. Diese Funktion ist in jedem modernen Textverarbeitungsprogramm vorhanden, in »Word« kann man ihn mit der Tastenkombination **»Shift« + »Strg« + »Leertaste«** einfügen.

> **Formatierung des Gutachtentextes:** Der Gutachtentext ist mit einer ***Schriftgröße von 12 pt*** im Blocksatz einzugeben. Der **Zeilenabstand** beträgt ***anderthalb Zeilen***. Es wird empfohlen, die **Silbentrennung** zu aktivieren. Die Überschrift »***Gutachten***« ist auf der ersten Seite des **Gutachtentextes** ***oben links*** einzufügen und sollte ***14 pt*** groß und in ***Fettschrift*** geschrieben sein, um sich vom Text abzusetzen. Die einzelnen **Gliederungsüberschriften** sollten mit ***12 pt*** und ***fett*** eingegeben werden.

2. Die Fußnoten (und Zitierweise allgemein)

Neuralgischer Punkt vieler Hausarbeiten (und darüber hinaus auch von Aufsätzen, Lehrbüchern etc.) sind die Fußnoten. Dies liegt daran, dass bei dem Umgang mit Fußnoten beträchtliche Unsicherheiten bestehen. Dies beginnt damit, dass oftmals den Verfassern von Hausarbeiten gar nicht bewusst ist, welche Funktion die Fußnoten im Rahmen einer Falllösung haben. **Fußnoten dienen** dazu, die **Aussage** im Gutachtentext **anhand von Quellen** zu **belegen**. Daher erschöpft sich die Bedeutung einer Fußnote in der Fundierung der Arbeit, deren Gutachtentext als solcher vollständig sein muss. Die meisten nachfolgend aufgeführten Regeln ergeben sich aus der genannten Funktion der Fußnoten als Beleg für die im Gutachtentext gemachte Aussage. Neben bloßen Formatierungsfehlern sind die häufigste Ursache für Haarausfall beim Korrektor »**Blindzitate**«, »**Bildungsvorschläge**«, »**Fußnotenmonster**« und letztlich **ungenaue Fußnoten**. Neben den rein **technischen Formalien**, die immer zu beachten sind, gibt es des Weiteren **zwingende Regeln** und **bloße Empfehlungen**. Darüber hinaus bestehen Besonderheiten bezüglich der Zitierung der verschiedenen »Quellentypen«.

a) Was muss belegt werden?

Fußnoten dienen dazu, die Aussage im Gutachtentext anhand von Quellen zu **belegen**. Grundsätzlich ist jede Wiedergabe fremder Erkenntnisse mit der Quelle bzw. den Quellen zu belegen. Dies entspricht zum einen dem **Gebot der wissenschaftlichen »Ehrlichkeit«**, zum anderen dient die Fußnote dazu, die getätigte Aussage zu unterstützen.[32] Zu bedenken ist allerdings, dass fast jede Überlegung im Rahmen einer Hausarbeit »angelesen« ist. Der Grundsatz führt daher bei strikter Beachtung dazu, dass praktisch jeder Satz mit einer Fußnote zu belegen ist. Da dies weder der Sinn von Fußnoten sein kann, noch die Anzahl der Fußnoten geteilt durch die geschriebenen Seiten einen »Wissenschaftlichkeitswert« ergibt, ist **eine Aussage nur dann zu belegen**, wenn ihr eine **gewisse Bedeutung** zukommt. Eine strikte Regel, wann dies der Fall ist, existiert nicht.

Zu belegen sind aber **immer:**

- **Definitionen** (soweit sie nicht dem Gesetz zu entnehmen sind, so genannte »Legaldefinitionen«)
- **Ansichten** in Literatur und Rechtsprechung
- **Argumente zu Ansichten**, soweit sie in Literatur und Rechtsprechung vorkommen

Niemals zu belegen sind:

- **Eigene Argumente**
- **Subsumtionen** (Verbot des »konkreten« Zitats)
- **Gesetzestexte**

Es gibt keine Regel, die eine bestimmte Anzahl von Fußnoten pro Seite vorschreibt, allerdings sieht es nicht gut aus, wenn auf mehreren Seiten hintereinander keine einzige Fußnote auftaucht. Dies lässt dann eventuell darauf schließen, dass nicht wissenschaftlich gearbeitet wurde, da es kaum vorkommen wird, dass Aspekte einer Hausarbeit bisher keine Beachtung in der Literatur oder Rechtsprechung gefunden haben.

> **Wichtig**: Fußnoten sind **erforderlich** zum Beleg von **Definitionen**, **Ansichten** und **Argumenten der Ansichten**. Von daher sind die Argumente auch dann mit Fußnoten zu belegen, wenn man sie sich selbst erarbeitet hat, bevor man sie in einer anderen Quelle gelesen hat.

b) Womit darf belegt werden?

Generell kann alles, was im Literaturverzeichnis aufgeführt werden darf, auch zum Beleg einer Aussage **zitiert werden**. Diesbezüglich verweisen wir daher nach oben (siehe S. 37). **Darüber hinaus** dürfen (und sollen) **Gerichtsentscheidungen** und **Gesetzesmaterialien** (wie die **Bundestags-Drucksachen**), nicht aber Gesetze zum Beleg herangezogen werden.

> **Praxistipp**: Kommt es auf die Auslegung einer Norm an, kann der Wille des Gesetzgebers am besten »erforscht« werden, wenn die dazu gehörenden Gesetzesma-

32 *Brühl* a.a.O. (oben Fn. 3) S. 163.

terialien zu Hilfe genommen werden. Aussagen Dritter über den Willen des Gesetzgebers sind nicht selten »ohne Hand und Fuß«.

c) Womit darf nicht belegt werden?

»Unwissenschaftliche« Quellen (siehe oben S. 38) dürfen **nicht zum Beleg** herangezogen werden. **Gesetze, Gesetzesblätter und Gesetzessammlungen** dürfen ebenso wenig in den Fußnoten zum Beleg herangezogen werden, da der Inhalt der Gesetze als bekannt vorauszusetzen ist. **Rechtsprechungsübersichten**, in denen **Entscheidungen studentenfreundlich umgeschrieben** werden (wie in der »**RÜ**«), dürfen auch nicht zitiert werden. Hier ist auf die zugrunde liegende Entscheidung zurückzugreifen.

d) Welche »technischen« Anforderungen gibt es?

Es gibt einige Regeln, die **rein »technischer« Natur** sind und nichts mit dem konkreten Inhalt einer Fußnote zu tun haben.

aa) Fußnoten stehen am unteren Ende (= Fuß) einer Seite

Wird in einem modernen Textverarbeitungsprogramm eine Fußnote eingefügt, wird diese automatisch unten am Ende der Seite (vom Gutachtentext durch eine Linie optisch getrennt) aufgeführt.[33] Der **Fußnotentext** muss zumindest **auf der Seite** beginnen, auf der auch die **Fußnote** steht.

bb) Fußnoten müssen nummeriert werden

Fußnoten müssen nummeriert werden, jede Fußnote erhält eine **arabische Zahl**, beginnend mit »**1**«. Ohne Nummerierung wäre es immer dann, wenn mehr als eine Fußnote auf einer Seite steht, nicht möglich, den Fußnotentext einer bestimmten Fußnote zweifelsfrei zuzuordnen. Alle modernen Textverarbeitungsprogramme führen die Nummerierung automatisch durch. **Geschmackssache** ist es, ob die Fußnoten **auf jeder Seite neu nummeriert** werden, **oder** aber eine **Durchnummerierung** von der ersten bis zur letzten Seite stattfindet. Während früher aufgrund geringer Verbreitung von Computern die Neunummerierung auf jeder Seite empfohlen wurde, weil das nachträgliche Einfügen von Fußnoten bei dieser Vorgehensweise einfacher war, spricht heutzutage unter diesem Aspekt nichts mehr für oder gegen eine der beiden Möglichkeiten.

Für die Durchnummerierung spricht aber, dass es **einfacher** möglich ist, **in Fußnoten auf andere Fußnoten zu verweisen**, wenn diese komplett durchnummeriert sind.

Merke: Fußnoten werden nummeriert. Ob man die Fußnoten auf jeder Seite mit »**1**« beginnend nummeriert oder aber von der ersten bis zur letzten Seite durchnummeriert, ist letztlich reine Geschmackssache.

33 »Fußnoten« am Ende eines Textes sind »Endnoten«. In Hausarbeiten werden keine »Endnoten« verwendet.

Missverständnisse dahingehend, auf welche Fußnote verwiesen wird, sollten bei der Durchnummerierung nicht möglich sein, wenn man den folgenden Rat zum Verweis innerhalb von Fußnoten beherzigt:

Innerhalb von Fußnoten kann man in jedem modernen Textverarbeitungsprogramm ebenso wie auf Textmarken (siehe oben S. 63) auch **auf Fußnoten verweisen**. Dazu muss einfach nur ein **Querverweis eingefügt** werden, der auf eine bestimmte Fußnote verweist. Die Aktualisierung erfolgt ebenfalls wie oben beschrieben mit der Tastenkombination »**Strg**« + »**F9**«.

Beispiel:

[23] Siehe oben Fn. 1.

Der **grau hinterlegte Text** wurde **per Querverweis eingefügt** und verweist auf das Buch zur Erstellung von Hausarbeiten mit Word, welches in der ersten Fußnote genannt wurde.

Tipp: Der **Verweis auf andere Fußnoten** kann **durch** die **Querverweis-Funktion** erfolgen.

cc) Großschreibung, Punkt und Semikolon

Fußnoten beginnen immer **mit Großbuchstaben**. Falls einleitende Worte wie »Vgl.« oder »Siehe auch« etc. verwendet werden, dann müssen diese auch groß geschrieben werden. **Beispiel**:

[1] Vgl. Palandt-Heinrichs, § 142 Rn. 7.

Fußnoten werden immer **mit einem Punkt abgeschlossen**, da dieser das Ende des Belegs bedeutet. **Beispiel**:

[1] Palandt-*Heinrichs*, § 142 Rn. 7.

Werden **innerhalb einer Fußnote mehrere Quellen** als Beleg angegeben, so sind die einzelnen Quellen jeweils **durch ein Semikolon** voneinander **zu trennen**. **Beispiel**:

[1] BGH NJW 1968, 1931; *Medicus*, BR, Rn. 841.

Merke: Fußnoten **beginnen mit Großbuchstaben** und **enden mit einem Punkt**. Mehrere Quellen innerhalb einer Fußnote sind jeweils durch Semikolon zu trennen.

e) Wo ist die Fußnote einzufügen?

Möchte man **ein Wort oder einen Begriff belegen** (also aufzeigen, wer diesen Begriff geprägt oder »erfunden« hat), dann wird die Fußnote **unmittelbar hinter das zu**

belegende Wort oder den zu belegenden Begriff gesetzt.[34] In Hausarbeiten wird dies selten der Fall sein, weil es zumeist nicht auf einen Begriff, sondern auf die Gesamtaussage ankommt.

Soll die **Aussage eines Satzes** belegt werden, ist die **Fußnote hinter den Punkt** am Ende des Satzes zu setzen.[35] **Beispiel**:

> Eine Willenserklärung ist die auf die Erzielung einer Rechtsfolge gerichtete private Willensäußerung.[23]
>
> ...
>
> [23] Brox, BGB-AT, Rn. 82.

Viele Zeitschriften wie die »Neue Juristische Wochenschrift« setzen die Fußnote zum Beleg des gesamten Satzes unmittelbar vor den Punkt. Dies ist unsystematisch und sollte daher nicht übernommen werden. Bezieht sich **der Beleg nur auf einen Satzteil**, dann ist die **Fußnote unmittelbar nach dem Satzteil** einzufügen.

Beispiel:

> Dafür spricht die Gefährlichkeit des Handkantenschlags eines Karatekämpfers,[12] dagegen aber der allgemeine Sprachgebrauch, der den Begriff Werkzeug im Sinne körperfremder Gegenstände benutzt. [13]

Eine **Besonderheit** ergibt sich dann, wenn man **eine oder mehrere Ansichten einleitend vorstellt**. Dann ist die Fußnote **unmittelbar hinter** die **bezeichnete Ansicht** zu setzen. **Beispiel**:

> Während eine **Ansicht**[18] für das Vorliegen einer Willenserklärung ein hypothetisches Erklärungsbewusstsein ausreichen lässt, verlangt die **Gegenansicht**[19] ein tatsächlich vorhandenes Erklärungsbewusstsein.

> **Merke**: Fußnoten hinter einem Wort belegen dieses. Fußnoten, welche die Aussage des Satzes belegen sollen, werden unmittelbar hinter den Punkt gesetzt. Wird ein Satz wie »***Nach einer Ansicht***[2] ***... Gegenansicht***[3] ***...***« formuliert, dann sind die Fußnoten, welche die Vertreter der Ansichten aufführen, unmittelbar hinter die jeweilige Ansicht (die entweder mit »Ansicht« oder »Meinung« oder den Namen der Ansicht bezeichnet) zu setzen.

34 *Garcia-Scholz*, JA 2000, 956 (960).
35 Ebenda.

f) »Wörtliches Zitat«, »indirekte Rede«, »belegte Sachaussage«

Bei der **Übernahme fremder Gedanken** in den Gutachtentext bestehen mehrere Möglichkeiten. Zum einen kann ein **fremder Text wörtlich übernommen** werden (»wörtliches Zitat«), zum anderen kann der **fremde Text abgewandelt in indirekter Rede** dargestellt werden. Letztlich besteht noch die Möglichkeit, eine **schlichte Sachaussage** zu belegen.

aa) Das wörtliche Zitat (»direktes Zitat«)

In einem wörtlichen Zitat wird der Text einer Quelle 1:1 übernommen. Da die **Hausarbeit** eine **eigene Leistung des Verfassers** darstellt und als **homogenes Ganzes** erscheinen soll, ist soweit möglich **auf das wörtliche Zitat zu verzichten**. Die wörtliche Übernahme fremder Texte führt in der Regel dazu, dass ganze Sätze umgestellt werden müssen und so ein Stilbruch entsteht. Darüber hinaus besteht die Leistung des Verfassers einer Hausarbeit auch gerade darin, fremde Gedanken auszuwerten und mit eigenen Worten darzustellen.

> **Ausnahme**: **Definitionen** sind oftmals wörtliche Zitate, werden aber **wie die einfache Sachaussage** (siehe S. 76) behandelt.

Ein wörtliches Zitat sollte **nur dann verwendet** werden, wenn es gerade auf eine **bestimmte Formulierung** ankommt **oder** aber der Autor des zitierten Textes eine **treffende Formulierung** gewählt hat, die sich nahtlos in den eigenen Text einfügt.

Wenn wörtlich zitiert wird, gelten **folgende Regeln**:

- Das wörtliche Zitat wird im Gutachtentext in **Anführungszeichen** gesetzt.
- Die Übernahme muss **buchstaben- und zeichengetreu** sein; die Groß- und Kleinschreibung zu Beginn des Zitats muss aber angepasst werden.
- Die **Fußnote** wird **unmittelbar hinter das abschließende Anführungszeichen** gesetzt.
- **Hervorhebungen werden übernommen**; dies wird durch den Zusatz »***(Hervorhebung(en) im Original)***« im Fußnotentext kenntlich gemacht.
- **Auslassungen** (»Ellipsen«) sind im Zitat durch »**..**« für ein ausgelassenes Wort und »**...**« für mehrere ausgelassene Wörter zu kennzeichnen; dies gilt nicht für Auslassungen am Anfang und am Ende des Zitats.
- Die **Auslassungen** dürfen **nicht zu Sinnentstellungen** führen.
- **Eigene Zusätze** oder Ergänzungen (so genannte »Interpolationen«) innerhalb des Zitats sind **in eckigen Klammern** darzustellen.
- Durch den eigenen Satzbau **bedingte grammatikalische Änderungen** (vornehm: »Flexionen«) sind ebenfalls **in eckigen Klammern** darzustellen.
- **Änderungen** in **Zeichensetzung** und **Rechtschreibung** sind **unzulässig**, die Zurechnung dieser »Fehler« kann durch den Zusatz »***[sic!]***« (lat. für »***so***«) oder »***[!]***«

unmittelbar hinter der betreffenden Stelle sichergestellt werden; dies gilt insbesondere für durch die zahlreichen Rechtsschreibreformen der letzten Jahre entstandenen »Fehler«.

- **Anführungszeichen im zitierten Text** werden durch **einfache Anführungsstriche** dargestellt.
- **Wörtliche Zitate im Zitat werden ebenfalls** durch **einfache Anführungsstriche** dargestellt; im Fußnotentext wird das Zitat im Zitat durch den Zusatz »***(mit einem Zitat von FUNDSTELLE)***« kenntlich gemacht.

Zur Veranschaulichung dient folgender Text:

> *»Die Funktion der Norm, den Empfänger von der Lästigkeit der Aufbewahrung zu befreien und damit Abholansprüche des Lieferanten zu rechtfertigen, weil der Empfänger mit Abholung von der Aufbewahrungslast befreit werde, kann die Einschränkung des Anwendungsbereichs von § 241a BGB auch nicht unter dem Gesichtspunkt der teleologischen Reduktion der Normanwendung begründen.«*[36]

Beispiel (fehlerhaft):

> *Kohler* meint, »Die Funktion der Norm ... kann die Einschränkung ... unter dem Gesichtspunkt der teleologischen Reduktion ... begründen«[43].

Richtig an diesem Beispiel ist die **Darstellung der Auslassungen** mit jeweils »**...**«. **Falsch** ist jedoch die **Großschreibung zu Beginn** des Zitats sowie die **vollständige Sinnentstellung** des Zitats, der Text hatte nämlich genau das Gegenteil ausgesagt.[37] Zudem wäre es **notwendig** gewesen, den **Indikativ »kann« in den Konjunktiv »könne«** umzustellen. Ob man den Punkt noch in das Zitat mit einschließt, ist Geschmackssache.

Beispiel (richtig):

> *Kohler* meint, »die Funktion der Norm [§ 241a BGB] ... [könne] die Einschränkung ... auch nicht unter dem Gesichtspunkt der teleologischen Reduktion ... begründen«[43].

In diesem Beispiel wurde dem Zitat noch der Zusatz »***[§ 241a BGB]***« hinzugefügt, um dem Leser gegenüber klarzustellen, zu welcher Norm *Kohler* hier Stellung genommen hat.

> **Merke**: Wörtliche Zitate sind zwar zulässig, sollten aber auf ein Minimum beschränkt werden, da sie sowohl den Textfluss stören als auch die Eigenleistung schmälern. Die oben genannten Regeln sind zu beachten!

---

36 *Jürgen Kohler*, AcP 204 (2004), S. 606 (S. 614).

37 Sinnentstellender dürften regelmäßig lediglich Zitate im Rahmen von politischen Talk runden sein.

bb) Die indirekte Rede

Eleganter als das wörtliche Zitat ist die indirekte Rede. In der indirekten Rede werden fremde Gedanken wiedergegeben, die entweder noch auf ihre Stichhaltigkeit zu überprüfen sind oder aber wenn die Argumentation von besonderer Bedeutung ist. Daher wird sie **überwiegend im Rahmen von Streitdarstellungen** bei der **Vorstellung der Argumente** der einzelnen Ansichten verwendet. In der indirekten Rede ist natürlich der **Konjunktiv** zu benutzen. Wenn etwa der Originaltext (übrigens ein weiteres Beispiel für ein wörtliches Zitat) lautet:

> *»Daß [!] mit Hilfe des Verantwortungsprinzips allein nicht stets eine scharfe Grenzziehung möglich ist, wird von Vertretern dieser Lehre selbst eingeräumt, indem sie für die Fälle des durch einen Machtapparat organisierten Verbrechens ohne Rücksicht auf die volle rechtliche Verantwortbarkeit des Handelnden eine ,Täterschaft hinter dem Täter' anerkennen (vgl. Stratenwerth aaO S. 226; Bockelmann/Volk, Strafrecht AT 4. Aufl. S. 182).«*[38]

könnte ein **Zitat in indirekter Rede** folgendermaßen lauten:

> Weiterhin argumentiert der Bundesgerichtshof, selbst Vertreter dieser Lehre räumten ein, dass mit Hilfe des Verantwortungsprinzips allein nicht stets eine scharfe Grenzziehung möglich sei. [22]

> **Merke**: Dem wörtlichen Zitat ist die **indirekte Rede vorzuziehen**. Es ist ein **Gebot der Wissenschaftlichkeit**, eigene Formulierungen für Aussagen zu finden. Die indirekte Rede **eignet sich bestens**, um noch **zu überprüfende** (fremde) **Argumente wiederzugeben**. Es ist dabei der **Konjunktiv** zu verwenden.

cc) Die »schlichte« Sachaussage

Am häufigsten werden Sachaussagen belegt. Dabei wird weder eine Quelle wörtlich wiedergegeben noch eine Aussage in indirekter Rede getätigt. Vielmehr wird ein Gedankengang in eigenen Worten dargestellt und dann mit einer oder mehreren Fundstellen belegt. Ob man **den oder die Urheber** der Aussage bereits im **Gutachtentext oder** aber in der **Fußnote** nennt, kommt darauf an, ob es für den Leser wichtig ist, wer der Urheber der Aussage ist. Wenn eine einzige Person in der Literatur eine bestimmte Ansicht vertritt oder ein Bundesgericht in einer Leitentscheidung erstmals über einen Streit entscheidet, dann kann es schon angebracht sein, dies bereits im Gutachtentext kenntlich zu machen. Ein »Richtig« oder »Falsch« gibt es nicht. Nur sollte man bedenken, dass im Rahmen einer Falllösung unter wissenschaftlichen Aspekten der Urheber einer Meinung hinter der Argumentation zurückzutreten hat. Daher sollte man sich davor hüten, jede Aussage gleich mit dem Namen des oder der Urheber einzuleiten. **Beispiel 1**:

---

38 BGHSt 35, 347, 353.

»In Fällen des vermeidbaren Verbotsirrtums des Vordermannes als dem unmittelbar Handelnden ist deshalb bei der Prüfung, ob der Hintermann mittelbarer Täter ist, auf das Kriterium der vom Täterwillen getragenen objektiven Tatherrschaft abzustellen (vgl. *Maurach/Gössel/Zipf* aaO S. 225).«[39]

Eine (zu belegende) Sachaussage könnte dann folgendermaßen lauten:

Der Bundesgerichtshof stellt bei der Abgrenzung zwischen mittelbarer Täterschaft und Anstiftung, wenn der unmittelbar Handelnde einem vermeidbaren Verbotsirrtum unterliegt, auf die vom Täterwillen getragene objektive Tatherrschaft ab.[22]

Wie man auch an diesem Beispiel sieht, liegt bei **Zitaten nicht selten eine Mischform zwischen belegter Sachaussage und wörtlichem Zitat von Satzfragmenten vor**, weil natürlich die **Fachbegriffe mit übernommen** werden. Die Grenze zwischen wörtlichen und nicht wörtlichen Zitaten ist da zu ziehen, wo größere Teile eines Satzes 1:1 in den eigenen Text übernommen werden. In diesem Fall liegt dann ein wörtliches Zitat vor, das nach den oben genannten Regeln zu behandeln ist. **Beispiel 2**:

Es darf bei der Liquidation nach § 249 Absatz 2 BGB die Lage des Geschädigten nicht außer Acht gelassen werden.[44]

[44] *Huber*, DAR 2002, S. 337 (S. 345).

Und hier noch **Beispiel 3**:

Schünemann sieht in der Selbstgefährdung das zeitliche Nacheinander von Eigen- und Fremdverhalten.[9]

[9] *Schünemann*, JR 1989, S. 90.

Ein **Vorteil der eigenen Formulierung** ist zum einen, dass **keine Umstellung des eigenen Textes** nötig ist, zum anderen aber auch, dass **Gedanken nicht unreflektiert übernommen** werden. Wer eine Aussage durch eine eigene Formulierung wiedergibt, muss sich zunächst mit ihr auseinander gesetzt haben.

Merke: »Schlichte« Sachaussagen werden belegt, indem man am Ende der Aussage eine Fußnote setzt. Da es sich um **eigene Formulierungen** handelt, sind weder Anführungszeichen (für wörtliche Zitate) noch Konjunktiv (für indirekte Rede) zu benutzen.

39 BGHSt 35, 347, 353.

g) Präzision in jeder Hinsicht (bibliographisch und inhaltlich)

Die zitierte Quelle muss durch die Zitierweise **eindeutig identifizierbar** sein. Bei **Gerichtsentscheidungen** und **Gesetzesmaterialien** muss sich die **Fundstelle unmittelbar aus der Fußnote ergeben**, da keine weiteren bibliographischen Daten vorliegen. Bei **Quellen**, die **im Literaturverzeichnis einzutragen** sind (siehe oben Seite 37), muss daher die **Zitierweise genau** mit der im Literaturverzeichnis angegebenen **übereinstimmen**. Dies ist dann am besten gewährleistet, wenn die in den Fußnoten genannten Quellen über den Autor zu finden sind.

> **Merke**: Hier wird deutlich, warum die von uns bei Kommentaren favorisierte Form, auch jeden zitierten Bearbeiter eines Kommentars in das Literaturverzeichnis aufzunehmen (siehe oben Seite 50), der herkömmlichen (siehe oben Seite 49) überlegen ist.

Weiterhin muss **ersichtlich** sein, **welche Stelle innerhalb der Quelle den Beleg erbringen** soll. Der **Korrektor muss** in die Lage versetzt werden, den Beleg der **Aussage auf Anhieb** zu **finden**. Würde man etwa bei Entscheidungen des Bundesverfassungsgerichts, die nicht selten über mehr als 50 Seiten gehen, nur mit der Anfangsseite zitieren, wäre dem Korrektor praktisch jede Möglichkeit der Überprüfung genommen. **Daher ist eine möglichst präzise Angabe dieser Textstelle zwingend erforderlich. Übertrieben wäre es** allerdings, auch noch **»Spalte« und/oder »Zeile« anzugeben**. Der Korrektor sollte in der Lage sein, den Beleg innerhalb einer Seite, Randnummer o.Ä. zu finden. Die Besonderheiten der einzelnen »Quellentypen« werden unten noch ausführlich behandelt.

Erstreckt sich **eine Aussage auf mehrere Seiten oder Randnummern**, dann ist dies durch den Zusatz »*f.*« für **eine weitere Seite bzw. Randnummer** und »*ff.*« für **weitere Seiten bzw. Randnummern** zu kennzeichnen. Die Angabe »ff.« sollte jedoch nur sehr sparsam verwendet werden, sie legt nämlich den Verdacht nahe, man habe entweder die Fundstelle überhaupt nicht gelesen oder aber man war nicht in der Lage, die Aussagen der Fundstelle zu erfassen. Wenn eine Aussage in einem mehrseitigen Text öfter gemacht wird, dann ist es sinnvoller, die einzelnen Seiten anzugeben.

> **Merke**: Allein die Angabe der Quelle genügt nicht. Die Fundstelle ist möglichst präzise anzugeben, damit die Möglichkeit der Nachprüfbarkeit besteht. Mit den Zusätzen »*f.*« und »*ff.*«, wird ausgedrückt, dass sich die Aussage über mehrere Seiten bzw. Randnummern einer Fundstelle erstreckt. Auf »*ff.*« sollte aber wenn möglich verzichtet werden.

Letztlich muss die genannte Fundstelle auch die Aussage tatsächlich belegen. Eine annähernde Übereinstimmung genügt nicht. Besonders ärgerlich ist es, wenn sich die genannte Fundstelle überhaupt nicht mit der Aussage, die belegt werden soll, beschäftigt.

Merke: Mangelnde inhaltliche Übereinstimmung der Fundstelle mit der zu belegenden Aussage ist eine grobe Verletzung wissenschaftlichen Arbeitens. **Unpräzise Angaben führen in der Regel zu Abwertungen in der Benotung.**

h) Sortierung innerhalb der Fußnoten

Werden mehrere Fundstellen in einer Fußnote aufgeführt, stellt sich wiederum die Frage nach der richtigen Zitierweise.

aa) Vorrang der Rechtsprechung

Aufgrund ihrer Bedeutung werden **Gerichtsentscheidungen vor allen anderen Fundstellen** angeführt und zwar **nach hierarchischer Stellung von oben nach unten** und **innerhalb eines Gerichtszugs chronologisch von »alt« nach »neu« sortiert**.

Hierarchische Ordnung von oben nach unten:

- EuGH
- BVerfG
- BGH (Vorgänger ist das Reichsgericht), BVerwG, BSG, BFH, BAG
- BayOblG (= Bayerisches Oberstes Landesgericht)
- OLG, KG (= Kammergericht in Berlin), OVG, VGH
- LG, LAG, LSG
- AG, VG, SG, FG

Innerhalb einer Hierarchiestufe gibt es keinen Vorrang, sinnvoll ist es aber, mit dem Gericht zu beginnen, dass sachnäher ist, also Zivilgerichte in einer Zivilrechtsarbeit etc. Ein **(fiktives) Beispiel:**

[1] RGZ 133, 215 (219 f.); 135, 118 (120); BGHZ 105, 140 (143); 110, 183 (193); 149, 165 (174); OLG Köln OLGZ 1970, 454 (455).

Da das Reichsgericht der Vorgänger des Bundesgerichtshofes ist, wird es dem chronologischen Kriterium nach vor diesem zitiert.

Merke: Die Rechtsprechung ist vor der Literatur aufzuführen. Die **Sortierung** erfolgt nach **hierarchischer Stellung absteigend** und **chronologisch aufsteigend**. Diese Sortierung ist zwingend.

bb) Sonstige Sortierung

Für die Sortierung der sonstigen Fundstellen werden die Sortierung nach Gattung, alphabetischer und chronologischer Reihenfolge vorgeschlagen.

Sortierung nach Gattung: Kommentare werden vor sonstiger Literatur aufgeführt.

Für die Sortierung nach Gattungen gibt es keinen zwingenden Grund, eine höhere wissenschaftliche Gewichtung von Kommentaren gegenüber der sonstigen Literatur besteht nicht.

Alphabetische Sortierung: Ohne Rücksicht auf die Gattung werden die Fundstellen nach Verfassernamen alphabetisch sortiert.

Zwingende Gründe sind auch für diese Möglichkeit nicht zu finden, zugegebenermaßen ist es eine sehr einfach zu bewerkstelligende Vorgehensweise.

Chronologische Sortierung: Ohne Rücksicht auf die Gattung werden die Fundstellen chronologisch sortiert.

Für die chronologische Sortierung spricht, dass dadurch die zeitliche Entwicklung von Gedankengängen gut nachzuvollziehen ist.

Merke: Fundstellen aus der Literatur **können** sowohl **nach Gattungen** sortiert als **auch alphabetisch oder chronologisch sortiert werden**. Zwingende Gründe gibt es nicht. In der Hausarbeit kommt es nur auf die **einheitliche Handhabung** an.

i) Zitierweise von Entscheidungen

Bei **Gerichtsentscheidungen** muss sich die **Fundstelle unmittelbar aus der Fußnote ergeben**, da keine weiteren bibliographischen Daten vorliegen.

aa) Vorrang der amtlichen Sammlungen

Entscheidungen werden sowohl **in amtlichen Sammlungen**, als auch **in Zeitschriften** und **sonstigen Entscheidungssammlungen** veröffentlicht.

Bei der Zitierung gilt der **Vorrang der amtlichen Sammlungen**. Diese geben die Entscheidung im Volltext ohne redaktionelle Kürzungen wieder, während in vielen Zeitschriften lediglich die nach Ansicht der Redaktion interessanten Aspekte wiedergegeben werden. Zudem ist es sinnvoll, die unmittelbare Quelle anzugeben, und das ist nun mal die amtliche Sammlung.

Amtliche Sammlungen sind unter anderem:

- im Zivilrecht: RGZ, BGHZ, OLGZ
- im Strafrecht: RGSt, BGHSt, OLGSt
- im öffentlichen Recht: BVerfGE, BVerwGE

bb) Zitierweise bei Entscheidungen in amtlichen Sammlungen

Für **Entscheidungen in amtlichen Sammlungen** empfiehlt sich **folgendes Schema:**

[Amtliche Sammlung] [Band], [Anfangsseite], [Bezugseite]

oder

[Amtliche Sammlung] [Band], [Anfangsseite] ([Bezugseite])

Zur Verdeutlichung ein **Beispiel:**

[1] BGHSt 1, 1 (2 f.) und 4 (6); 14, 219 (220).

Seitenzahlen werden bei Gerichtsentscheidungen ohne »*S.*« angegeben. Ob die Seite, auf die Bezug genommen wird, durch ein Komma von der Anfangsseite getrennt oder in einer Klammer dargestellt wird, ist Geschmackssache. Werden mehrere Entscheidungen aus einem Band zitiert, wird dies wie im Beispiel durch »***und***« dargestellt. **Mehrere Entscheidungen** aus **einer amtlichen Sammlung** werden ohne die weitere Angabe der amtlichen Sammlung **durch ein Semikolon getrennt**.

cc) Zitierweise bei Entscheidungen in Zeitschriften

Für **Entscheidungen in Zeitschriften** und Entscheidungssammlungen empfiehlt sich **folgendes Schema:**

[Abkürzung Gericht] [Abkürzung Zeitschrift/Sammlung] [Jahrgang], [Anfangsseite], [Bezugseite]

oder

[Abkürzung Gericht] [Abkürzung Zeitschrift/Sammlung] [Jahrgang], [Anfangsseite] ([Bezugseite])

Beispiel (fiktiv):

[1] BGH NJW 2004, 1521 (1522) und 1588 (1589); DB 2005, 120 (122).

Mehrere Entscheidungen eines Gerichts aus **einer Zeitschrift** werden ohne die weitere Angabe des Gerichts und der Zeitschrift durch ein **Semikolon** getrennt.

Mehrere Entscheidungen eines Gerichts in verschiedenen **Zeitschriften** werden **ohne die weitere Angabe des Gerichts voneinander getrennt. Zeitschrift und Jahrgang der »anderen« Zeitschrift** sind wie im Beispiel **anzugeben**.

dd) Weitere mögliche Informationen im Fußnotentext

Zu den genannten Angaben **kann noch das Datum** der Entscheidung sowie das **Aktenzeichen** und ein **Schlagwort** angegeben werden.

Datum und Aktenzeichen enthalten zwar noch zusätzliche über die bloße Fundstelle hinausgehende Informationen, sind aber für den Beleg der im Gutachtentext getätigten Aussage nicht erforderlich. Da der Grundsatz der Einheitlichkeit gilt, müssen diese Angaben entweder immer gemacht werden oder immer unterbleiben.

Manche »***Klassiker***« wurden mit Schlagwörtern belegt, die man auch in der Fußnote angeben kann. Zum einen besteht kein »wissenschaftlicher« Mehrwert durch ein solches Schlagwort, zum anderen sind nur wenige Entscheidungen mit einem Schlagwort belegt. Da man selbst keine Schlagwörter »erfinden« darf, sollte man generell darauf verzichten. Die für die Falllösung wichtigen Entscheidungen sind dem Korrektor ohnehin bekannt, so dass es keines Schlagwortes bedarf.

Zur Vollständigkeit ein Beispiel mit Datum, Aktenzeichen und Schlagwort:

> [1] BGH vom 15.09.1988 (4 StR 352/88) – »Katzenkönig« – in: BGHSt 35, 347 (353).

> **Merke:** **Möglich** ist die **Angabe von Datum, Aktenzeichen und Schlagwort.** Durchgesetzt hat sich diese Zitierweise allerdings (noch) nicht.

ee) In JURIS veröffentlichte Entscheidungen

Einige Entscheidungen werden nur in JURIS (www.jurisweb.de) veröffentlicht. Diese Entscheidungen sind grundsätzlich zitierfähig. Jedes JURIS-Dokument hat eine eigene Dokumentennummer. Es sind mit folgenden Angaben zu machen:

- **Entscheidendes Gericht**
- **Art der Entscheidung** (Urteil oder Beschluss)
- **Datum der Entscheidung**
- **Aktenzeichen**
- Zusatz wie »***JURIS-Dokument*** *Nr.*« und **JURIS-Dokumentennummer**

Es gilt folgendes Schema:

> **[Abkürzung Gericht], [Art der Entscheidung] vom [Datum der Entscheidung] – [Aktenzeichen] –, JURIS-Dok.-Nr. [JURIS-Dokumentennr.]**

Beispiel (fiktiv):

> [1] BVerfG, Beschluss vom 12.01.2003 – 9 BvR 945/02 –, JURIS-Dok.-Nr. BTIF28374920.

> **Merke:** Die aus JURIS zitierte Entscheidung ist (insbesondere im Examen) der Hausarbeit anzuhängen.

ff) Unveröffentlichte Entscheidungen

Bei nicht **veröffentlichten Entscheidungen** sind folgende Angaben zu machen:

- **Entscheidendes Gericht**
- **Art der Entscheidung** (Urteil oder Beschluss)
- **Datum der Entscheidung**
- **Aktenzeichen**

- Bezugseite
- Zusatz »*unveröffentlicht*«

Es gilt folgendes Schema:

[Abkürzung Gericht], [Art der Entscheidung] vom [Datum der Entscheidung] – [Aktenzeichen] –, S. [Bezugseite], unveröffentlicht

Beispiel (fiktiv):

[1] BVerfG, Beschluss vom 12.01.2003 – 9 BvR 945/02 –, S. 12, unveröffentlicht.

> **Merke**: Die Zitierung unveröffentlichter Entscheidungen erfordert exakte Angaben. Zur Sicherheit sollte die zitierte Entscheidung (insbesondere im Examen) der Hausarbeit angehängt werden.

j) Zitierweise von »Quellen« aus dem Literaturverzeichnis

Die Zitierweise der im Literaturverzeichnis aufgeführten Quellen wurde oben ab Seite 46 bereits besprochen. Zu dieser allgemeinen Zitierweise müssen aufgrund der Vorgabe des präzisen Zitierens weitere Angaben zu der Fundstelle gemacht werden.

Dabei gilt grundsätzlich:

Es ist die Angabe zu machen, welche den Beleg am präzisesten wiedergibt. Hat ein Werk zum Beispiel ein Ordnungssystem, das genauer ist als eine bloße Seitenangabe, dann sollte diese verwendet werden. **Beispiel:**

[1] *Medicus*, Grundwissen zum Bürgerlichen Recht, § 19 I. 1. a, Rn. 279, S. 163.

Das im Beispiel genannte Lehrbuch hat sowohl eine Einteilung in Kapitel etc. und fortlaufende Randnummern. Jede einzelne dieser Angaben wäre ausreichend, um die Stelle zu belegen. Daher wären die Angaben »***§ 19 I. 1. a***«, » ***Rn. 279***« und »***S. 163***« jeweils auch ausreichend gewesen. Sinnvoll sind die beiden zuerst gemachten Angaben aber allein schon aufgrund des Umstandes, dass sich bei Neu- und Altauflagen zwar die Seitenzahlen, nicht aber die Standorte einer Aussage im Ordnungssystem ändern.

> **Merke**: Wird in einem Werk ein Ordnungssystem verwendet, welches präziser ist als die bloße Seitenangabe, dann sollte dieses auch verwendet werden. Letztlich kommt es aber »nur« auf eine einheitliche Vorgehensweise an.

aa) Kommentare

Bei Kommentaren ist neben der gewählten und im Literaturverzeichnis festgelegten Zitierweise die kommentierte Norm sowie die Randnummer beziehungsweise Randziffer der Fundstelle anzugeben.

Es gilt das Schema:

[Zitierweise], [Norm] Rn. [Randnummer]

oder

[Zitierweise], Rn. [Randnummer] zu [Norm]

Steht in der Kommentierung eine Angabe wie »***vor § 254***« oder Ähnliches, dann ist dies zu übernehmen.

Ob die **Randnummer** mit »***Rn.***« oder »***Rdn.***« abgekürzt wird, ist **Geschmackssache**. Werden in dem Kommentar **Randziffern** angegeben, dann lautet die Abkürzung »***Rz.***« oder »***Rdz.***«.

Die Norm sollte mit der Abkürzung des dazu gehörenden Gesetzestextes genannt werden, da in vielen Kommentaren auch Nebengesetze kommentiert werden, so dass erst die Gesetzesangabe eine eindeutige Zuordnung ermöglicht.

Merke: Die Angaben zu der Norm wie »***vor § 254***« oder ähnliches sind zu übernehmen, die Norm ist mit der geläufigen Abkürzung des Gesetzestextes zu nennen.

Beispiel:

[12] LK-*Roxin*, § 25 StGB Rn. 12.

bb) Bücher (Lehrbücher etc.)

Für Lehrbücher, Monographien etc., also Quellen, die eine eigenständige Veröffentlichung darstellen (Aufsätze etc. hingegen stellen keine eigenständige Veröffentlichungen dar), gilt folgendes Schema:

[Zitierweise], ggf. **[Gliederungsebene]**, ggf. **Rn. [Randnummer], ggf. S. [Seite]**

Beispiel:

[1] *Medicus*, Grundwissen zum Bürgerlichen Recht, § 19 I. 1. a, Rn. 279, S. 163.

Merke: Es ist nicht zwingend erforderlich, alle Angaben zu machen, wichtig ist aber, dass die Fundstelle möglichst präzise angegeben wird, sowie eine einheitliche Handhabung innerhalb der Hausarbeit.

cc) Unselbstständige Veröffentlichungen (Aufsätze etc.)

Für Aufsätze, Beiträge in Festschriften, Urteilsanmerkungen etc., also Quellen, die eine uneigenständige Veröffentlichung darstellen (Lehrbücher etc. hingegen stellen eigenständigen Veröffentlichungen dar), gilt **folgendes Schema**:

[Zitierweise], [Anfangsseite], [Bezugseite]

oder

[Zitierweise], [Anfangsseite] ([Bezugseite])

Ob man die Seiten einfach **durch die Seitenzahl oder** aber **mit** »*S. ...*« angibt, ist **Geschmackssache**. Gleiches gilt für die Frage, ob die Seite, auf die Bezug genommen wird, durch ein Komma von der Anfangsseite getrennt oder in einer Klammer dargestellt wird.

Beispiel 1:

[1] *Jaeger*, NJW 2004, 1492 (1495).

Beispiel 2:

[1] *Jaeger*, NJW 2004, 1492, 1495.

Befindet sich der Beleg auf der Anfangsseite, erübrigt sich die gesonderte Angabe der Bezugseite.

Merke: Anfangs- und Bezugseite sind anzugeben. Ob man die Seiten einfach **durch die Seitenzahl oder** aber **mit** »*S. ...*« angibt, ist **Geschmackssache**. Gleiches gilt für die Frage, ob die Seite, auf die Bezug genommen wird, durch ein Komma von der Anfangsseite getrennt oder in einer Klammer dargestellt wird. Befindet sich der Beleg auf der Anfangsseite, erübrigt sich die gesonderte Angabe der Bezugseite.

dd) Mehrere Texte eines Autors in einer Fußnote

Wird ein Autor in einer Fußnote mit mehreren Texten zitiert und sind die Texte je nach gewählter Zitierreihenfolge unmittelbar nacheinander aufzuführen, kann der Name des Autors durch »*ders.*« ersetzt werden. Aufgrund besserer Zuordnung und zur Wahrung der Übersichtlichkeit, wenn später Veränderungen an der Fußnote vorgenommen werden, sollte darauf verzichtet werden. **Zur Vollständigkeit folgendes (wiederum fiktives) Beispiel:**

[1] *Canaris*, NJW 1981, 1492 (1495); *ders.* DB 2001, 900 (901).

[2] *Canaris*, NJW 1981, 1492 (1495); 2004, 235 (236).

In der zweiten Fußnote des Beispiels konnte sogar auf »*ders.*« verzichtet werden, da hier die beiden Texte in der »NJW« veröffentlicht sind.

ee) Sonstiges

Ist aufgrund eines besonderen Ordnungssystems keines der genannten Schemata auf eine Quelle anwendbar, ist es erforderlich, eine möglichst präzise Angabe in diesem Ordnungssystem zu machen.

k) Weitere inhaltliche Anforderungen an die Fußnoten

Damit die Fußnoten die im Gutachtentext gemachten Aussagen belegen und unterstützen können, müssen weitere inhaltliche Anforderungen eingehalten werden.

aa) Verbot des »Blindzitats«

Absolut verboten und mit **massiven Punktabzügen** wird das »**Blindzitat**« bestraft, wenn es vom Korrektor entdeckt wird. Ein »Blindzitat« liegt immer dann vor, wenn die zitierte Stelle vom Verfasser der Hausarbeit nicht überprüft wurde. Dies kann »gut gehen«, weil entweder das Zitat glücklicherweise passt (dann wird es der Korrektor auch nicht entdecken können) oder aber der Korrektor diese Fundstelle nicht überprüft hat (in der Regel wird der Korrektor nur Stichproben machen).

Das **»Blindzitieren« schöpft seinen Reiz** aus dem Umstand, dass die Übernahme von Zitaten aus anderen Quellen ohne die Überprüfung eine **»billige« Möglichkeit** ist, **Fußnoten und Literaturverzeichnis »aufzumotzen«**. Die Zitierung in »wissenschaftlichen« Texten bietet dabei eine scheinbare Gewähr für die Richtigkeit des Zitats. Da das Zitieren von ungeprüften Quellen in der Wissenschaft aber leider eine Art sportlicher Wettbewerb zu sein scheint, ist ein erheblicher Anteil der Belegstellen in »wissenschaftlichen« Arbeiten blind zitiert, wodurch Fehler »weitervererbt« werden. **Schätzungen bezüglich »falscher« Belege gehen von 30-50% aus**. Wer sich einmal die Mühe gemacht hat, Fußnoten aus so genannten »Standardwerken« auf ihre Richtigkeit zu überprüfen, wird mitunter ernüchtert festgestellt haben, dass es mit der »Wissenschaftlichkeit« vieler Werke doch nicht so weit her ist wie angenommen.

»Blindzitate« sind **für Korrektoren** übrigens **einfacher zu entdecken**, als man annehmen mag. **Zum einen stößt man bei der Erstellung der Lösungsskizze oftmals auf »falsche« Zitate**, zum anderen **genügt der Vergleich mehrerer Hausarbeiten**, um zu sehen, wer was wie zitiert hat. Bestehen in den Zitierweisen Unterschiede, ist man als Korrektor geneigt, diese Fundstelle zu überprüfen. Kandidaten, die blind zitiert haben, werden auf diese Weise sehr schnell ausfindig gemacht. Auch bestehen an einigen Lehrstühlen »schwarze Listen« mit bekannten »Blindzitaten«. Mangelnde Präzision bei der Zitierung der Fundstelle und inhaltliche Diskrepanzen zwischen Fundstelle und Aussage legen ebenfalls den unschönen Verdacht des »Blindzitats« nahe.

> **Merke: »Blindzitate« sind zu unterlassen. Jede zitierte Fundstelle ist zu überprüfen.** Entdeckte »Blindzitate« führen zu erheblichen Abwertungen. Zur Beruhigung sei aber noch gesagt, dass es immer einmal vorkommen kann, dass aufgrund von Zahlendrehern etc. mal eine Fundstelle fehlerhaft ist. Zu oft darf dies aber nicht vorkommen!

bb) Grundsätzliches Verbot des »Sekundärzitats« und die Ausnahme

Generell unzulässig ist auch das so genannte »**Sekundärzitat**«. Das »**Sekundärzitat**« bezeichnet zunächst eine indirekt ermittelte Fundstelle, also wenn in einer gelesenen Fundstelle auf weitere Fundstellen verwiesen wird. Eine ungeprüfte Übernahme des »Sekundärzitats« stellt ein »Blindzitat« dar und ist daher grundsätzlich verboten.

Von »**Sekundärzitaten**« spricht man auch dann, wenn die **Aussage einer Quelle** wie der Rechtsprechung des Bundesgerichtshofes **durch eine andere Quelle** wie einen Kommentar etc. **belegt** wird. **Beispiel (falsch):**

> Die Rechtsprechung des Bundesgerichtshofes hat die subjektive Theorie modifiziert und vertritt heute eine Gesamtbetrachtungslehre, in deren Rahmen auch objektive Elemente Berücksichtigung finden sollen[16].
>
> [16] LK-*Roxin*, § 25 Rn. 26; *Wessels/Beulke*, AT, Rn. 526.

Der Verfasser bleibt den Beleg für das schuldig, was er im Text behauptet: Den Nachweis der konkreten Fundstellen, aus denen die Änderung der Rechtsprechung des Bundesgerichtshofes hervorgeht. Das können nur Urteile des Bundesgerichtshofes selbst sein. Statt derer werden zwei Fundstellen aus der Literatur genannt.

> **Merke**: Aussagen von Institutionen oder Personen können nur durch von ihnen verfasste Quellen belegt werden. Die Rechtsprechung kann daher niemals durch die Literatur belegt werden und umgekehrt. Solche **Sekundärzitate** sind zu vermeiden.

Eine Ausnahme von dieser Regel wurde bereits bei der Besprechung des Problems »***zitiert nach:***« im Rahmen des Literaturverzeichnis genannt (siehe oben S. 46). Ist eine Quelle nicht zu bekommen, darf diese mit dem Verweis »***zitiert nach:***« auch aus zweiter Hand zitiert werden. Dies wird gerade bei **exotischen oder sehr alten Büchern** der Fall sein. **Kommt es in solchen Fällen** entweder auf die in diesem nicht auffindbaren Werk **getroffene Aussage** an **oder** handelt es sich bei dem Autor dieses Werkes um den **Begründer einer Auffassung** oder eines Rechtsinstitutes etc. und soll dem Leser dies nicht vorenthalten werden, ist ein »**Sekundärzitat« durchaus angebracht.** Solche Fälle sollten aber die Ausnahme bilden, da man grundsätzlich nur selbst begutachtete Quellen aufführen darf.

Ein **besonders gutes Beispiel** findet sich **bei *Brühl*[40]:**

> *Otto Mayer*[1] hat Ende des 19. Jahrhunderts bereits den Verwaltungsakt im modernen Sinne verstanden als ...
>
> ...
>
> [1] *Mayer*, Deutsches Verwaltungsrecht, S. 95, zitiert nach: *Maurer*, VerwR-AT, § 9 Rn. 2.

Dieses Werk von *Otto Mayer* stammt aus dem Jahre 1895 und dürfte nicht an jeder Universität zu erhalten sein, so dass hier ein Sekundärzitat ausnahmsweise zulässig ist.

> **Merke: Sekundärzitate** sind **ausnahmsweise zulässig**, wenn ein Werk nicht zu bekommen ist. Das Sekundärzitat ist durch den Zusatz »zitiert nach:« zu kennzeichnen. **Aber Vorsicht:** Die Rechtsprechung darf niemals durch Sekundärzitate belegt werden, dies wäre absolut unglaubwürdig!

cc) Kein Beleg von Aussagen, die sich aus dem Gesetz ergeben

Aussagen, die sich unmittelbar aus dem Gesetz ergeben, sind nicht zu belegen. Es kann davon ausgegangen werden, dass der Korrektor die Gesetze kennt.

Schlechthin falsch ist daher die Darstellung in **folgendem Beispiel**:

> Voraussetzung für den Anspruch aus § 985 BGB ist, dass der Anspruchsteller Eigentümer und der Anspruchsgegner Besitzer der Sache ist.[1]

Vielfach finden sich wie in diesem Beispiel Aussagen in der Literatur, die sich bereits unmittelbar aus dem Gesetzestext ergeben.[41] Jedes Zitat zum Beleg einer solchen Aussage ist ein unzulässiges »**Sekundärzitat**«. **Weder die Norm, noch eine Sekundärquelle sind im Fußnotentext zu nennen.**

Der Satz in dem Beispiel bedarf überhaupt keines Belegs, da er alle notwendigen Angaben enthält. Richtig und ausreichend wäre es daher gewesen, einfach auf die Fußnote zu verzichten.

> **Merke: Aussagen**, die sich **unmittelbar aus dem Gesetzestext** ergeben, sind **nicht durch eine Fußnote zu belegen.** Die Norm ist jedoch im Gutachtentext zu nennen. Dies kann durch eine Klammer am Ende des Satzes oder eine Einleitung wie »Nach § ...« etc. geschehen«.

Hinweise zur Schreibweise von Normen wurden **oben ab S. 67** gegeben.

---

40 *Brühl* a.a.O. (oben Fn. 3) S. 166.
41 An dieser Stelle ist es sinnvoll, § 985 BGB zur Kontrolle zu lesen.

dd) Kein Beleg von »banalen« Aussagen

Aussagen, die der **zwingenden Logik und bestehenden Erkenntnissen** entsprechen, müssen und dürfen selbstverständlich nicht belegt werden. Wird die (zugegeben sehr banale) Aussage, ein Viereck habe vier Ecken, mit einer Fußnote belegt, wird sich der Korrektor nur entgeistert an den Kopf packen.

ee) Kein umfassender Beleg für »Ausgestandenes«

Manche Rechtsinstitute und ungeschriebene Tatbestandsmerkmale haben sich im Laufe der Rechtshistorie auch ohne konkreten Niederschlag in einer Norm etabliert, zu nennen sind hier die »Stoffgleichheit« im Rahmen des Betrugs oder der »Verhältnismäßigkeitsgrundsatz« im Rahmen der Grundrechtsprüfung. Solche »ausgestandenen« Problematiken sind nicht mehr umfassend herzuleiten und zu belegen. Völlig ausreichend ist ein repräsentatives Zitat aus der Rechtsprechung oder einem Kommentar.

> **Merke: Anerkannte Rechtsinstitute sind nicht umfassend herzuleiten und zu belegen.** Anders ist dies nur, wenn diese (wie die Herleitung des Vertrags mit Schutzwirkung für Dritte im Zivilrecht) neuerdings wieder umstritten sind.

ff) »Abstrakte Erkenntnisse« belegen, nie »Konkretzitate« verwenden

Absolut verboten sind auch »**Konkretzitate**« oder »**fallbezogene**« Zitate, also Zitate, bei denen die Subsumtion bzw. eine auf den konkreten Fall bezogene Aussage belegt wird. Bei der Subsumtion handelt es sich um den Abgleich des Lebenssachverhalts mit Tatbestandsmerkmalen. **Jeder** ausgegebene **Sachverhalt stellt** einen eigenen, **noch nie entschiedenen oder besprochenen Fall, dar**. Dies gilt selbst dann, wenn der Fall 1:1 irgendeiner Quelle entnommen wurde. Dem »**Konkretzitat**« liegt immer ein **logischer Fehler** zugrunde: Fragen der Definition werden mit Fragen der Subsumtion vermischt. **Folgendes (fehlerhafte) Beispiel** dient der Veranschaulichung:

> Indem der A den B den Tortenheber in den Unterleib rammte, hat er ihn körperlich misshandelt im Sinne von § 223 I StGB.[34]

Ganz gleich, wer hier zum Beleg aufgeführt wird: **Der Autor der zitierten Quelle hat sich niemals Gedanken über A und B gemacht.** Von daher wird der Korrektor »Der BGH hat sich niemals mit A und B beschäftigt« oder Ähnliches als Anmerkung an den Rand schreiben. Nur **»abstrakte« Erkenntnisse** wie **Definitionen**, **Argumente** und **Ansichten etc. dürfen** (und sollen in der Regel) belegt werden.

Richtig wäre es im Beispiel gewesen, wenn zunächst die **Definition der »körperlichen« Misshandlung genannt und belegt** worden und im **nächsten Satz die Subsumtion** erfolgt wäre. **Richtig** ist also **folgende Darstellungsweise**:

> Körperliche Misshandlung im Sinne von § 223 I StGB ist jede üble, unangemessene Behandlung, die das körperliche Wohlbefinden nicht nur unerheblich beeinträchtigt.[34]

> Indem der A den B den Tortenheber in den Unterleib rammte, hat er dessen körperliches Wohlbefinden durch die damit verbundene Schmerzzufügung erheblich beeinträchtigt und in daher körperlich misshandelt.

> **Merke**: Nur »abstrakte Erkenntnisse« können belegt werden. »Konkretzitate« sind unzulässig, da sich die zum Beleg herangezogenen Quellen nie mit dem konkreten Fall beschäftigt haben.

Zulässig ist auch eine **verkürzte Darstellung** in der Weise, dass Definition und Subsumtion in einem Satz, durch Komma getrennt, erfolgen. Dann ist aber auch nur der »abstrakte« Teil zu belegen. **Richtig** ist also auch **folgendes Beispiel**:

> Körperliches Misshandeln im Sinne von § 223 I StGB ist jede üble, unangemessene Behandlung, die das körperliche Wohlbefinden nicht nur unerheblich beeinträchtigt,[34] was der A getan hat, indem er dem B den Tortenheber in den Unterlaib gerannt hat.

Falsch wäre es hingegen gewesen, die **Fußnote an das Ende des Satzes** zu setzen, da sie dann nach den oben genannten Regeln auch den fallbezogenen Teil belegt hätte, was ja nicht zulässig ist. Ist der Fall vollkommen eindeutig, dann kann ganz auf eine Definition verzichtet werden, so dass ein Beleg auch nicht nötig ist.

> **Merke**: Um Platz zu sparen, können **abstrakte und fallbezogene Aussagen in einem Satz genannt** werden. Die Fußnote ist aber so zu setzen, dass nur der abstrakte Teil belegt wird.

Ein beliebter Fehler ist es, das »Konkretzitat« zu umgehen, indem man den Fußnotentext mit »Vgl.« einleitet. Aber auch ein »Vgl.« kann keine fallbezogene Aussage belegen, vielmehr wird der Leser aufgefordert, sich die nötigen Informationen aus der Fundstelle selbst herauszusuchen und eine eigene Subsumtion vorzunehmen. Damit wird der **Zweck der Fußnote** als unmittelbarer Beleg der im Gutachtentext getätigten Aussage jedoch **»ad absurdum« geführt**.

> **Achtung**: »Konkretzitate« werden **nicht dadurch zulässig**, dass der Fußnotentext mit **»Vgl.«** eingeleitet wird.

gg) »Repräsentatives« Zitieren und richtige Auswahl

Es gilt das Prinzip, dass **für allgemeine Aussagen** wie Definitionen **repräsentative Nachweise** angeführt werden sollen. Es genügt also nicht, in einer Hausarbeit immer wieder nur den einen Kommentar und das eine Lehrbuch heranzuziehen; auf der anderen Seite müssen aber für allgemein anerkannte Aussagen auch keine (überflüssigen) Zitate angeführt werden. Die Dichte der Nachweise hängt davon ab, wie kontrovers die jeweils belegte Aussage ist. Für anerkannte Sätze – wie z.B. die Definition der Mahnung in § 286 BGB – reichen einige ausgewählte Belegstellen aus der Standardliteratur, gegebenenfalls ergänzt um ein einschlägiges Urteil.

> **Merke**: Je weniger umstritten eine Frage ist, desto eher kann man sich auf die Zitierung einzelner wichtiger Repräsentanten beschränken.

Verlangt werden **repräsentative Belege**. Repräsentative Nachweise bedeutet: **(höchstrichterliche) Rechtsprechung, Kommentarliteratur, Lehrbücher** und bei kontroversen Fragen auch die spezielleren Fundstellen in Aufsätzen oder Monographien. Eine Fußnote sollte also auch nicht so aussehen:

> [14] *Müller*, Examenstest im Ö-Recht, S. 25; *Meier*, Die mündliche Prüfung, JuS 2003, 815; *Schmidt*, Der praktische Fall, JA 2004, 123.

Wie bereits gesagt, ist immer eine **repräsentative Auswahl** zu treffen. Wird eine Aussage von der **(höchstrichterlichen) Rechtsprechung** gestützt, dann kommt dieser grundsätzlich eine **besondere Bedeutung** zu, da Gerichte Fälle entscheiden, während Autoren in der Literatur »nur« Lösungsvorschläge anbieten. **Unter mehreren Autoren** in der Literatur sollte auf denjenigen zurückgegriffen werden, der den Gedanken als erster formuliert hat beziehungsweise auf denjenigen, der den Gedanken am treffendsten formuliert hat.

> **Tipp**: Da es keine feste Regel gibt, wie viele Nachweise zum Beleg einer Aussage nötig sind, kann man hier auch nicht viele »Fehler« machen. Zwar mag es dem Sicherheitsdenken entsprechen, wenn man jede noch so unumstrittene Frage mit wahren »Fußnotenmonstern« belegt. Bei wirklich unumstrittenen Aussagen genügt die Angabe einer Fundstelle in einem Standardkommentar und eine Entscheidung. In solchen Fällen ist auch die Verwendung des Zusatzes »***m.w.N.***« (»mit weiteren Nachweisen«) ausnahmsweise erlaubt, wenn die zitierte Fundstelle auf weitere Fundstellen verweist.

hh) Beleg der »herrschenden Meinung«

Wenn man die »**herrschende Meinung**« (oder auch »herrschende Ansicht«) belegen möchte, darf man sich selbstverständlich nicht lediglich auf eine Quelle stützen. **Die herrschende Meinung wird durch mindestens zwei Nachweise belegt**. Weiterhin kann man nicht von der herrschenden Meinung sprechen, wenn nicht **wenigstens ein Obergericht** (also die höchsten Landesgerichte oder Bundesgerichte) diese Meinung vertritt. Wird eine Ansicht **lediglich von Autoren aus der Literatur vertreten**, spricht man von der »**herrschenden Lehre**«.

> **Merke**: Die **herrschende Meinung wird von mindestens zwei Autoren vertreten**, wobei dazu **mindestens ein Obergericht** gehört. Wird eine Ansicht lediglich von Autoren aus der Literatur vertreten, spricht man von der »**herrschenden Lehre**«.

Zu einer herrschenden Meinung sollten in der Regel mehr Fundstellen zitiert werden als zu der Mindermeinung.

Spricht man von der herrschenden Meinung oder herrschenden Lehre, dann ist die Aussage zum einen möglichst umfassend zu belegen, zum anderen ist auch die Gegenansicht aufzuführen und zu belegen.

Merke: Wo es eine »**herrschende Meinung**« oder »herrschende Lehre« gibt, gibt es auch **mindestens eine Gegenmeinung**. Diese ist selbstverständlich ebenfalls aufzuführen und zu belegen.

Der Beleg der Gegenansicht(en) erfolgt jedoch getrennt von der herrschenden Meinung, folgende (fiktive) Fußnote ist daher **falsch**:

[1] *Maurer*, VerwR-AT, § 9 Rn. 2; ... a.A. *Schmidt*, VerwR-AT, S. 230.

In diesem Beispiel liegt der Fehler darin, dass mit dem Zusatz »***a.A.***« nicht die im Gutachtentext getroffene Aussage belegt wird.

»Materieller« Hinweis: Oftmals wird es schwierig sein, die herrschende Meinung zweifelsfrei zu erkennen. Nicht selten rühmen sich Vertreter von gegenteiligen Ansichten, jeweils die herrschende Meinung oder Lehre zu vertreten. Zudem kann es im Laufe der Zeit zu Verschiebungen kommen, so dass eine in einem Text aus dem Jahr 2000 richtigerweise als herrschende Meinung bezeichnete Ansicht heute nicht mehr als herrschend bezeichnet werden kann. Auch ist nicht nur die Anzahl der Vertreter, sondern auch deren »Gewicht« entscheidend. Von daher sollte in einer Hausarbeit auf Begriffe wie »herrschende Meinung« etc. verzichtet werden, da solche Zusätze auch keine Argumentation ersetzen. Besser ist es daher, von »Teilen der Rechtsprechung und Literatur« oder ganz neutral von »einer Ansicht« o.Ä. zu sprechen.

ii) Keine Sachaussagen

Da die **Fußnoten nur dem Beleg** der im Gutachtentext getroffenen Aussage dienen, **sind Sachaussagen zu unterlassen**. **Sachaussagen** innerhalb von Fußnoten belegen nicht die Aussage, sondern geben gegenüber dem Gutachtentext eine weiterführende Information. Ist die Information **für die Falllösung irrelevant**, dann ist sie **überflüssig** und somit »falsch«. Besitzt die weiterführende Information allerdings **Relevanz für die Falllösung**, dann ist sie **im Gutachtentext** darzustellen. Insbesondere dürfen **keine Gegenansichten in einer Fußnote »abgebügelt«** werden. Folgendes **Beispiel** führt die genannten Fehler vor:

[1] anders wäre der Fall allerdings zu beurteilen, wenn der A eine Schusswaffe bei sich geführt hätte, siehe... .

[2] fraglich ist allerdings, ob nicht... .

> [3] nach anderer, vollkommen unvertretbarer Ansicht ... .

In der Fußnote 1 des Beispiels wird ein anderer Sachverhalt dargestellt, was logischerweise vollkommen irrelevant für den zugrunde liegenden Fall ist. In Fußnote 2 wird die eigene Aussage angezweifelt, was absolut verboten ist. Fußnote 3 befasst sich unzulässigerweise mit einer Gegenansicht, was ausschließlich im Gutachtentext zu machen ist.

> **Merke**: Sachaussagen gehören nicht in Fußnoten. Für die Falllösung relevante Aspekte sind im Gutachtentext darzustellen. Alles andere ist Punkteverschwendung!

jj) Keine »Bildungshinweise«

Besonders beliebt und völlig falsch ist es, den Korrektor mit »**Bildungshinweisen**« wie »***instruktiv zu der Thematik***« oder »***lesenswert dazu***« etc. zu nerven. Es mag zu den Themen einer Hausarbeit sehr interessante Literatur geben, die auch zu zitieren ist, soweit sie den Beleg für eine Aussage liefern. Sofern sie aber nicht zum Beleg einer Aussage taugen, sind sie auch nicht aufzuführen. Der Korrektor wird schon genug Arbeit mit dem Erfassen der Falllösung haben. Ratschläge, was er in seiner Freizeit zu lesen hat, wird er nicht als besonders erbaulich ansehen. Da sie auch in keiner Weise der Falllösung dienen, sind sie überflüssig und damit falsch.

> **Merke**: Belehrende Zusätze wie »*instruktiv dazu*«, »*lesenswert*« etc. sind aus den Fußnoten zu verbannen!

kk) Vermeidung von Zusätzen wie »Vgl.« etc.

Abzuraten ist auch von der (beliebten) Unart, dem Zitat ein »***Vgl.***« (= »Vergleiche«) voranzustellen. Grund: diese Vorgehensweise weckt beim Prüfer die Vermutung, dass die getroffene Aussage eben doch nicht an der angegebenen Stelle zu finden ist und der Bearbeiter sich über die Bedeutung der zitierten Quelle für die Fallprüfung nicht ganz im Klaren ist. Außerdem ist die (unausrottbare) Anweisung eine Quelle zu vergleichen jedenfalls in universitären Prüfungsarbeiten verfehlt. Der Leser weiß dort nämlich in der Regel nicht, was er womit vergleichen soll. **Die Aufforderung geht also ins Leere und ist damit sinnlos.**

Erläuternde Worte wie »***Siehe auch***« etc. sind ebenso nichtssagend und gehören daher **nicht in die Fußnoten**.

ll) Verweisungen innerhalb des Fußnotenapparats

Selbstverständlich ist es möglich, **innerhalb des Fußnotenapparats auf andere Fußnoten zu verweisen.** Dabei gilt in Hausarbeiten aber, dass nur nach oben, aber nie nach unten verwiesen werden darf.

Wird in **zwei unmittelbar aufeinander folgenden Fußnoten dieselbe Fundstelle** angegeben, **kann** theoretisch auf eine **erneute Angabe verzichtet** werden und stattdessen mit »*Ebenda*« auf die erste Fußnote verwiesen werden. Dies geht aber nur, soweit die Fundstellen wirklich identisch ist. **Beispiel:**

> [1] *Maurer*, VerwR-AT, § 9 Rn. 2.
>
> [2] Ebenda.

Problematisch daran ist, dass spätestens dann, wenn die erste Fußnote entfernt wird oder aber zwischen die beiden Fußnoten eine weitere eingefügt wird, die Fußnote unrichtig wird.

> **Merke:** Der Verweis auf den kompletten Inhalt der unmittelbar vorhergehenden Fußnote mit »Ebenda« ist möglich, aber »gefährlich«.

Werden in **zwei unmittelbar aufeinander folgenden Fußnoten verschiedene Texte** eines Autors angegeben, **kann** theoretisch auf eine **erneute Angabe des Autors verzichtet** werden und stattdessen mit »*Ders.*« auf die erste Fußnote verwiesen werden.

Beispiel (fiktiv):

> [1] *Maurer*, VerwR-AT, § 9 Rn. 2.
>
> [2] *Ders.* NJW 2002, 234 (235).

Hier ergibt sich dieselbe Problematik wie bei »*Ebenda*«.

> **Merke:** Der Verweis auf den Autor der unmittelbar vorhergehenden Fußnote mit »*Ders.*« ist möglich, aber unter Umständen »gefährlich«.

Wird in einer Fußnote **ein Text zitiert, der bereits zitiert wurde**, kann die Angabe des Kurztitels durch »*a.a.O.*« ersetzt werden. Mit »*a.a.O.*« kann aber auch nur auf den Text des Autors verwiesen werden, der zuvor zitiert wurde. **Beispiel (fiktiv):**

> [1] *Maurer*, VerwR-AT, § 9 Rn. 2.
>
> ...
>
> [7] *Maurer* a.a.O., § 10 Rn. 24.
>
> ...
>
> [13] *Maurer*, NJW 2002, 234 (235).
>
> ...
>
> [19] *Maurer* a.a.O., S. 236.

Das Problem an dem Verweis mit »*a.a.O.*« ist, dass die Fundstelle, auf die verwiesen wird, eventuell mehrere Seiten zurückliegt und der Korrektor erst blättern muss, um die konkrete Fundstelle zu finden. Zudem wird die Fußnote unrichtig, soweit zwischen die beiden Fußnoten eine weitere mit einem anderen Text desselben Autors eingefügt wird.

Merke: Der Verweis auf den zuletzt zitierten Text eines Autors mit »*a.a.O.*« ist möglich, führt aber zur Unübersichtlichkeit und ist zudem »gefährlich«.

Möglich ist auch der Verweis auf eine vorhergehende Fußnote mit »*Siehe Fn. ...*». Aber auch hier muss auf »Nummer Sicher« gegangen werden und überprüft werden, ob die genannte Fußnote sich nicht wieder durch Einfügungen oder inhaltliche Korrekturen geändert hat. Auch hier bietet sich die bereits erwähnte Funktion des **Querverweises** an, die in jedem modernen Textverarbeitungsprogramm verfügbar ist.

Formatierung der Fußnoten: Die Fußnoten sind mit einer **Schriftgröße von 9 pt oder 10 pt** einzugeben. Ob sie **linksbündig oder** im **Blocksatz** eingegeben werden, ist egal. Es ist der **einfache Zeilenabstand** zu wählen. **Jede Fußnote beginnt mit einem Großbuchstaben** (falls die zitierte Fundstelle nicht ausnahmsweise mit Kleinbuchstaben abgekürzt wird) **und endet** mit einem **Punkt. Mehrere Fundstellen** innerhalb einer Fußnote werden durch ein **Semikolon** voneinander getrennt.

VII. Unterschrift

Soweit keine anonymisierte Bewertung erfolgt (was im Examen immer der Fall sein wird), ist die Hausarbeit mit dem **Ort**, dem **Datum** und der **eigenen Unterschrift** zu versehen.

C. Formalienüberblick Hausarbeit

I. Allgemeines[42]

Verwendetes Papier:	**DIN-A4 weiß, unliniert, 80-120g/qm, einseitig beschrieben**
Bindung:	**Spiralbindung**; Klebebindung hat Nachteile beim Umblättern, nur ausnahmsweise Schnellhefter benutzen
Schriftart:	Bearbeitervermerk beachten, ansonsten Standardschriftart wie **Arial oder Times New Roman** verwenden; in der gesamten Hausarbeit nur eine Schriftart verwenden (nicht zwingend, aber wegen einheitlicher Darstellung besser)
Position Seitenzahlen:	Die Seitenzahlen können beliebig positioniert werden, am sinnvollsten ist die Position **rechts oben**.

42 Ausführlich oben S. 17.

II. Deckblatt[43]

Seitenränder:	links 2 cm, rechts 1 cm, oben und unten 1,5 cm
Seitenzahl:	Nein

Angaben zur Prüfungsnummer (falls anonymisierte Bewertung erfolgt)[44]:

Benötigte Angaben:	Prüfungsnummer bzw. Kennziffer (Bearbeitervermerk unbedingt beachten)
Position/Ausrichtung:	oben links, linksbündig
Schriftgröße:	12 pt; Prüfungsnummer bzw. Kennziffer in Fettschrift
Zeilenabstand:	einfacher Zeilenabstand

Angaben zur Person (falls keine anonymisierte Bewertung erfolgt)[45]:

Benötigte Angaben:	Name, Vorname, Studienanschrift, Matrikelnummer, Fachsemester (zumeist im Bearbeitervermerk genannt, ansonsten freiwillige Angabe), ggf. Prüfungsnummer, soweit vorhanden
Freiwillige Angaben:	Telefonnummer, E-Mail-Adresse
Position/Ausrichtung:	oben links, linksbündig
Schriftgröße:	12 pt; Nachname, Vorname in Fettschrift
Zeilenabstand:	einfacher Zeilenabstand

Angaben zur Examenshausarbeit[46]:

Benötigte Angaben:	Rechtsgebiet, Abgabetermin
Position/Ausrichtung:	in der Mitte, zentriert
Schriftgröße:	18 pt
Zeilenabstand:	einfacher Zeilenabstand

43 Ausführlich oben S. 19.
44 Beispiel auf Seite 21.
45 Beispiel auf Seite 22.
46 Beispiel auf Seite 21.

Angaben zur Universitätshausarbeit[47]:

Benötigte Angaben:	Titel der Veranstaltung, Art der Arbeit, Angaben zum Semester (SS/WS), Angaben zum Dozenten mit voller Titelbezeichnung, Abgabetermin
Position/Ausrichtung:	in der Mitte, zentriert
Schriftgröße:	18 pt für den Titel der Veranstaltung, 14 pt für alle anderen Angaben
Zeilenabstand:	einfacher Zeilenabstand

III. Aufgabentext/Sachverhalt[48]

Seitenränder:	links 2 cm, rechts 1 cm, oben und unten 1,5 cm
Seitenzahl:	ja, römische Zahlen, beginnend mit »**I**«

Überschrift:

Bezeichnung:	»Aufgabentext« bzw. »**Sachverhalt**«
Position/Ausrichtung:	oben links, linksbündig
Schriftgröße:	14 pt, Fettschrift

Aufgabentext/Sachverhalt:

Position/Ausrichtung:	oben links (unmittelbar unter die Überschrift), Blocksatz
Schriftgröße:	12 pt
Zeilenabstand:	1,5facher Zeilenabstand

IV. Gliederung[49]

Seitenränder:	links 2 cm, rechts 1 cm, oben und unten 1,5 cm
Seitenzahl:	ja, römische Zahlen, anknüpfend an den »Aufgabentext/Sachverhalt«

47 Beispiel auf Seite 22.
48 Ausführlich oben S. 23.
49 Ausführlich oben S. 23.

Überschrift:

Bezeichnung:	**»Gliederung«**
Position/Ausrichtung:	oben links, linksbündig
Schriftgröße:	14 pt, Fettschrift

Gliederung:

Position/Ausrichtung:	oben links (unmittelbar unter die Überschrift), Gliederungspunke linksbündig, Seitenzahlen rechtsbündig
Schriftgröße:	12 pt
Zeilenabstand:	1,5facher Zeilenabstand
Besonderheiten:	Ob man die Gliederung »einrückt« (also die hierarchische Struktur durch versetzte Darstellung der einzelnen Gliederungsebenen optisch kenntlich macht) oder einfach untereinander darstellt, ist Geschmackssache. Die »Einrückung« bietet aber die bessere Übersicht.

V. Literaturverzeichnis[50]

Seitenränder:	links 2cm, rechts 1cm, oben und unten 1,5 cm
Seitenzahl:	ja, römische Zahlen, anknüpfend an die »Gliederung«

Überschrift:

Bezeichnung:	**»Literaturverzeichnis«**
Position/Ausrichtung:	oben links, linksbündig
Schriftgröße:	14 pt, Fettschrift

Literaturverzeichnis:

Position:	oben links (unmittelbar unter die Überschrift)
Ausrichtung/Darstellung:	Autoren auf der linken Seite, Angaben zum Titel etc. auf der rechten Seite, beides linksbündig (zweispaltige Tabelle ohne sichtbare Linien)

50 Ausführlich oben S. 36.

Schriftgröße: 12 pt, Autorennamen kursiv

Zeilenabstand: einfacher Zeilenabstand

VI. Abkürzungsverzeichnis (optional)[51]

Seitenränder: links 2 cm, rechts 1 cm, oben und unten 1,5 cm

Seitenzahl: ja, römische Zahlen, anknüpfend an das »Literaturverzeichnis«

Überschrift:

Bezeichnung: »**Abkürzungsverzeichnis**«

Position/Ausrichtung: oben links, linksbündig

Schriftgröße: 14 pt, Fettschrift

Abkürzungsverzeichnis:

Position: oben links (unmittelbar unter die Überschrift)

Ausrichtung/Darstellung: Abkürzungen auf der linken Seite und linksbündig, abgekürzter Begriff auf der rechten Seite und linksbündig (in zweispaltiger Tabelle ohne sichtbare Linien)

Schriftgröße: 12 pt, Abkürzungen in Fettschrift

Zeilenabstand: 1,5 facher Zeilenabstand

VII. Gutachtentext[52]

Seitenränder: links 7 cm (**Korrekturrand**; zwingend, falls nicht anders angegeben), rechts 1cm, oben und unten 1,5 cm

Seitenzahl: ja, arabische Zahlen, beginnend mit »**1**«

51 Ausführlich oben S. 39.
52 Ausführlich oben S. 23.

Überschrift:

Bezeichnung:	**»Gutachten«**
Position/Ausrichtung:	oben links, linksbündig
Schriftgröße:	14 pt, Fettschrift

Gutachtentext/Fließtext:

Position	oben links (unmittelbar unter die Überschrift),
Ausrichtung:	Blocksatz
Schriftgröße:	12 pt
Zeilenabstand:	1,5facher Zeilenabstand

Fußnotentext:

Ausrichtung:	Blocksatz oder linksbündig
Schriftgröße:	9-10 pt
Zeilenabstand:	einfacher Zeilenabstand
Zu beachten:	Fußnoten werden immer mit einem Punkt abgeschlossen; sollte die Fußnote mit einem Wort beginnen (z.B. »Vgl.«, »Siehe oben...« etc.), wird dieses immer groß geschrieben.

D. Die Seminararbeit und das Schwerpunktseminar

Bei der Seminararbeit gelten grundsätzlich **dieselben formellen Anforderungen wie für die Hausarbeit,** insbesondere, was die **Formatierungen** betrifft. Von daher kann grundsätzlich nach oben verwiesen werden. Zu beachten sind aber wie immer spezielle Vorgaben seitens des Aufgabenstellers.

Im Folgenden werden lediglich die Unterschiede zur Hausarbeit dargestellt.

I. Deckblatt

Es gelten dieselben Anforderungen wie an die Universitätshausarbeit (siehe oben S. 19), nur ist der Begriff »Hausarbeit« durch »Seminararbeit« und der »Vorlesungstitel« durch die entsprechende Seminarbezeichnung und den Titel der Seminararbeit zu ersetzen.

II. Aufgabentext

In der Regel bekommt man in der Seminararbeit keinen Fall vorgelegt, sondern muss eine bestimmte Fragestellung oder einen Themenkomplex bearbeiten. Wird aber ein

Aufgabentext ausgegeben, so ist dieser wie bei der Hausarbeit (siehe oben S. 23) abzugeben.

III. Gliederung

Auch in einer **Seminararbeit ist eine Gliederung** zu erstellen, aus welcher der Gedankengang des Verfassers hervorgeht. Es gelten hier **grundsätzlich** die **für die Hausarbeit aufgestellten Regeln** (siehe oben ab S. 23), jedoch kann hier ein wenig freier verfahren werden. Gerade in einer Seminararbeit bekommt der Verfasser die Gelegenheit, eigene Gedankengänge und Schwerpunkte zu entwickeln, so dass weniger Rücksicht auf eine etwaige Lösungsskizze zu nehmen ist. Auch sind direkte Fragen innerhalb der Gliederungsüberschriften zulässig, sollten aber sparsam verwendet werden. Auch im Rahmen einer Seminararbeit gilt, dass zu viele Überschriften die Arbeit nur unnötig »zerfasern«.

IV. Literaturverzeichnis

Auch hier gelten die für die Hausarbeit (siehe oben ab S. 36) aufgestellten Regeln. Jedoch **kann** in einer Seminararbeit **ein wenig »lockerer« mit nicht-wissenschaftlicher Literatur umgegangen werden**, schließlich soll kein Fall gelöst, sondern eine Thematik behandelt werden.

Da oftmals tagespolitische Themen ausgegeben werden, können in einem solchen Fall **auch Berichte der seriösen Tagespresse etc.** verwendet werden, soweit sie substanziell etwas zu der Thematik beitragen. Gerade **Interviews** und **Kommentare** können neue Aspekte aufwerfen und daher in die Seminararbeit mit eingearbeitet werden. **Dies gilt natürlich nicht**, wenn es in der Seminararbeit um reine Rechtsfragen wie die Anwendbarkeit von Normen etc. geht. Dann ist selbstverständlich nur auf die in einer Hausarbeit zitierfähigen Quellen zurückzugreifen.

> **Merke**: Geht es in einer Seminararbeit um aktuelle politische Themen oder Ähnliches, kann man ein wenig »lockerer« mit der Zitierfähigkeit von Quellen umgehen. Im Zweifelsfall ist mit dem Aufgabensteller Rücksprache zu halten.

V. Abkürzungsverzeichnis

Hier gelten die für die Hausarbeit (siehe oben ab S. 65) aufgestellten Regeln.

VI. Der Fließtext und die Fußnote

Sowohl für den Fließtext als auch die Fußnoten gelten die für die Hausarbeit aufgestellten Regeln (siehe oben ab S. 66). Wie oben gesagt können in einer Seminararbeit gegebenenfalls auch Quellen zitiert werden, die im Rahmen einer Falllösung nicht zitierfähig sind.

Auch im Rahmen der Seminararbeit gilt, dass die **Fußnoten lediglich die Aussagen des Fließtexts belegen sollen**. In der Seminararbeit ist der Verfasser wesentlich freier, was die Schwerpunktsetzung angeht, als dies in der Hausarbeit der Fall ist. Gerade aus diesem Grund ist es eine **reine Punkteverschwendung**, wenn man **interessante Aspekte in Fußnoten versteckt**. Daher gilt auch hier: **Wesentliches gehört in den Fließtext, Unwesentliches gehört weder in den Fließtext, noch in die Fußnoten**.

VII. Das Thesenpapier

Im Gegensatz zur Hausarbeit wird oftmals ein Thesenpapier zum mündlichen Vortrag vorzulegen sein. Besondere Formatvorgaben gibt es in der Regel nicht, das Thesenpapier sollte aber nicht allzu umfangreich sein, sondern nur kurz und knapp die im Rahmen der Seminararbeit aufgeworfenen Thesen darstellen. Mehr als zwei bis drei Seiten sollte ein Thesenpapier daher nicht umfassen Das Thesenpapier sollte bei er Abgabe der Seminararbeit beigelegt werden, falls es nicht erst später für den mündlichen Vortrag angefertigt wird. Optisch macht es einen guten Eindruck, wenn die gleiche Schriftart wie in der Seminararbeit verwendet wird, dies wird aber kaum für die Benotung entscheidend sein.

VIII. Die Abgabe der Seminararbeit

In der Regel wird im Gegensatz zur Hausarbeit verlangt, dass der Verfasser zwei oder gar drei Exemplare der Seminararbeit abgibt. Darauf sollte man sich als Verfasser einer Seminararbeit einstellen, wenn es um die Materialbeschaffung für den Ausdruck der Arbeit geht. Für die äußere Form die Papier, Bindung etc. gilt dasselbe wie für die Hausarbeit (siehe oben ab S. 17).

E. Die Dissertation (Kurzüberblick)

Die Anforderungen an die Formalien einer Dissertation hängen ganz erheblich von der Promotionsordnung und den Vorgaben der Fakultät sowie dem Doktorvater oder der Doktormutter ab. Daher ist bereits möglichst zu Beginn der Dissertation in Erfahrung zu bringen, welche Anforderungen bestehen.

Die zur Hausarbeit gemachten **inhaltlichen Angaben zum Literaturverzeichnis** (siehe oben ab S. 36) **und den Fußnoten** (siehe oben ab S. 69) **gelten grundsätzlich** auch für die Dissertation und sollten beachtet werden.

Ebenso wie in der Haus- und der Seminararbeit sollten in der Dissertation **alle wichtigen Informationen im Fließtext** stehen. Gerade die in der Literatur und in vielen Dissertationen gängige Praxis, ganze »Romane« in Fußnoten zu stecken, sind kein Zeichen hochklassiger wissenschaftlicher Arbeit.

Ähnlich wie in der Seminararbeit ist der Verfasser einer Dissertation wesentlich »freier« in der Schwerpunktsetzung als es der Verfasser einer Hausarbeit ist. Daher steht dem Verfasser einer Dissertation auch ein weiterer Spielraum bezüglich der Auswahl der von ihm verwendeten Literatur zu.

Da im Vorfeld der Abgabe der Dissertation mehrere Gespräche mit dem Doktorvater beziehungsweise der Doktormutter geführt werden und die Arbeit vor der endgültigen Abgabe in der Regel bereits in sehr fortgeschrittener Fassung gelesen wird, wird der Verfasser auf etwaige »Fehler« frühzeitig hingewiesen.

Vor Beginn der Niederschrift der Dissertation ist es ratsam, sich aktuelle Dissertationen anzusehen, um einen Eindruck von Inhalt und Umfang zu bekommen.

Aus Platzgründen kann an dieser Stelle leider nicht umfassend auf die Besonderheiten der Dissertation eingegangen werden, hierfür wird auf die erhältliche Spezialliteratur verwiesen.

F. Die Klausur

Selbstverständlich sind bei der Klausur wesentlich **weniger** Formalien einzuhalten als bei den bisher besprochenen Arbeiten. Dennoch sollte man ein paar wesentliche Aspekte beachten. In der Klausur ist **weißes liniertes DIN A4-Papier** zu verwenden. Es sollte **hochwertiges Papier** verwendet werden, damit die Tinte bei Gebrauch eines Füllfederhalters oder Fineliners nicht durchdrückt oder verschwimmt, was bei Recycling-Papier oftmals der Fall ist. Neben dem Gutachtentext ist ein **Deckblatt** mit abzugeben.

I. Deckblatt

Das Deckblatt enthält dieselben Angaben wie bei der Hausarbeit.

Im Falle einer **nicht-anonymisierten Bewertung** sind also folgende Angaben zu machen:

- **Name, Vorname**
- **Studienanschrift**
- **Matrikelnummer**
- **Aktuelles Fachsemester**
- wenn zusätzlich eine **Prüfungsnummer** vergeben wurde, ist auch diese anzugeben
- **Datum**
- **Titel der Veranstaltung** (z.B. »Übung im Zivilrecht« oder » Schuldrecht II«)
- **Angaben zum Semester** (z.B. »Wintersemester 2005/06«)
- **Angaben zum Dozenten mit voller Titelbezeichnung** (z.B. »bei Prof. Dr. Barbara Grunewald«)

Im Falle einer **anonymisierten Bewertung** ist die **Angabe von personenbezogenen Daten zu unterlassen**. An deren Stelle tritt die **Prüfungsnummer** oder **Kennziffer**.

Das Deckblatt ist **leserlich zu gestalten**, auch wenn das Schriftbild, soweit es lesbar ist, nicht in die Benotung mit eingeht. Es empfiehlt sich, das Deckblatt **bereits ausgefüllt zur Klausur mitzubringen**.

Tipp: Wichtige Minuten können in einer Klausur eingespart werden, wenn man im Vorfeld bereits das Deckblatt ausfüllt. Man sollte es aber bei einem handschriftlich verfassten Deckblatt belassen, ein am PC erstelltes Deckblatt wirkt in einer Klausur eventuell »überprofessionell«.

II. Gutachtentext

»Seitenformatierung«: Besondere Beachtung findet der **Korrekturrand** auf der **linken Seite**, der **mindestens 7 cm** (also ein Drittel) betragen muss, falls keine abweichende Vorgabe gemacht wird. Besser ist es aber, das Papier in der Mitte zu falten, so dass dem Korrektor ein **Korrekturrand von gut 10 cm** verbleibt. Die Seiten sind **fortlaufend zu nummerieren**.

1. Notwendige Angaben

Damit eine Seite auch dann noch zugeordnet werden kann, wenn (was öfter vorkommt als man denkt) bei der Klausurabgabe zum Schluss ein großes Chaos entsteht und eventuell Seiten an die falsche Klausur oder aber gar nicht mit abgeheftet werden, **sollte auf jeder Seite** zumindest die **Matrikelnummer** und der **Name des Verfassers** stehen Diese Angeben werden am besten oben links gemacht. Die Seitennummerierung ist selbstverständlich.

Tipp: Man kann wichtige Minuten in der Klausur sparen, wenn man die Seiten »vorbereitet«. Am besten wird auf jede Seite Matrikelnummer und Name eingetragen, so dass dies in der Klausur nicht mehr zu machen ist.

2. Das äußere Erscheinungsbild

In der Klausur sollte neben der natürlich guten Falllösung auch das Schriftbild stimmen. Da nicht jeder der geborene Schönschreiber ist, kann nicht erwartet werden, dass am Ende ein wahres Meisterwerk der Schönschreibung abgegeben wird. Insbesondere gilt dies, da zum Ende einer Klausur in der Regel der Zeitnotstand ausbricht und daher möglichst schnell geschrieben werden muss. Daher fließt die Schrift auch nicht in die Benotung mit ein (zumindest in der Theorie).

Verlangt werden kann aber ein sauberes Schriftbild, eine unleserliche Schmiererei ist auch gegenüber dem Korrektor eine Unverschämtheit. Ist eine Bearbeitung gar nicht mehr lesbar, gibt es auch keine Bewertungsgrundlage. Die Klausur ist dann nicht zu benoten.

Merke: Die Klausur ist kein Schönschreibwettbewerb, Lesbarkeit ist aber zu gewährleisten.

3. Gliederung der Klausur

Natürlich kann und darf der Klausur **keine Gliederung vorangestellt** werden, allerdings sollte eine systematische »innere« Gliederung bestehen. Soweit man sich entscheidet, auch in der Klausur Überschriften zu verwenden, sollten diese sparsam eingesetzt werden, da es in der Klausur doch erheblich den Lesefluss stört, wenn jedem zweiten Satz eine Überschrift folgt. Daher sollte man sich auch **auf drei bis vier Gliederungsebenen beschränken**. Neue Gedankengänge können auch durch Absätze kenntlich gemacht werden.

4. Sonstiges

Nicht unüblich ist es, dass in einer Klausur **bei der ersten Gesetzeszitierung eine Fußnote** wie »§§ ohne weitere Bezeichnung sind solche des BGB« eingefügt wird. Ob dies wirklich eine Zeitersparnis darstellt, mag dahinstehen. Da diese Vorgehensweise zulässig ist, kann jeder so verfahren, wie es ihm beliebt.

Unterstreichungen innerhalb der Klausur sind zwar nicht verboten, aber auch hier gilt wie bei der Hausarbeit: Der **Gedankengang muss durch den Text** als solcher erkennbar sein, der Korrektor findet selbst die wesentlichen Aspekte in der Klausur.

Wird nachträglich festgestellt, dass an einer oder mehreren Stellen **Änderungsbedarf** im Sinne von zusätzlichem Text besteht, sollte dieser **auf eine neue Seite** geschrieben werden. Diese Seite erhält dann zum Beispiel die Seitenzahl »*2a*«. An die Stelle, an die er eingefügt werden soll, ist dann ein »*« mit dem Hinweis auf die »neue« Seite zu setzen. Natürlich ist diese **Lösung nicht optimal**, aber immer noch besser, als den Korrekturrand des Korrektors mit »Fliegendreck« zu bekritzeln. **Optimal**, aber natürlich wesentlich zeitaufwendiger ist es, den Text teilweise neu zu schreiben.

III. Unterschrift

Soweit keine anonymisierte Benotung erfolgt, ist die Klausur am Ende zu **unterschreiben**.

G. Ein letztes Wort zu Formalien

Formalien sind – wie dargestellt – nicht ohne Grund einzuhalten. Formalien basieren auf Zweckmäßigkeitserwägungen und sind daher Ausdruck strukturierten Arbeitens. Wer die wesentlichen Formalien verstanden hat und befolgt, wird merken, dass damit nicht etwa ein Zeitverlust, sondern ein Zeit- und Qualitätsgewinn einhergeht. Das lästige und zeitraubende »Aufpolieren« der Arbeit zum Schluss hin wird nicht mehr erforderlich sein. Der Umgang mit der gesamten Materie wird sicherer, zielstrebiger und wissenschaftlicher. Nicht umsonst vertreten die meisten Korrektoren die Ansicht, dass man durchaus von der äußeren Form auf den Inhalt schließen kann. Natürlich weiß aber auch jeder Korrektor, dass Prüfungsarbeiten unter Zeitdruck entstehen. Kleinere Fehler werden daher nur sehr selten zu Abwertungen führen.

Merke: Wer die angegebenen Ratschläge befolgt, ist jedenfalls auf der sicheren Seite. Anstreichungen durch einen nicht informierten Korrektor können mit der Remonstration angegriffen werden.

Kapitel 2 – Gutachtenstil und sprachliche Gestaltung

A. Der Feind auf meinem Blatt: Gutachtenstil

I. Einführung

In den schriftlichen Leistungen, die man im Laufe des Studiums bis hin zu den Examensarbeiten vorzulegen hat, soll regelmäßig ein »**Gutachten**« erstellt werden. Inzwischen werden zu diesem Thema und unter diesem Topos ganze Lehrbücher, Leitfäden und »Einführungen in den Gutachtenstil«[53] publiziert, manche davon mehrere hundert Seiten stark. Wir halten dies für zu weit gegriffen und wollen stattdessen an dieser Stelle zum einen nur die absolut unverzichtbaren Grundregeln der gutachtlichen Fallbearbeitung erklären und zum anderen mit einigen landläufig verbreiteten Vorurteilen und Fehlvorstellungen über »richtigen Gutachtenstil« aufräumen. Ziel der Darstellung ist es, in kürzester Zeit und **mit minimalem Arbeitsaufwand** ein **fehlerfreies** und **gut lesbares** Gutachten formulieren zu können.

1. Die Aufgabenstellung

Die Aufforderung »*Erstellen Sie ein Gutachten*« oder gar »*Entwerfen Sie eine gutachtliche Stellungnahme*« flößt gerade den Studienanfängern **Ehrfurcht** und **Respekt**, manchmal auch waschechte **Angst** ein. Alle drei Reaktionen sind gleichermaßen **unbegründet** und stören nur die Entfaltung der eigenen Leistungsfähigkeit. Bei nüchterner Betrachtung ist festzustellen, dass das Gutachten lediglich eine schriftliche **Stilform** bezeichnet, also eine Art und Weise, Informationen in geordneter Form zu Papier zu bringen. In der gleichen Art und Weise, wie man unter Berücksichtigung bestimmter (mehr oder weniger festgelegter) Stilmittel einen Roman, ein Gedicht, eine Interpretation oder eine Pressemitteilung schreiben kann, orientiert sich auch das Gutachten an einigen (wenigen) zentralen **Grundsätzen** und **Arbeitsregeln**. Diese werden wir uns gleich unten genauer ansehen. Zuvor müssen wir aber noch einige Vorüberlegungen anstellen, damit auch der Hintergrund der zu erlernenden Regeln klar wird. Nur wer das System »Gutachten« insgesamt verstanden hat, kann hinterher darin auch vernünftig arbeiten.

In einem Gutachten beschäftigt sich grundsätzlich ein **Sachverständiger** mit einem bestimmten Fachproblem, zu dem er (und oftmals nur er) eine qualifizierte Stellungnahme abgeben soll, die ein durchschnittlich qualifizierter und begabter »Otto-Normal-Verbraucher« entweder überhaupt nicht oder nur mit unverhältnismäßigem Aufwand zu Stande bringen könnte. Der Sachverständige kann dabei Arzt, TÜV-Ingenieur oder Psychologe, Professor oder Malermeister sein – und eben auch Jurist. Seinen Sachverstand (die materiellen Kenntnisse), um einen Lebenssachverhalt zu

---

53 So betitelt etwa *Valerius* sein jüngst erschienenes Fallbuch aus dem Jahre 2005.

begutachten erwirbt der Gutachter im Normalfall durch seine Ausbildung (etwa an der Universität). Das Gutachten hat den Zweck, eine Problemlösung so darzustellen, dass andere, die mit weniger oder genauso viel Sachverstand gesegnet sind, in die Lage versetzt werden, das Problem auf dieser Grundlage zu lösen.

> **Hintergrund**: In der Praxis werden insbesondere Anwälte und Hochschullehrer häufig mit der Erstellung von Rechtsgutachten betraut. Wenn beispielsweise die Luft-AG aus Berlin die Wasser-GmbH aus München aufkaufen möchte, dann wendet sie sich möglicherweise im Vorfeld dieser Transaktion an einen Anwalt oder einen Jura-Professor, um eine qualifizierte Stellungnahme darüber zu erhalten, welche rechtlichen Schwierigkeiten sich aus ihrem Vorhaben ergeben können und wie diese zu bewältigen sind. Auch die Organe der Europäischen Union beschäftigen ganze Mitarbeiterstäbe, die zum Beispiel analysieren, ob und mit welchem Inhalt über eine Europäische Verfassung rechtmäßigerweise beschlossen werden kann.

Neben den materiellen Rechtskenntnissen wird den Juristen im Rahmen ihrer universitären Ausbildung beigebracht, wie sie ein solches Gutachten zu schreiben haben – jedenfalls sollte das so sein. Und damit sind wir wieder beim Ausgangspunkt angekommen – der konkreten Aufgabe ein Gutachten zu verfassen, also **Gutachtenstil** anzuwenden!

2. Die Denkrichtung des Gutachters

Um den Gutachtenstil später richtig anwenden zu können, müssen wir uns neben dieser Vorüberlegung jetzt noch die **Denkrichtung** eines Gutachters klar machen, also seine Herangehensweise. Und um diese nachvollziehen zu können, ist es sinnvoll, sich eine andere juristische Textgattung zum Vergleich anzusehen: das **Urteil**. Urteile im Rechtssinne werden hierzulande in der Regel von Richtern gesprochen und begründet.

> **Feinkost:** Ein in der Sache entscheidendes Urteil beginnt mit der Urteilsformel, dem so genannten »**Tenor**«. Darin wird zum Beispiel nach einem Strafprozess mitgeteilt, ob der Angeklagte verurteilt oder freigesprochen wird. Einem solchen **Schuldspruch** folgt dann der **Strafausspruch**. Darin erfahren der Angeklagte und die sonstigen Adressaten, welche Sanktion verhängt worden ist. Erst danach folgen die **Urteilsgründe**. Auch diese gehen vom Ergebnis aus. Zunächst wird dort beispielsweise ausgeführt, dass der Angeklagte etwa einen anderen körperlich misshandelt hat und dass er dabei Tatvorsatz hatte. Erst im Anschluss an die Mitteilung des jeweiligen Ergebnisses teilt das Gericht seine Beweggründe und die ausschlaggebenden Argumente mit.

Wie ein solches Urteil auszusehen hat, regelt das Gesetz (etwa in § 313 I ZPO, bitte prüfen!). Ein Richter geht dabei genau in der umgekehrten Reihenfolge wie ein Gutachter vor. Auf den Punkt gebracht:

Der Gutachter ermittelt von einer Fragestellung aus das Ergebnis.

(Begründung → Ergebnis)

Der Richter stellt das Ergebnis fest und begründet dieses.

(Ergebnis → Begründung)

Der entscheidende Unterschied zwischen Gutachten und Urteil ist also der folgende: im Urteil werden vom Ergebnis her die Gründe entwickelt, die zu diesem Ergebnis geführt haben, während im Gutachten **Hypothesen** gebildet und diese nach dem Grundsatz »Von der Frage zur Antwort« entweder bejaht (»***verifiziert***«) oder verneint (»***falsifiziert***«) werden. Merken!

Anmerkung: Illusorisch ist es, zu glauben, dass ein Richter die Lösung eines Rechtsproblems stets und ohne weitere Vorbereitung kenne und sich nach spontaner Rechtsfindung erst nachträglich eingehende Gedanken über die Begründung seiner Lösung machte. Das genaue Gegenteil ist in der Praxis der Fall. Einzelrichter, Kammern und Senate sitzen je nach Komplexität eines Streitfalls Tage, Wochen oder Monate an der Falllösung, die – wie sollte es anders sein – zunächst durch die Erstellung von Gutachten vorbereitet wird. Erst wenn gutachtlich die Rechtslage hinreichend aufgeklärt ist, wird das gefundene Ergebnis dem Urteil vorangestellt und sodann mit den im Gutachten angestellten Überlegungen begründet. Soweit die Vorgehensweise in der Praxis der Gerichte...

3. Konsequenzen für den Aufbau

Aus diesem Grundsatz folgen verschiedene Konsequenzen für die Art und Weise, wie man ein Gutachten in einer Klausur oder Hausarbeit schreiben muss. Welche das sind, kann man anhand der folgenden Aufstellung sehen:

	Gutachten	**Urteil**
1. Ziel	Beantwortung der Frage nach der Aufgabenstellung	Entscheidung über die Anträge der Parteien
2. Aufbau	es sind ***alle*** denkbaren Begründungen darzustellen	es ist nur ***die eine*** tragende Begründung darzustellen
3. Gedankengang	vom Gesetz zur Antwort, von den Voraussetzungen zu den Folgerungen (»daher«)	von der Antwort zum Gesetz, von den Folgerungen zu den Voraussetzungen (»denn«)

Gutachten und Urteil haben also **gemeinsam**, dass sie ihr Ergebnis rechtlich begründen sollen, das heißt den Leser von der rechtlichen Richtigkeit der Antwort überzeugen sollen. Unterschiedlich ist dabei nur die Reihenfolge der Darstellung. Alles klar?!

Merke: In universitären Übungs- und Prüfungsarbeiten ist der zu untersuchende Sachverhalt – anders als in der Gerichtspraxis – fest vorgegeben. Es geht also für den Studierenden nicht mehr um Fragen der Beweiserhebung und Beweiswürdigung. Der Geschehensablauf des jeweiligen Falles ist als vollständig ermittelt anzusehen.

Der Kern einer rechtlichen Begründung besteht darin, dass das Ergebnis als Schlussfolgerung aus bestimmten Voraussetzungen (= **Prämissen**) abgeleitet wird.

> **Aufgepasst!** Im Gutachten darf dem Leser niemals einfach ein (noch) unbegründetes Ergebnis mitgeteilt werden (»*Wie noch zu zeigen sein wird, ...*«). Derartige **Verweisungen auf spätere Ausführungen sind absolut unzulässig!** Verweisungen sind nur auf bereits im Wege eines Syllogismus ermittelte Ergebnisse erlaubt (»*X hat, wie bereits festgestellt wurde, ...*«).

Die Bestandteile der **Schlussfolgerung** sind dabei einerseits die **Tatsachen** und andererseits die (passenden) **Rechtsnormen**. In dieser Anforderung stimmen Gutachten und Urteil überein. Die inhaltlichen Anforderungen an eine gutachtliche Begründung sind aber deutlich **höher** als die an eine Begründung im Urteil. Das Gutachten soll dem Leser den kürzesten gedanklichen Weg zur richtigen Beantwortung der in der Aufgabe gestellten Frage aufzeigen. Die Darstellung von Um- und Irrwegen ist für den Leser nicht von Interesse. Es gilt daher folgendes

Prinzip: Im Gutachten ist alles **falsch**, was für die Beantwortung der Fallfrage **überflüssig** ist. Nicht erforderlich sind in aller Regel **abstrakte** Ausführungen und solche zum **Aufbau** der Lösung.

Sowohl das Lesen als auch das Abfassen eines Gutachtens kostet Zeit. Weil bei beiden Vorgängen das Prinzip cZeit ist Geld« gilt, muss ein Gutachten grundsätzlich möglichst **knapp** geschrieben werden. Wenn eine Lösung schnell möglich ist, darf nicht ein zeitaufwendiger und umständlicher Weg gegangen werden, um eine besonders »wissenschaftliche Leistung« abzuliefern. Dies bleibt Aufsätzen, Dissertationen und Habilitationsschriften vorbehalten. Derartige Anforderungen sind entgegen verbreiteter Auffassung unter Studierenden dem Gutachten fremd. Es gilt: »***In der Kürze liegt die Würze***« oder noch genauer »***Soviel wie nötig, so wenig wie möglich***«. Auch für das komplizierteste Rechtsproblem existiert eine kürzestmögliche Lösung. Diese sollte man suchen (und möglichst auch finden). Die praktischen Vorteile liegen klar auf der Hand:

1. **weniger Zeitverlust beim Schreiben** (→ gute Stimmung beim Verfasser)
2. **weniger Zeitverlust beim Lesen** (→ gute Stimmung beim Korrektor)

Das Gutachten muss sich also auf diejenigen Ausführungen beschränken, die zur Darlegung der Antwort und ihrer Begründung erforderlich sind.

Eine solche »ökonomische« Vorgehensweise kommt dabei zumeist auch der Schlüssigkeit und Verständlichkeit der Ausführungen zugute. In der Regel ergibt sich das, was zur Begründung erforderlich ist, aus den zu prüfenden Rechtsnormen selbst. Nur ausnahmsweise sind auch **ungeschriebene** Merkmale zu erörtern.

Weil im Gutachten dem Leser zumeist verschiedene logisch gleichwertige Wege der Begründung zur Wahl gestellt werden, müssen **alle** in Betracht kommenden Normen geprüft werden, auch wenn die Anwendung **einer** dieser Normen für die Beantwortung der Fallfrage bereits ausreichen würde. Dasselbe gilt für mögliche **Gegennormen** (im Zivilrecht: Einwendungen; im Strafrecht und Öffentlichen Recht: Rechtfertigungsgründe). Dies nennt man schlagwortartig den **Grundsatz der gutachtlichen Vollständigkeit.**

Im **Urteil** werden dagegen grundsätzlich nur die Rechtsnormen angeführt, auf die sich das Urteil stützt. Zur Begründung einer Klageabweisung im Zivilrecht muss beispielsweise im Urteil nur **eine** gegenüber der Anspruchsnorm begründete Einwendung angeführt werden. Auch hier ist Kürze also ein zentrales Ziel, das sogar im Gesetz ausdrücklich gefordert wird (siehe nur § 313 III ZPO).

II. Die Stilregeln im Gutachten

Nachdem wir uns oben bereits bewusst gemacht haben, mit welcher Grundeinstellung der Gutachter an sein Werk gehen muss, sehen wir uns nun im Einzelnen an, welche Regeln er dabei zu beachten hat. Glücklicherweise muss hier nicht das Rad neu erfunden werden, denn die einzuhaltenden Regeln und Denkschritte sind im Laufe der Zeit genau festgelegt worden.

> **Aufgepasst!** Aus genau diesem Grund sind der bloße **Aufbau**, also die konkrete Struktur des Gutachtens, und die gewählte Prüfungsreihenfolge **niemals zu begründen**. Diese Begründung würde nämlich nicht dem eigentlichen Ziel des Gutachtens – den gegebenen Fall so knapp wie möglich und so ausführlich wie nötig der **sachlichen** Lösung zuzuführen – dienen.

Damit das Gutachten seine Funktion als Entscheidungsgrundlage erfüllen kann, ist es zunächst einmal erforderlich, ein maximales Maß an **Neutralität** zu wahren. Um dies zu schaffen, bedarf es einiger Übung. Leichter fällt dies, wenn man sich bewusst macht, welche Formulierungen der Alltagssprache umgekehrt dazu führen, dass Äußerungen eine »subjektive Färbung« erhalten. Wenn man seine Meinung zum Ausdruck bringen möchte, wird man vor allem Sätze in der 1. Person einleiten (»***Ich** finde, meine Freundin kauft zu viele Schuhe*«). Außerdem wird man sich bemühen »kräftige« Formulierungen und so genannte »Füllwörter« zu benutzen, etwa wenn man jemanden zu etwas **überreden** möchte (»*Es ist doch **völlig** egal, ob wir um 10 oder um 11 Uhr auf die Party gehen*«). Im Gutachten soll jedoch nicht überredet, sondern **überzeugt** werden – und zwar durch Argumente und Gegenargumente. Aus diesem Grund sind »**Kraftausdrücke**« und **Ausrufungszeichen** im Gutachten unzulässig. Klingt erst mal langweilig, ist es aber nicht. Gute Argumente sind nämlich aus sich selbst heraus durchaus so schlagkräftig, dass sie keiner weiteren »Verzierung« mehr bedürfen. Schlussfolgerung aus den vorangegangenen Sätzen: Neutral und objektiv formuliert man, indem man **nicht** in der 1. Person schreibt und indem man **keine** Überredungsfloskeln verwendet.

> **Für Spezialisten:** Die Klausur oder Hausarbeit ist im Übrigen auch nicht der richtige Ort, um mit dem Leser in Interaktion oder einen Dialog einzutreten. Bemerkungen unter Gutachten wie »*Die Zeit reichte nicht*«, »*Hatte keine StPO dabei*«, » oder »*Meine Muttersprache ist nicht Deutsch*« haben in einem Gutachten nichts zu suchen. Dasselbe gilt für Regieanweisungen jeglicher Art wie »Die Beantwortung zu Frage 2 habe ich hier unterbrochen und auf Seite 13 fortgesetzt« etc.; sie sind absolut Tabu. Der verfasste Text muss aus sich selbst heraus verständlich und nachvollziehbar sein. Jegliche Erklärungen zum persönlichen Befinden wecken bei der Mehrzahl der Prüfer bestenfalls Mitleid – eine im Hinblick auf die Punktevergabe nicht besonders förderliche Emotion.

So weit so gut. Daneben gibt es noch eine gutachtenspezifische **Besonderheit**, an die man sich frühzeitig gewöhnen sollte: An der Universität sind die zu begutachtenden Sachverhalte normalerweise **frei erfunden**, bestenfalls an einen »echten« Sachverhalt angelehnt. Der Grund dafür ist leicht erkennbar und hat zwei Bestandteile: Einerseits tauchen einige Rechtsprobleme in der Realität zu selten auf, so dass es schlicht nur sehr wenige »Originalfälle« dazu gibt. Zum anderen sind die Fälle, die tatsächlich passieren, meistens viel zu kompliziert und mit Problemen beladen, als dass sie im Rahmen einer Prüfungsarbeit vernünftig bearbeitet werden könnten. Die Prüfungsaufgaben für Juristen sollen nach dem Gesetz allerdings immer »*einen rechtlich und tatsächlich* ***einfachen*** *Fall betreffen, der dem Prüfling jedoch Gelegenheit gibt, seine Fähigkeit zur Erörterung von Rechtsfragen darzutun*« (steht so in § 10 II DRiG und auch in den JAGen der Länder).

Wir halten also fest: Bei Klausursachverhalten handelt es sich überwiegend um ausgedachte, mit ausgewählten Rechtsproblemen versehene Geschichten. Das nun darf man sich bei der Erstellung eines Gutachtens jedoch nicht anmerken lassen. Vielmehr ist der zugrunde liegende Sachverhalt für die Dauer der Prüfung als **wahr und real** zu unterstellen. Er bildet sozusagen für den Moment der Gutachtenerstellung die Lebensrealität des Bearbeiters. Und dies bringt man dann sprachlich dadurch zum Ausdruck, dass im Gutachtentext keinerlei ausdrücklicher Bezug mehr auf den »Sachverhalt« genommen wird. Vielmehr wird vom Bearbeiter konkludent (= schlüssig) unterstellt, dass der geschilderte Geschehensablauf wirklich stattgefunden hat. Alles klar?!

Damit haben wir nunmehr insgesamt **drei wichtige Grundregeln** kennen gelernt, die ab sofort bei der Erstellung eines Gutachtens unbedingt beachtet werden müssen.

Die Basisregeln für »sauberen« Gutachtenstil:

- **Keine Ich-Sätze**! (*»Ich bin der Ansicht ...«, »Meines Erachtens nach ...«*)
- **Keine Überredungsfloskeln**! (*»offensichtlich«, »völlig verfehlt«, »eindeutig«, »abwegig«, »zweifellos«, »natürlich«, »unproblematisch«*)

- **Keine ausdrückliche Bezugnahme** (»*vorliegend*«, »*laut Sachverhalt*«, »*in casu*«) auf den Sachverhalt!

Nun kommen wir zu der oben bereits angesprochenen Schlussfolgerung, also der Technik, ein Ergebnis ausgehend von einer Fragestellung zu ermitteln. Dies geschieht im Gutachten durch vier Arbeitsschritte. Man kann sich das wie bei einem Baukasten mit vier Grundbausteinen vorstellen, die immer in derselben (logisch zwingenden) Reihenfolge aneinander gefügt werden:

1. Hypothese	(A kann volljährig sein.)
2. Definition	(Volljährig ist, wer über 18 Jahre alt ist.)
3. Subsumtion	(A ist 25 und damit über 18 Jahre alt.)
4. Ergebnis	(Demnach ist A volljährig.)

Diese Abfolge nennt man auch **Syllogismus**. Dabei beginnt das Gutachten stets im Ausgangspunkt bei den **rechtlichen Erfordernissen** und nicht beim **Sachverhalt**. Zur Verdeutlichung des letzten Satzes lesen wir bitte das folgende **Beispiel**:

> *»B hat mit C einen Vertrag über den Anstrich von Cs Wohnzimmer geschlossen. A arbeitet für B in dessen Firma als Malergeselle. Er ist am 3.12.2005 zu C gefahren und hat dort mit den Malerarbeiten begonnen. Dabei ist er aus Versehen mit einem Farbeimer gegen eine wertvolle Vase des C gestoßen. Diese ist daraufhin zerbrochen. Möglicherweise muss sich B gemäß § 278 BGB dieses Verschulden wie eigenes zurechnen lassen.«*

Hierbei handelt es sich um eine bloße »**Nacherzählung**« des Sachverhalts. Der Leser fragt sich mehrere Sätze lang, was denn hier eigentlich geprüft werden soll. Mit dem letzten Satz wird das zwar erklärt, zu diesem Zeitpunkt hat der Verfasser aber bereits so viele einzelne Fakten des Sachverhalts »ausgebreitet«, dass nicht mehr klar ist, welches konkrete, eindeutig umrissene Verhalten denn als Erfüllung des Merkmals »Erfüllungsgehilfe« in Betracht kommt. Richtigerweise muss der Jurist im Gutachten also erst einmal für Klarheit sorgen, welche gesetzliche Tatbestandsvoraussetzung er untersuchen möchte, also welchen Bestandteil einer Norm er prüft. Anschließend muss er genau den Teil des Sachverhaltes aufzeigen, den er unter diesem rechtlichen Aspekt beleuchten will. Das oben genannte Beispiel sollte in einer Klausur also in etwa folgendermaßen lauten:

> *»Fraglich ist, ob A Erfüllungsgehilfe des B war. Erfüllungsgehilfe im Sinne von § 278 BGB ist, wer mit Wissen und Wollen des Schuldners in dessen Pflichtenkreis zur Erfüllung einer Verbindlichkeit tätig wird. A sollte im Auftrag des B, der sich gegenüber C hierzu vertraglich verpflichtet hatte, den Anstrich bei C durchführen.«*

Hier stimmt die **Richtung der Darstellung**. Verkürzt kann man sich als Eselsbrücke im Hinblick auf die Prüfungsabfolge merken: Immer vom Gesetz zum Sachverhalt.

So weit, so gut. Wir wollen nun die vier oben aufgezählten »Gutachten-Bausteine« einmal genau unter die Lupe nehmen und herausfinden, wie diese im Einzelnen »funktionieren« und vor allem wie man in einer Prüfungssituation daraus einen vernünftigen Text herstellen kann.

1. Der Obersatz – Die Hypothese

Weil der Verfasser eines Gutachtens notwendigerweise dem Leser am Anfang erklären muss, welche Frage er konkret untersuchen möchte, dient ihm die Hypothese (der so genannte »**Obersatz**«) zur Formulierung und Ankündigung seiner gedachten Prüfungsfolge.

> Das Gutachten darf **keinesfalls** mit irgendwelchen **allgemeinen Vorbemerkungen** zur Fragestellung der Aufgabe oder zu Rechtsproblemen oder sonstigen Fragen beginnen! Eine solche Einleitung ist überflüssig. Vielmehr hat sich der erste Satz strikt an der Fragestellung des Gutachtens zu orientieren. Der hübsche Satz »Fang nie mit dem Anfang an, sondern immer drei Meilen vor dem Anfang![54]«, der in anderen Lebensbereichen durchaus passend sein kann, gilt hier also gerade nicht.

> **Achtung!** Mit diesem ersten Satz zu Beginn einer gutachtlichen Prüfung gibt man quasi seine Visitenkarte ab. Es ist also unbedingt erforderlich, dass Obersätze richtig formuliert werden, um den Prüfer bereits in den ersten zweieinhalb Zeilen davon zu überzeugen, dass er es hier nicht mit einem juristischen Laien, sondern mit einem Profi zu tun hat. Das gilt neben schriftlichen Arbeiten auch für mündliche Prüfungssituationen! Sich als Fachmann oder -frau zu präsentieren, hat übrigens nichts mit Überheblichkeit zu tun, sondern vielmehr mit dem Anspruch, den man an seine eigene Arbeit stellt. Wer an einer Hochschule studiert, hat nun einmal das Ziel (wortwörtlich) Sachverständiger zu sein und deswegen kann nur nachdrücklich empfohlen werden, frühzeitig auch eine »professionelle« (= berufsmäßige) Haltung zu der eigenen fachlichen Arbeit zu entwickeln.

Der »**Obersatz**« steht einmal ganz am **Anfang des Gutachtens**. Das haben wir schon gesehen. Wenn vom Obersatz die Rede ist, meint man also den Einleitungssatz zu Beginn der gutachtlichen Prüfung. Allerdings hat das Gutachten neben dieser »Makro-Struktur«, die der Beantwortung der »Haupt«-Fallfrage über die vier Prüfungsschritte dient, auch eine »Mikro-Struktur«. Es setzt sich also aus vielen verschiedenen (und oftmals verschachtelten) Prüfungsschritten zusammen, die dazu dienen »Unter«-Probleme innerhalb der »Haupt«-Fallfrage zu lösen. Zu allen problematischen Tatbestandsvoraussetzungen werden deshalb wieder »Obersätze« gebildet, also Hypothesen aufgestellt, die dann wiederum eine Definition, eine Subsumtion und ein (Zwischen-)Ergebnis nach sich ziehen.

---

54 *Tucholsky*, Ratschläge für einen schlechten Redner, unter dem Pseudonym »Peter Panter« in Vossische Zeitung v. 16.11.1930, Nr. 274, Beilage Unterhaltungsblatt, S. 3, zu Beginn.

Das sieht dann beispielsweise so aus:

Obersatz (Hypothese):

»A kann gegen B einen Anspruch auf Herausgabe der Katze aus § 985 BGB haben.«

Definition:

»Dies ist der Fall, wenn A ***Eigentümer*** *einer* ***Sache*** *und B deren unmittelbarer* ***Besitzer*** *ohne Recht zum Besitz ist.«*

Merkmal 1

Obersatz (Hypothese): *»Die Katze muss eine* ***Sache*** *sein.«*

Definition: *»Tiere sind keine Sachen, werden aber im Rechtsverkehr als solche behandelt, §§ 90, 90a BGB.«*

Subsumtion: *»Die Katze ist ein Tier und…«*

Ergebnis: *»… wird damit als Sache behandelt.«*

Merkmal 2

Obersatz (Hypothese): *»B muss* ***Besitzer*** *der Katze sein.«*

Definition: *»Besitzer ist nach § 854 BGB, wer die tatsächliche Sachherrschaft ausübt.«*

Subsumtion: *»B hält die Katze in seiner Wohnung und kann mit ihr nach Belieben verfahren.«*

Ergebnis: *»B ist folglich Besitzer der Katze.«*

Merkmal 3 [...]

Subsumtion:

»Die Voraussetzungen von § 985 BGB liegen vor.«

Ergebnis:

»A hat gegen B einen Anspruch auf Herausgabe der Katze aus § 985 BGB.«

Nach dieser strukturellen Überlegung können wir uns nun wieder dem eingangs genannten eigentlichen Obersatz zuwenden, also dem Satz, der ganz **am Anfang des Gutachtens** steht: Der Obersatz sieht je nach Rechtsgebiet ganz unterschiedlich aus. Ansehen wollen wir uns für den Moment einmal die gemeinsamen Voraussetzungen, die für **jeden** Obersatz gelten. Insofern kommt jetzt also sozusagen »**Obersatz AT**«, die Besonderheiten folgen später.

Damit der Leser (Prüfer, Kollegin, Bürger) bei der Lektüre des Gutachtens von denselben Startbedingungen ausgehen kann wie der Verfasser, ist es erforderlich die zugrunde liegenden Rechtsvorschriften im Obersatz vorab zu nennen. Dabei ist unbedingt darauf zu achten, dass Normen stets präzise zitiert werden.

Sehen wir uns einmal das folgende **Negativbeispiel** an:

> *»A kann gegen B einen Anspruch auf Herausgabe nach § 812 BGB haben.«*

Diese Hypothese ist falsch! Zur Beruhigung: Wem das nicht beim ersten Lesen aufgefallen sein sollte, der ist hier genau richtig und sollte direkt weiter lesen. Die Erklärung lautet: § 812 BGB beinhaltet nicht nur insgesamt **vier** Anspruchsgrundlagen (welche war vom Verfasser gemeint?), sondern hat auch noch mehrere **Absätze** von denen einer – nämlich der zweite – überhaupt keine Anspruchsgrundlage enthält (bitte prüfen!). Damit der Leser versteht, was im Folgenden eigentlich untersucht wird, muss die angegebene Norm also sehr viel präziser angegeben werden. Dabei sind stets neben dem **Paragrafen** soweit vorhanden der jeweilige **Absatz** und ggf. auch der zitierte **Satz, Nummer, Buchstabe** und **Fall** anzugeben. Der Obersatz in unserem Beispiel könnte in der korrigierten Fassung dann etwa so lauten:

> *»A kann gegen B einen Anspruch auf Herausgabe nach § 812 I S. 1 Fall 1 BGB haben.«*

Weil eine einzige Vorschrift so gut wie **nie** ausreicht, um einen Rechtsfall zu beurteilen, beruht die Falllösung fast immer auf einer Mehrheit von Rechtsnormen. Bei einem Diebstahl (§ 242 StGB) richtet sich beispielsweise die Fremdheit der Sache nach den §§ 929 ff. BGB, und es kann über Vorsatz, Rechtswidrigkeit und Schuld nur entschieden werden, indem man die §§ 15 ff., 19 ff., 32 ff. StGB heranzieht. Diese »Hilfsnormen« sind allerdings nicht in den Obersatz mit aufzunehmen. Dort steht allein die zentrale Vorschrift, die die Fallfrage beantwortet.

Im Öffentlichen Recht ergibt sich die Antwort auf die Fallfrage meistens aus Zuständigkeits- und Ermächtigungsvorschriften (z.B. § 15 VersG, § 8 PolG NRW – Auflösung einer Versammlung). Im Strafrecht erfüllen diese Antwortfunktion die Straftatbestände (z.B. § 263 StGB – Betrug). Im Zivilrecht sind es in der Regel die Anspruchsgrundlagen (§ 433 II BGB – Kaufpreiszahlung).

Merke: Die Nennung der einschlägigen Rechtsgrundlage (Norm) gehört grundsätzlich zu einem vollständigen Obersatz. Es ist stets das jeweilige Gesetz anzugeben und dabei präzise zu zitieren.

Feinkost: Wenn im Normtext Aufzählungen mit arabischen Zahlen stehen, ist im juristischen Sprachgebrauch übrigens nicht von »*Ziffern*«, sondern von »*Nummern*« die Rede. Beispiele hierfür finden sich etwa in § 323 II BGB, § 243 I Satz 2 StGB oder § 44 II VwVfG (bitte nachschlagen!). Dies folgt für den Bereich des Strafrechts übrigens schon unmittelbar aus dem Gesetz (lies: § 260 V Satz 1 StPO: »Nach der Urteilsformel werden die angewendeten Vorschriften nach Paragraph, Absatz, Nummer, Buchstabe [..] aufgeführt.«). Für die anderen Rechtsgebiete gilt mangels entgegenstehender Regelung dasselbe. Kleinbuchstaben an den Normen (§ 613a BGB) werden, wie auch im Gesetz, ohne Leerzeichen angefügt (also <u>nicht</u>: »§ 613 a BGB«!).

Aus dem soeben aufgestellten Merksatz folgt auch direkt, dass die in studentischen Arbeiten häufig anzutreffenden verkürzten Formulierungen

»A könnte sich gemäß § 242 strafbar gemacht haben. «

oder

»Die Willenserklärung kann von F nach § 142 angefochten worden sein. «

unzureichend sind. Es fehlt hier die Angabe des konkreten Gesetzes. Es gibt zwar keine verbindliche Regel, die besagt, dass in einer strafrechtlichen Arbeit (die sich inhaltlich zumeist auch »nur« im StGB abspielt) die Normen gekennzeichnet werden **müssen**. Man *sollte* jedoch im eigenen Interesse die Kennzeichnung hinschreiben und somit im Zweifelsfall auf der sicheren Seite sein.

Abzuraten ist auch von einer gern eingestreuten »klarstellenden« **Fußnote** am Anfang einer Klausur, etwa in der Art »*Nachfolgend nicht besonders gekennzeichnete Vorschriften sind solche des BGB [StGB]*«. Abgesehen davon, dass die Verwendung von Fußnoten in Klausuren durchaus fragwürdig erscheint, verleitet eine solche Vorgehensweise dazu, bei der Bearbeitung nicht mehr darauf zu achten, ob tatsächlich alle zitierten Vorschriften nur dem genannten Gesetz entstammen. Der hierdurch – vermeintlich – erzielte Zeitgewinn ist demgegenüber bestenfalls minimal. Wir empfehlen daher, jede Norm stets vollständig unter Angabe des Gesetzes wiederzugeben. Durch diese Vorgehensweise erspart man sich unnötige Kommentare des Korrektors, denn gegen diese »klassische« Vorgehensweise werden sich begründete Einwände kaum (er-)finden lassen.

Damit sind jedoch noch nicht alle Fehlerquellen erfasst. Sehen wir uns zur Vertiefung unseres Verständnisses noch die folgende Formulierung an:

»A kann sich wegen Diebstahls gemäß § 242 StGB strafbar gemacht haben, indem er das Fahrrad des B wegnahm.«

Mit dem Begriff »*wegnahm*« enthält der eingeschobene »indem-Satz« einen **Zirkelschluss**, also die Vorwegnahme des Prüfungsergebnisses. Man nennt dies auch ein **Präjudiz** (= Vorurteil) und es zählt zu den gerne geahndeten »**Todsünden**«, die man im Gutachten begehen kann.

Die Wegnahme ist ein **Rechtsbegriff** und gleichzeitig **Tatbestandsmerkmal** von § 242 StGB. Verwendet man das Wort »wegnehmen« im Obersatz, dann könnte man sich die weitere Prüfung, nämlich ob der Bruch fremden und die Begründung neuen, nicht notwendig tätereigenen Gewahrsams (= Wegnahme) vorliegt, schlichtweg sparen. Das liefe allerdings dem Sinn des Gutachtens deutlich zuwider, denn ob das, was A getan hat, tatsächlich eine Wegnahme im Sinne des § 242 StGB ist, soll ja erst noch einer sorgfältigen Untersuchung unterzogen werden.

Statt »*wegnehmen*« kann hier zum Beispiel von »*an sich nehmen*«, »*einstecken*« oder »*wegpacken*« gesprochen werden. Oftmals hilft hierbei auch die im Sachverhalt gewählte Formulierung weiter.

Merke: Keine Rechtsbegriffe im Obersatz! Rechtsbegriffe sind in rechtstechnisch neutrale Begriffe der Alltagssprache zu übersetzen. Sollte der Sachverhalt selbst (absichtlich oder unbeabsichtigt) Rechtsbegriffe enthalten, darf man diese »Einladung« des Sachverhaltsstellers getrost annehmen und davon ausgehen, dass das entsprechende Merkmal in der Prüfung eben erfüllt oder nicht erfüllt sein soll. Solche Sachverhalte sind in der Praxis allerdings die große Ausnahme.

Der einzige Rechtsbegriff, der in einer korrekt formulierten Prüfungsfrage vorkommt, ist (vor allem in strafrechtlichen Arbeiten) die rechtliche Bezeichnung des geprüften Tatbestandes. Hierfür ist dann die gesetzliche Überschrift zu verwenden. Unsere Ausgangs-Frage könnte mithin etwa lauten:

> *»A könnte sich wegen Diebstahls gemäß § 242 StGB strafbar gemacht haben, indem er die Diskettenpackung aus dem Regal nahm und in seine Aktentasche steckte.«*

> **Feinkost:** Offizielle (= amtliche) Überschriften in den Gesetzessammlungen erkennt man daran, dass sie nicht eingeklammert sind. Alle Überschriften des StGB und des BGB sind (inzwischen) solche amtlichen Überschriften! Ein Gegenbeispiel ist die Verwaltungsgerichtsordnung (VwGO) (bitte prüfen!).

2. Die Definition

Dieser Teil ist vergleichsweise einfach und kann hier entsprechend knapp behandelt werden. Die nach der Hypothese zu nennende Definition soll den **Inhalt der Rechtsnorm** insoweit wiedergeben, als es für die Bearbeitung darauf ankommt. Beispiel:

> *»Nach § 823 I BGB ist zum Schadensersatz verpflichtet, wer ein Rechtsgut oder ein Recht eines anderen widerrechtlich und vorsätzlich verletzt.«*

oder **alternativ**:

> *»Erste Voraussetzung für die Anwendung dieser Vorschrift ist, dass eines der in der Vorschrift genannten Rechtsgüter verletzt ist. Als Rechtsgutsverletzung kommt … in Betracht.«*

Es muss also ein Aspekt der im Obersatz genannten Norm genannt und durch eine allgemein gültige, universelle Formulierung umschrieben werden. Diese Formulierung ist meistens von der **Lehre** oder der **Rechtsprechung** bereits entwickelt und so verfeinert worden, dass sie ohne weiteres übernommen werden kann. Beispiele:

> *»Wegnahme ist der Bruch fremden und die Begründung neuen, nicht notwendig tätereigenen Gewahrsams.«* **oder**

»Ein Mangel im Sinne von § 434 I BGB liegt vor, wenn die Ist-Beschaffenheit der Kaufsache negativ von der Soll-Beschaffenheit abweicht.«

Dabei kann man sprachlich den relevanten Inhalt des Gesetzes einfach in **indirekter Rede** wiedergeben. Manchmal sind Begriffe auch bereits im **Gesetz** definiert, so etwa in § 474 I BGB der Verbrauchsgüterkauf oder in § 121 I BGB der Rechtsbegriff *»unverzüglich«* (bitte aufschlagen!). Man erkennt diese **Legaldefinitionen** daran, dass das definierte Wort nach der Definition in Klammern im Gesetzestext aufgeführt ist.

Die einzige Schwierigkeit im Zusammenhang mit Definitionen ist letztlich der beträchtliche **Lernaufwand** den man betreiben muss, bis die wichtigsten Definitionen klausursicher »sitzen«. Bei der Definition von Begriffen lohnt es sich, genau zu arbeiten und einmal angebrachte Formulierungen durchgängig beizubehalten. Wenn der Jurist von einem »Antrag« (siehe § 145 BGB) spricht, dann sollte er nicht den gleichen Umstand auch noch als »Angebot« umschreiben. Ist von einem »Eigentümer« eines Autos die Rede, nennt man diesen nicht später den »Eigner«, »Halter«, »Besitzer« oder »Proprietär«.

Merke: In einem wissenschaftlichen Text muss dieselbe Sache **stets mit demselben Ausdruck** bezeichnet werden, auch wenn das zu Wiederholungen führt.

3. Die Subsumtion

Der Subsumtionsschritt dient schließlich dazu, herauszufinden, ob das zuvor definierte Tatbestandsmerkmal unter Zugrundelegung der Sachverhaltsangaben erfüllt ist (oder nicht). Dabei handelt es sich bei Lichte besehen nur um einen **Vergleich zwischen Gesetz und Lebenssachverhalt**. Passt das, was der Sachverhalt schildert unter das soeben (mehr oder weniger mühsam) Definierte, dann »geht das Merkmal durch« und man kann die Prüfung mit der nächsten Voraussetzung (soweit es eine gibt) fortsetzen. Kommt man zum gegenteiligen Ergebnis, also ist eine der Voraussetzungen des gesetzlichen Tatbestandes nicht erfüllt, dann scheitert die Prüfung und man muss die konkrete Untersuchung beenden.

Merke: Die Subsumtion ist als »Herzstück des Gutachtenstils« unter begriffslogischen Gesichtspunkten nichts anderes als die Zusammenführung von zwei Prämissen (Voraussetzungen) zu einer Schlussfolgerung (Ergebnis).

Das Wort Subsumtion stammt von dem lateinischen Wort »subsumere« und bedeutet »etwas unterordnen, darunter nehmen«. Bildlich gesprochen ist demnach der konkrete Sachverhalt den abstrakten Rechtsnormen unterzuordnen. Die Subsumtionstechnik beruht auf dem juristischen **Syllogismus**.

Die Reihenfolge der Arbeitsschritte bei der Subsumtion lautet:

(1) Darstellung der angewandten Rechtsnorm
(2) Darstellung des Lebenssachverhalts
(3) Vergleich und Schlussfolgerung

Wiederholungen des Sachverhalts im Gutachten unterstellen dem Korrektor eine Gedächtnisschwäche. Sie sind in der Regel falsch, immer unhöflich und ziehen den Randvermerk »*Der Korrektor kennt den Fall*« nach sich. Bei der Subsumtion sollte man sich daher unbedingt auf den maßgeblichen Sachverhaltsausschnitt beschränken und nur den wirklich entscheidenden Teil wiedergeben. Längere Ausführungen sind nicht gefragt und kosten im Übrigen auch wertvolle Zeit bei der Niederschrift.

Aufpassen muss man – gerade als Anfänger – besonders darauf, dass man nicht übertrieben (und unsinnig) **alles** subsumiert, was der vorgelegte Fall gerade so zu bieten hat. In Prüfungssachverhalten wird stets eine **begrenzte** Anzahl von Rechtsproblemen zu finden sein. Daneben sind jedoch grundsätzlich auch einige Sachverhaltsangaben weniger oder überhaupt nicht problematisch, etwa weil sie sich auf die rechtliche Beurteilung nicht auswirken oder die Voraussetzungen evident erfüllen. Die Abgrenzung von wichtigen und unwichtigen Sachverhaltsbestandteilen und ihre entsprechend nach Wichtigkeit abgestufte Diskussion im Gutachten nennt man **Schwerpunktsetzung**.

Die richtige **Schwerpunktsetzung** kann auf dem Weg zur Prädikatsarbeit gar nicht hoch genug eingeschätzt werden. Eine Arbeit, in der die Schwerpunkte richtig gesetzt werden, kann insgesamt durchaus auch sehr knapp gehalten sein – solange die Proportionen zwischen den behandelten Rechtsfragen entsprechend ihrer Bedeutung stimmen, wird eine solche Arbeit nur in Ausnahmefällen unterhalb der Prädikatsschwelle zu bewerten sein.

Die »***Spreu vom Weizen zu trennen***« ist demgemäß eine absolute Kernaufgabe des Juristen – übrigens nicht nur in der universitären Ausbildung, sondern auch in der späteren Berufspraxis. Darauf werden wir gleich unten noch etwas genauer eingehen.

Oft stellt sich die Frage, in welcher **Reihenfolge** die verschiedenen Voraussetzungen einer Rechtsnorm geprüft werden müssen und ob bzw. an welcher Stelle die Prüfung abzubrechen ist, wenn ein Tatbestandsmerkmal fehlt.

Antwort: Eine im strengen Sinn »logische« Reihenfolge gibt es nicht, weil alle Voraussetzungen einer Rechtsnorm logisch gleichwertig sind. Der Bearbeiter hat allerdings die Tatbestandsmerkmale jeder Norm und jeder Gegennorm in ihrer dogmatisch begründeten und zweckmäßigen Reihenfolge zu prüfen. Der Schadensersatzanspruch aus § 823 I BGB etwa darf nicht von vornherein wegen fehlender Rechtswidrigkeit abgebrochen werden. Vielmehr sind zuerst das Vorliegen einer Rechtsgutsverletzung, eines Verletzungsverhaltens und der haftungsbegründenden Kausalität zu prüfen und erst dann das Fehlen der Rechtswidrigkeit. Diese Reihenfolge ist rechtlich dadurch begründet, dass sich die Rechtswidrigkeit auf die objektive Verletzungshandlung beziehen muss. Ist diese noch gar nicht erörtert und bejaht worden, wäre ein Abbruch der Prüfung mit der oben genannten Begründung nur eines: voreilig!

> **Ausnahme**: Zwar muss die dargestellte Prüfungsreihenfolge grundsätzlich eingehalten werden, doch hat jeder Grundsatz auch seine Ausnahmen. Im Hinblick auf eine sinnvolle **Schwerpunktsetzung** (s.o.) gilt Folgendes: Wenn die Verneinung des Verschuldens gänzlich **unproblematisch** ist, das Vorliegen einer Rechtsgutsverletzung jedoch erst nach Erörterung schwieriger Rechtsprobleme zu bejahen ist, dürfen in der Regel nicht erst seitenlang diese Rechtsprobleme breit erörtert werden, obwohl am Ende das Verschulden in wenigen Sätzen zu verneinen ist. Vielmehr sind in diesem Fall die Ausführungen zur Problematik der Rechtsgutsverletzung möglichst kurz zu halten, weil es am Ende auf sie nicht entscheidend ankommt. Das gilt in erster Linie für das Gutachten in der späteren Berufspraxis. Beim Gutachten für Ausbildungs- und Prüfungszwecke muss der Bearbeiter im Rahmen der Schwerpunktsetzung des Gutachtens überlegen, ob es noch genug andere Rechtsprobleme in der Arbeit gibt, um die Erörterung des hier in Frage stehenden Rechtsproblems entsprechend kurz zu fassen. Es gilt die alte Repetitoren-Formel: **Probleme schaffen, nicht wegschaffen!**

Schließlich merken wir uns bitte noch, dass immer nur **konkret**, also der gerade zu diskutierende Sachverhalt unter die einschlägigen Normen subsumiert werden muss. Die Beurteilung eines Falles ist **niemals** über Anführung von **Beispielsfällen** möglich. Grund: Wo die Beispiele anfangen, hört die begriffliche Klarheit auf.

4. Das Ergebnis

Der Gutachtenstil wurde oben beschrieben als ein Vorgehen von der Frage zur Antwort. Also muss am Ende des Denkschritts (**Syllogismus**) auch ein Ergebnis formuliert werden und zwar einmal für jeden einzelnen Prüfungsansatz (zwischendurch) und selbstverständlich auch für die im Obersatz aufgeworfene Hypothese (ganz am Ende des Gutachtens).

Anders gesagt: Ebenso wie jede Anwendung des Schemas der Begründungslogik mit einer Hypothese über die zu prüfende Rechtsnorm einzuleiten ist, müssen am Ende der Ausführungen zu jeder Subsumtion oder zu jeder Argumentation zu einem Rechtsproblem die **Schlussfolgerungen** formuliert werden. In manchen Arbeiten von Studierenden wird es am Ende einer Argumentation dem Leser überlassen, sich über die Konsequenzen der Prüfung schlüssig zu werden. Da im Gutachten die Lösung eines jeden Problems am Ende der Erörterung dieses Problems angegeben werden muss, ist diese Darstellungsweise unvollständig.

Die Schlussfolgerungen ebenso wie die Prämissen, aus denen die Folgerungen gezogen werden, **müssen im Indikativ** formuliert werden. Ganz am Ende des Gutachtens ist schließlich die in der Aufgabe gestellte Frage eindeutig zu beantworten. Auch ein

»Nachschieben« von Argumenten oder Überlegungen nachdem das Ergebnis eindeutig festgestellt worden ist, verbietet sich deshalb von vornherein.

> **Merke:** Ergebnisse müssen deutlich festgestellt werden (**nicht:** »*Der Anspruch **dürfte** zu bejahen sein*«). Ein einmal ermitteltes Ergebnis bedarf keiner »Nachbetrachtung« mehr.

Das war's auch schon. Wir kennen jetzt die **Perspektive** des Gutachters und die einzelnen **Schritte** einer gutachtlichen Prüfung. Auch haben wir bereits eine beachtliche Anzahl von **Stilregeln** kennen gelernt, die ab sofort verinnerlicht werden müssen. Anhand der nachfolgenden Übersicht, die sich an einer zivilrechtlichen Subsumtion orientiert, wollen wir uns zusammenfassend jetzt noch einige Formulierungsvorschläge ansehen:

	Arbeitsschritt	Formulierungsvorschlag	Fehlerquelle
1.	**Obersatz** bilden / **Hypothese** aufstellen	[Gläubiger] *kann gegen* [Schuldner] *einen* [Anspruch] *aus* [Vorschrift] haben ... *Fraglich ist, ob* [Gläubiger] *einen* [Anspruch] *gegen* [Schuldner] *aus* [Vorschrift] *hat* *Möglicherweise hat …*	**Hier keine direkte Frage stellen**, also **nicht**: »Kann [Gläubiger] von [Schuldner] ... verlangen?« und auch **nicht die Fallfrage wörtlich abschreiben**!
2.	**Definition** der TB-Merkmale	*unter* [TB-Merkmal] *versteht man ...* *ein* [TB-Merkmal] *i.S.d.* [Vorschrift] *ist ...* *gemäß* [Vorschrift V] *ist ein* [Tb-Merkmal] *gegeben, wenn ...* *Voraussetzung dafür ist ...* *Dies setzt voraus ...* *Dies ist der Fall, wenn ...*	Auf eine abstrakte Formulierung achten und **nicht** die Subsumtion **vorwegnehmen**!
3.	**Subsumtion**	*Indem V...* *B hat ...* *Dadurch, dass X…* *Tatsächlich hat C …*	**Keine Zitate aus der Rechtsprechung mit dem konkreten Sachverhalt mischen**, den das betreffende Gericht nie beurteilt hat, also nicht: »Nach dem BGH kann [Gläubiger G] von [Schuldner S] ... verlangen.«
4.	**Ergebnis**	*Also hat V …* *Folglich hat B ...* *Somit ist X ...* *Demnach war C …* *Mithin …*	**Keine »Tür offen halten«**, also nicht: »Folglich hat [Gläubiger G] wohl einen Anspruch gegen [Schuldner S]» (vielleicht aber auch nicht).

III. Immer Gutachtenstil?

Selbstverständlich stößt auch das beste Werkzeug irgendwann an die **Grenzen** seines Einsatzbereiches. Das gilt ebenso für den Gutachtenstil in einer juristischen Prüfungsarbeit, wird aber von vielen Bearbeitern und manchen Korrekturassistenten häufig nicht erkannt. Wer nur einen Hammer in der Tasche hat, neigt gerne dazu, jedes Problem als Nagel zu identifizieren. Dem Juristen steht aber neben dem Gutachtenstil auch der **Urteilsstil** zur Verfügung. Auch dieser kommt in einem Gutachten zum Einsatz, jedenfalls sollte das so sein. Warum, sehen wir gleich. Zuvor bitte folgenden Satz lesen:

> **Merke:** Auch in einem Gutachten ist nicht **alles** fraglich.

Wenn das nämlich so wäre, würde die reguläre Bearbeitungszeit für eine angemessene Verarbeitung in den meisten Fällen nicht ausreichen. **Klausurfälle sind eben überwiegend künstlich geschaffen, um bestimmte rechtlich relevante Fragestellungen aufzuwerfen**, an denen der Prüfling dann das erlernte Wissen demonstrieren kann. Daher sind in den meisten Fällen **nur bestimmte Aspekte** eines Falles rechtlich **problematisch**. Die übrigen Umstände, die der Sachverhalt schildert, spielen demgegenüber für die Falllösung entweder keine oder nur eine untergeordnete Rolle. Wenn es darum geht, das unproblematische Vorliegen solcher Voraussetzungen einer Norm festzustellen, ist der Gutachtenstil **nicht** mehr anzuwenden. Formulierungen wie

> *»Fraglich ist, ob A und B einen Vertrag geschlossen haben. Dies ist der Fall.«*

sind deshalb überflüssig und unschön. So knapp gehalten, wird dies meistens aber noch nicht vom Korrektor beanstandet werden. Anders liegt der Fall aber, wenn die Ausführungen länger werden, wie etwa in diesem Beispiel:

> *»Der Verwaltungsakt kann bestandskräftig geworden sein. Dies ist der Fall, wenn die Widerspruchsfrist verstrichen ist, ohne dass Widerspruch eingelegt wurde. A hat keinen Widerspruch eingelegt. Daher ist die Widerspruchsfrist verstrichen, der Verwaltungsakt mithin bestandskräftig geworden.«*

Im Extremfall führt der Verfasser des Gutachtens hier seitenlang zu völlig unproblematischen Punkten der Arbeit aus. Dies wird zu Recht mit einem satten **Punktabzug** sanktioniert werden, denn es handelt sich nicht nur um eine sprachliche bzw. stilistische Ungenauigkeit, sondern auch um einen inhaltlichen Verstoß. Die (anspruchsvolle) Aufgabe für den angehenden Juristen besteht schließlich darin, herauszufinden, was an einem bestimmten Fall problematisch ist und was nicht. **Der Gutachtenstil dient dazu, für den Leser die problematischen Stellen des Falles zu kennzeichnen und einer Lösung zuzuführen**. Alle anderen Umstände, die sich um die Probleme herum gruppieren und in rechtlicher Hinsicht entweder keine Auswirkung auf den Fall haben oder eine Tatbestandsvoraussetzung ganz evident (nicht) erfüllen, sind im **Urteilsstil** zu erwähnen.

Merke: Der Gutachtenstil ist überall da fehl am Platze, wo das Ergebnis auf der Hand liegt. Eine Subsumtion ist nur erlaubt, wo sie auch erforderlich ist.

> **Feinkostabteilung:** Im akademischen Betrieb sind – wie oben angedeutet – auch vielen Korrektoren die genannten Grundregeln nicht geläufig. Es kann also durchaus sein, dass an Stellen einer sinnvoll im Urteilsstil geschriebenen Arbeit die Randbemerkung »Urteilsstil!« auftaucht. Sollte dies zu einem Punktabzug führen, kann man in solchen Fällen ernsthaft über eine **Remonstration** nachdenken. Denn allein den fehlenden flächendeckenden Einsatz des Gutachtenstils zu monieren, kann eine Abwertung im Regelfall nicht tragen.

Trotzdem darf man – rein sprachlich – selbstverständlich nicht über das Ziel hinausschießen. Auch wo Urteilsstil in Betracht kommt, weil ein Punkt keine rechtlichen Fragen aufwirft, dürfen Formulierungen wie »*Es versteht sich von selbst ...*«, »*Es kann nicht bezweifelt werden ...* «, »*selbstverständlich*«, »*offensichtlich*«, »*unzweifelhaft*«, »*fraglos*«, und »*natürlich*« **nicht** fallen. Diese unschönen **Belehrungen** sind also ab sofort für uns als Gutachtenverfasser nur noch eines: **Tabu**.

Merke: In der Wissenschaft ist das scheinbar Selbstverständliche am fragwürdigsten. Klausursachverhalte sind naturgemäß niemals unproblematisch.

Den Urteilsstil wendet man in seiner Grundform am einfachsten durch **einen feststellenden Satz** an.

> »*Die Streitigkeit ist öffentlich-rechtlicher Art.*«

Wahlweise kann man die einschlägige **Begründung** direkt anschließen. Das klingt dann so:

> »*Die Streitigkeit ist öffentlich-rechtlicher Art,* ***weil*** *§ 14 OBG NRW eine Norm des öffentlichen Rechts ist.*«

Dabei ist das Wort »***weil***« ein **Indikator für den Urteilsstil**: hier wird die Begründung erst gegeben, nachdem das Ergebnis schon genannt wurde. Es sollte also nur auftauchen, wenn man bewusst Urteilsstil schreiben möchte. Ist an einer Stelle aber Gutachtenstil das angemessene Mittel, dann muss das Wort »*weil*« aus dem Satz eliminiert werden. Insbesondere an Anfänger richtet sich deshalb der folgende

Tipp: Wenn man im Gutachten Begriffe wie »***da***«, »***weil***« und »***denn***« konsequent vermeidet, verringert sich das Risiko, dass der Korrektor unangemessenen Urteilsstil moniert, ganz erheblich! Oft können diese Wörter einfach weggelassen werden, ohne dass der Sinn der Aussage verloren geht. In allen anderen Fällen kann man den Satz so umstellen, dass die Ausdrücke »***somit***«, »***mithin***«, »***demnach***« und »***folglich***« darin vorkommen.

Je nach Sachverhalt kann es auch angebracht sein, die unproblematischen Prüfungspunkte **ohne nähere Begründung** direkt als erfüllt festzustellen und unmittelbar auf die problematischen Aspekte einzugehen. Beispiel:

> *»Bei dem Fahrzeug handelte es sich um eine bewegliche Sache.* ***Fraglich ist allein****, ob diese fremd war.«*

In diesem Fall sollte man sich vorher (im Rahmen der Sachverhaltsanalyse) natürlich sorgfältig vergewissern, ob wirklich nur der näher beleuchtete Aspekt problematisch ist.

Der Gutachtenstil ist zunächst und vor allem eine Denkform. Er darf und soll aber mit Elementen des Urteilsstils kombiniert werden, wo ohnehin niemand an der Richtigkeit eines Subsumtionsschrittes zweifeln könnte. Der Rechtsprofessor *Schünemann*[55] unterscheidet daneben noch die folgenden **Varianten des Urteilsstils**:

- **Urteilsstil mit begründungsloser Kurzsubsumtion**: *»A müsste eine Pflicht aus einem Schuldverhältnis, hier dem mit B geschlossenen Kaufvertrag, verletzt haben.«*
- **Urteilsstil mit Kurzbegründung**: *»Das Handeln des T zielte auf den Tod des O ab, war also absichtlich.«*

Die Frage, welche Darstellungsform an welcher Stelle zu verwenden ist, hängt von der Schwerpunktsetzung im jeweiligen Einzelfall ab. Im Staatsexamen werden die Arbeiten jedoch regelmäßig von Juristen aus der Praxis bewertet und diese reagieren auf unreflektierte Breite an unproblematischen Stellen **allergisch**. Eine auf das Wesentliche konzentrierte, zügig geschriebene Lösung wird meist mit erheblichem Punktgewinn belohnt. Im Übrigen entstehen insbesondere in Klausuren ohne eine klare Schwerpunktbildung andernfalls Probleme mit der Bearbeitungszeit. Wir können zusammenfassend also feststellen:

Eine gute juristische Arbeit ist grundsätzlich im Urteilsstil geschrieben. Ein guter Jurist verwendet nur in den problematischen Teilen den Gutachtenstil.

B. Der »Mythos Konjunktiv« ... und was dahinter steckt!

I. Ausgangspunkt

Im Gutachten – das haben wir im vorherigen Kapitel bereits erfahren – ist eine Frage in methodisch richtiger Ableitung zu beantworten, indem man die Sachverhaltsangaben unter die jeweils einschlägigen Rechtsnormen subsumiert.[56] Der Gutach-

---

55 *Roxin/Schünemann/Haffke*, Strafrechtliche Klausurenlehre mit Fallrepetitorium, 4. Aufl., Köln.

56 *Möllers*, Juristische Arbeitstechnik und wissenschaftliches Arbeiten, 2001, 105.

tenstil soll dabei in erster Linie dem Prüfer ermöglichen, die Argumentation des Prüflings nachvollziehen und beurteilen zu können.[57] Gleichzeitig erfüllt er – wie wir ebenfalls gesehen haben – eine wichtige Funktion als **Stilmittel** im Rahmen des Gutachtens, so dass auch seine formale Beherrschung vom Korrektor überprüft werden kann.

Weil ein Ergebnis im Gutachten nicht vorweggenommen werden darf, wird der ein Gutachten oder ein Unterproblem einleitende **Obersatz** häufig im **Konjunktiv** formuliert. Viele schreiben:

> *»V **könnte** gemäß § 323 I BGB auf Grund der Nichtleistung des K zum Rücktritt berechtigt sein… Für die Anwendung des § 323 I **müsste** ein gegenseitiger Vertrag vorliegen«.*
>
> *»T **hätte** einen Anspruch auf Zahlung des Kaufpreises, wenn ein wirksamer Kaufvertrag, § 433 BGB, zwischen ihm und S **vorläge** und der Kaufpreisanspruch fällig **wäre**«.*

Daneben findet man in Prüfungsarbeiten regelmäßig eine **bunte Mischung** von Abwandlungen dieser Formulierungen. Der damit verfolgte Zweck liegt zumeist darin, zu betonen, dass die anschließende inhaltliche Auseinandersetzung (jedenfalls auf dem Papier) vom Ergebnis her noch nicht entschieden ist. Auf diese Eigenart juristischer Arbeiten wollen wir an dieser Stelle etwas näher eingehen, zumal der treffende Einsatz des Konjunktivs den meisten Studierenden bis in das Erste Staatsexamen hinein erhebliche **Probleme** bereitet.

> Das **Ergebnis** des Kapitels gleich vorneweg: Die Verwendung des Konjunktivs für Obersätze ist grammatikalisch grundsätzlich **richtig**. Es gibt allerdings auch eine Reihe von Fällen, in denen der Konjunktiv **falsch** oder jedenfalls sprachlich **unpassend** ist.

II. Grammatik für Juristen

Die deutsche Sprache kennt insgesamt **zwei** Konjunktivformen, den **Konjunktiv I** und **den Konjunktiv II**.

Beispiel für Konjunktiv I:

> *»Susanne behauptet, sie **habe** gestern Abend 30 neue Definitionen gelernt.«*

Beispiel für Konjunktiv II:

> *»Susanne behauptet, sie **hätte** gestern Abend 30 neue Definitionen gelernt.«*

---

57 *Wolf*, JuS 1996, 30.

Im **ersten Fall** wird die Aussage ganz neutral weitergegeben; der beschriebene Sachverhalt kann stimmen oder auch nicht. Sprachlich wird diese neutrale Haltung durch den Konjunktiv I zum Ausdruck gebracht. Im zweiten Fall hat der Autor erhebliche Zweifel am Wahrheitsgehalt seiner Aussage; deshalb benutzt er den Konjunktiv II, um diese Ungewissheit sprachlich zu verdeutlichen. Nachdem wir uns diese Unterscheidung klar gemacht haben, ist es nun auch nicht weiter schwer, den erheblichen Unterschied in der Bedeutung der folgenden Wörter auszumachen:

»wolle«	und	*»wollte«*
»habe«	und	*»hätte«*
»werde«	und	*»würde«*
»könne«	und	*»könnte«*
»sein«	und	*»wäre«*

Gemerkt? Das erste Wort steht jeweils im Konjunktiv I, das zweite im Konjunktiv II. Daneben gibt es (natürlich) noch den **Indikativ.**

> *»Susanne **hat** gestern Abend 30 neue Definitionen gelernt.«*

In diesem Fall steht die getroffene Aussage als Tatsache fest. So weit so gut. Um den gesamten Hintergrund des »Konjunktiv-Problems« zu verstehen, müssen wir allerdings noch eine weitere Überlegung anstellen, die einigen bestimmt noch aus der Schulzeit geläufig ist. Indikativ und Konjunktiv werden nämlich in den verschiedenen **Zeiten** ganz unterschiedlich zum Ausdruck gebracht. Wir haben das hier **beispielsweise** für das Wort »***kommen***« einmal durchexerziert:

Gegenwart

	INDIKATIV	**KONJUNKTIV I**	**KONJUNKTIV II**
er/sie/es	*kommt*	*komme*	*käme*
sie	*kommen*	*kommen*	*kämen*

Vergangenheit

	INDIKATIV	**KONJUNKTIV I**	**KONJUNKTIV II**
er/sie/es	*Ist gekommen*	*sei gekommen*	*wäre gekommen*
sie	*sind gekommen*	*seien gekommen*	*wären gekommen*

Zukunft

	INDIKATIV	**KONJUNKTIV I**	**KONJUNKTIV II**
er/sie/es	*wird kommen*	*werde kommen*	*würde kommen*
sie	*werden kommen*	*werden kommen*	*würden kommen*

Auf die nicht aufgeführten Fälle haben wir hier deshalb verzichtet, weil im Gutachten normalerweise nur jeweils die Formen der **dritten** Person interessant werden. Den **Konjunktiv II** verwendet man in der Alltagssprache üblicherweise, um **Bedingungszusammenhänge** (etwas vornehmer: Konditionalgefüge) auszudrücken:

> *»Wenn es **regnete, nähme** ich ein Taxi«*

> *»Es **hülfe** mir, wenn du weniger **kritisiertest**.«*

Weil die Konjunktivform der Verben in vielen Fällen ungewöhnlich klingt, wird sie im täglichen Sprachgebrauch nur noch selten verwendet. Stattdessen greift man im Alltag normalerweise auf die Hilfsform »würde« zurück, also:

> *»Wenn es regnen würde, **würde** ich ein Taxi nehmen.«*

> *»Es **würde** mir helfen, wenn Du weniger kritisieren **würdest**.«*

Das sollte man im Gutachten allerdings **vermeiden** und ruhig eine sichere Beherrschung der Sprache dadurch demonstrieren, dass man die Verbformen korrekt wiedergibt (wenn man sie kennt).

III. Anwendung im Gutachten

1. Obersätze – Bedingungsgefüge

Die Verwendung unterschiedlicher Varianten des Konjunktivs zieht **grundsätzlich keine** Unterschiede in der Bedeutung nach sich. Der Konjunktiv II kann also nicht nur in **ausdrücklichen** Bedingungssätzen (= *wenn-dann*-Konstruktionen) gebraucht werden, sondern auch in **einfachen Sätzen**. Er dient dann als »Ausdruck der Irrealität« (sog. ***Irrealis*** – Unwirklichkeitsform) oder als »Ausdruck der Potenzialität« (sog. ***Potentialis*** – Möglichkeitsform). Solche Sätze enthalten dann Bedingungszusammenhänge, obwohl formell nicht die Form eines »wenn-dann-Satzes« vorliegt.[58]

> *»Die Sicherstellung der Transparente **könnte** A in seinen Grundrechten aus Art. 5 I 1 Halbs. 1 GG verletzen. Dann **müsste** rechtswidrig in den Schutzbereich dieses Grundrechts eingegriffen worden sein.«*

enthält demnach **dieselbe Aussage** wie

> *»Die Sicherstellung des Transparents **verletzte** A dann in seinem Grundrecht aus Art. 5 I 1 Halbs. 1 GG, wenn rechtswidrig in den Schutzbereich dieses Grundrechtes eingegriffen worden **wäre**.«*

58 *Franck*, JuS 2004, 174, 175.

Merke: Wird im Gutachten **Konjunktiv** verwendet, so lässt sich dies im Regelfall inhaltlich als **Konditionalkonstruktion** (= Bedingungsgefüge) verstehen.

Das ist eine feine Sache und entspricht auch dem, was wir bisher gelernt haben: Das Gutachten entwickelt sich von der Frage zum (zunächst offenen) Ergebnis. Die sprachliche Darstellung soll nach ganz allgemeiner Meinung im **Konjunktiv** erfolgen, um der Tatsache Rechnung zu tragen, dass gerade der Abwägungsvorgang und nicht das Ergebnis im Vordergrund steht. Eine reine Tatsachenfeststellung ginge insofern jedenfalls fehl. Allerdings gibt es daneben noch eine **andere** (gleichwertige) **Möglichkeit** der Darstellung – die **ohne Konjunktiv** auskommt. In der einschlägigen Anleitungsliteratur wird hierzu vertreten, dass in **Obersätzen der Konjunktiv überflüssig (= falsch)** ist, wenn es sich um einen echten »wenn-dann-Satz« handelt. Das Bedingungsgefüge, von dem die Begründetheit des Anspruchs abhängt, müsse dann im **Indikativ** angegeben werden:[59] In unserem Beispiel von oben also so:

*»Die Sicherstellung des Transparents **verletzt** A in seinem Grundrecht aus Art. 5 I 1 Halbs. 1 GG, wenn rechtswidrig in den Schutzbereich dieses Grundrechtes eingegriffen worden **ist**«.*

Zur **Begründung** dieser Ansicht werden **zwei** schlagkräftige Argumente angeführt:

1. Die Verwendung von »XY ***wäre***« im Obersatz deutet darauf hin, dass XY tatsächlich nicht ist. »***wäre***« wird wie wir gesehen haben in der Regel nur verwendet, um eine tatsächlich **<u>nicht</u>** vorliegende Sachlage zu beschreiben.

2. Die Verwendung von »XY ***könnte***« im Obersatz kann logisch nicht zu dem Ergebnis »XY ***ist***«, sondern nur zu dem Ergebnis »XY ***kann***« führen. Das ist logisch: Wenn eine bestimmte Bedingung erfüllt ist, wird aus der Möglichkeit »*könnte*« (Konjunktiv) die Tatsache »*kann*« (Indikativ).

Diese Auffassung ist **überzeugend**, denn der Sachverhalt ist für die Dauer der Bearbeitung als die (abgeschlossene) Lebensrealität anzusehen. Demgemäß erscheinen die sprachlichen Unwirklichkeitsformen hier als Fremdkörper. Wenn eine Voraussetzung erfüllt ist, dann »*ist*« sie es eben – dass sie es nur sein »*könnte*«, leuchtet nicht ein. Die verbreitete Angewohnheit Formulierungen wie »*A könnte...*«, »*B müsste..*« oder »*Wenn C ... hätte*« zu verwenden, erweist sich damit als unnötige Steigerung. An diesen Stellen des Gutachtentextes vermittelt die Indikativform (»*kann*«, »*muss*«) dieselbe Aussage mit dem Vorteil, dass der Text insgesamt »glatter« und weniger schematisch wirkt.

Für Spitzfindige: Die Vertreter der »Konjunktiv-Meinung« halten dagegen, dass im juristischen Gutachten zwar typischerweise ein bereits abgeschlossener Sachverhalt analysiert wird, sich dem Leser eines Gutachtens aber aus dem Zusammenhang erschließe, dass der Konjunktiv hier jedenfalls nicht die Irrealität markieren soll, so dass der Konjunktiv in Obersätzen immer auch als Ausdruck der Potenzialität ver-

59 *Wolf*, JuS 1996, 30, 34.

standen werden kann. Damit lässt sich das Argument 1 der hier vertretenen Meinung relativ schnell entkräften.

Es bleibt letztlich jedem überlassen, welcher Weg in einer Prüfungsarbeit vorgezogen wird. **Sowohl Indikativ als auch Konjunktiv sind in echten »wenn-dann-Sätzen« grundsätzlich zulässig**. Man sollte hier also seinem eigenen Sprachgefühl folgen. Die Entscheidung ist damit nur eines: Geschmackssache!

Allerdings gibt es auch klausurrelevante Satzkonstellationen, in denen der Konjunktiv **absolut unzulässig** ist – wir haben es eingangs erwähnt. Fehler kann man in diesem Bereich vor allem dann machen, wenn die verschiedenen Formen durcheinander gebracht oder gehäuft werden. Dies ist insbesondere der Fall beim Einsatz eines »**doppelten Konjunktivs II**«. Es darf also **<u>nicht</u>** heißen:

> *»Ein Anfechtungsgrund **wäre** gegeben, wenn nach § 119 I 2 BGB ein Erklärungsirrtum vorliegen **würde**.«*

> *»K **hätte** einen Anspruch, wenn V gesagt **hätte**, dass er die Armbanduhr kaufen wolle.«*

sondern bestenfalls

> *»Ein Anfechtungsgrund **wäre** gegeben, wenn nach § 119 I 2 BGB ein Erklärungsirrtum **vorliegt**.«*

> *»K **hat** einen Anspruch gegen V, wenn dieser versprochen hat, er **werde** die Armbanduhr kaufen.«*

Daneben ist auch der sprachliche Ausdruck einer **überflüssigen Bedingung verfehlt**. Das liest sich dann ungefähr so:

> *»K **könnte** seine Willenserklärung nach § 119 I 1. Alt. BGB anfechten.«*

> *»Das Verhalten von A **müsste** B sich über § 278 BGB zurechnen lassen, wenn A Erfüllungsgehilfe ist.«*

Richtig ist:

> *»K **kann** seine Willenserklärung nach § 119 I 1. Alt. BGB anfechten.«*

> *»Das Verhalten von A **muss** B sich über § 278 BGB zurechnen lassen, wenn A Erfüllungsgehilfe ist.«*

> **Feinkostregal:** In zivilrechtlichen Arbeiten ist der Gebrauch des Wortes »Zurechnung« in aller Regel unsachgemäß. Ein Beispiel für eine sprachliche Wendung bei der häufig von »Zurechnung« die Rede ist, haben wir soeben gesehen. Liest man die Norm (§ 278 BGB), so steht dort allerdings kein Wort von »Zurechung«, sondern vielmehr, dass der Schuldner »ein Verschulden seines gesetzlichen Vertreters und der Personen, deren er sich zur Erfüllung seiner Verbindlichkeit bedient, in gleichem Umfang zu vertreten« hat »wie eigenes Verschulden«. Deshalb wird hier nach dem

Wortlaut des Gesetzes streng genommen eben auch kein Verhalten zugerechnet, sondern vielmehr das Verschulden eines Dritten »vertreten«. Es muss also im obigen Beispiel korrekterweise heißen: »Das Verschulden von A muss B über § 278 BGB vertreten.« In der obigen Fassung dürfte die sehr verbreitete Formulierung indes nur sehr selten beanstandet werden.

2. Darstellung eines Meinungsstreits – Indirekte Rede

Geht es um die Formulierung wissenschaftlicher (juristischer) Texte – dem angehenden Juristen läuft es an dieser Stelle beim bloßen Gedanken bereits kalt den Rücken herunter – tauchen im Zusammenhang mit dem Konjunktiv nach den Obersätzen regelmäßig weitere Schwierigkeiten auf, so etwa dann, wenn ein **Meinungsstreit** dargestellt werden muss. Die vorhandenen Meinungen und Argumente aus Rechtsprechung und Literatur müssen hier schriftlich dargelegt werden. Dabei ist die Beherrschung der **indirekten Rede** im Konjunktiv für die Darstellung von Streitfragen unerlässlich.

So richtig schön vornehm und wissenschaftlich klingt nach allgemeiner Meinung nur die **indirekte Rede im Konjunktiv Präsens**.

Merke: Nicht jeder Nebensatz sollte mit »***dass***« eingeleitet werden. Eleganter wirkt oft der Konjunktiv, vor allem bei mittelbarer Rede.

Allerdings ist der Konjunktiv auch hier kein Allheilmittel. Gehen wir einmal Schritt für Schritt vor: Um das, was ein Dritter geäußert hat, in einem Gutachten korrekt wiederzugeben, gibt es grundsätzlich **drei** Möglichkeiten, die sich jeweils sowohl sprachlich als auch in ihrer Bedeutung voneinander unterscheiden. Das kann man anhand der folgenden, einfachen Beispiele nachvollziehen.

»Er sagt, er hat Ahnung vom Bereicherungsrecht.«

Hintergedanke: Er sagt es, und ich weiß, dass es stimmt.

»Er sagt, er habe Ahnung vom Bereicherungsrecht.«

Hintergedanke: Er sagt es. Ich weiß nicht, ob es stimmt, oder ich will mich in meiner Aussage nicht festlegen.

»Er sagt, er hätte Ahnung vom Bereicherungsrecht.«

Hintergedanke: Er sagt es, aber ich weiß, er hat in Wirklichkeit keine Ahnung.

Für eine Gutachtenbearbeitung eignet sich offensichtlich nur **die zweite Formulierungsvariante**, denn nur mit dieser bleibt man gegenüber der vorgestellten Aussage neutral. Und das haben wir schon gelernt: Neutralität ist eine absolute Kardinalpflicht für den Gutachter.

Merke: Die Wiedergabe **fremder Ansichten** im Gutachten erfolgt im Konjunktiv I.

Eine korrekte Wiedergabe in indirekter Rede sieht also etwa so aus:

> *»Eine in der Literatur verbreitete Auffassung nimmt an, der Totschlag gemäß § 212 StGB sei das Grunddelikt des Mordes nach § 211 StGB.«*

Anmerkung: Dass in der indirekten Rede im Gutachten Konjunktiv anzuwenden ist, ist übrigens im Gegensatz zu der oben aufgezeigten Kontroverse zu den Obersätzen völlig **unumstritten**!

Eine solche Darstellungsweise hat nebenbei auch den **Vorteil**, dass der Leser immer weiß, **wer welche Ansicht vertritt**, zwar nicht in konkreten Namen, aber doch zumindest anhand der Gruppenbezeichnung: »*eine in der Literatur verbreitete Auffassung*«, »*die (gesamte) Rechtsprechung*« und die immer gerne genommene sich »*im Vordringen befindliche Literaturmeinung*«. Dies ist allerdings nicht zwingend, denn auch eine neutrale Darstellung (»*Eine Ansicht…*«, »*Die Gegenmeinung…*«) genügt den Anforderungen. Auch bei der Wiedergabe in indirekter Rede gilt es, ein gutes Auge für das richtige Maß zu entwickeln. **Keinesfalls sollte seitenlang nur Fremdmeinung »nachgekaut« werden**.

Merke: Lange Textpassagen in indirekter Rede sind zu vermeiden. Selbstständige Ausführungen im Indikativ sind besser als abhängige Aussagen im Konjunktiv.

Aufpassen muss man hinsichtlich der Verwendung von Konjunktiv und Indikativ auch bei **eigenen Stellungnahmen**. Nachdem man eine Ansicht befürwortet oder abgelehnt hat, muss man sich deren Argumente auch sprachlich **zu Eigen** zu **machen**. Hier darf nicht mehr einfach nur in indirekter Rede referiert werden. Die Problemdiskussion im juristischen Gutachten verlangt die Entwicklung eines Gedankenganges, aus dem hervorgeht, wie der Verfasser selbst zu den Argumenten steht. Das geschieht sprachlich notwendig im **Indikativ**. Unrichtig ist es also, zu schreiben:

> *»Für diese Ansicht spricht in erster Linie die Systematik des Gesetzes. Anderenfalls* ***bestehe*** *die Gefahr von Wertungswidersprüchen.«*

Stattdessen **richtig**:

> *»Für diese Ansicht spricht in erster Linie die Systematik des Gesetzes. Anderenfalls* ***besteht*** *die Gefahr von Wertungswidersprüchen.«*

Merke: Die Darstellung **eigener Argumente** hat stets im **Indikativ** zu erfolgen. Was im Indikativ beginnt, muss auch im Indikativ fortgeführt werden.

Im Falle der Wiedergabe fremder Meinungen muss aus dem Text ersichtlich sein, von wem die getroffenen Aussagen stammen. Dies wird verfehlt, wenn sich erst der Verfasser des Textes äußert, und dann unvermittelt eine Art »Ghostwriter«, der sich nicht vorstellt, die weiteren Ausführungen übernimmt (siehe unser Beispiel). Diesen sprachlichen Bruch können sogar Fußnoten mit Fundstellen nicht mehr ausgleichen.

Wenn mitgeteilt wird, wie etwas nach der Auffassung einer im Text genannten Person oder Institution zu beurteilen ist, stellt dies einen Bericht über eine Tatsache dar, nämlich die Tatsache, welche Position der zitierte Autor vertreten hat. Will man in einem Gutachten mitteilen, was ein **bestimmter Autor** geschrieben hat, ist also der **Indikativ** zu verwenden, **sofern Autor und Aussage in einem Satz** genannt werden. Wird der Autor in einem Satz genannt und seine Aussage in einen weiteren Satz »verpackt«, dann kann für diese wieder die indirekte Rede und der Konjunktiv benutzt werden. **Falsch** sind also die folgenden Sätze:

> *»Nach Ansicht von Roxin* ***falle*** *auch die bewusste Selbstschädigung unter den Tatbestand des Betruges.«.*

> *»Schuldner des Anspruchs* ***sei*** *nicht der Begünstigte, sondern der Einwirkende, weil es viel leichter sei, den Einwirkenden als den Begünstigten festzustellen. (Fußnote: Canaris, ZIP 2003, 567 – fiktiv).«*

bzw.

> *»Nach der Ansicht von Canaris* ***sei*** *Schuldner des Anspruchs nicht der Begünstigte, ...«*

Richtig muss es lauten:

> *»Nach Ansicht von Roxin* ***fällt*** *auch die bewusste Selbstschädigung unter den Tatbestand des Betruges.«*

bzw.

> *»Roxin vertritt eine besondere Position: Auch die bewusste Selbstschädigung falle unter den Tatbestand des Betruges.«*

> *»Nach der Ansicht von Canaris* ***ist*** *Schuldner des Anspruchs nicht der Begünstigte, ...«*

Merke: Wird der Urheber einer Aussage mit dieser zusammen in einem Satz genannt (»nach XY«, »XY zufolge«, »nach Auffassung von XY«), so muss die Aussage im **Indikativ** stehen.

Damit haben wir den »Mythos Konjunktiv« besprochen und können uns nun den Besonderheiten der einzelnen Rechtsgebiete zuwenden.

C. Privat und autonom – Die Besonderheiten im Zivilrecht

I. Die Fallfrage

Grundsätzlich gibt es <u>**zwei**</u> Möglichkeiten, in eine zivilrechtliche Klausurbearbeitung einzusteigen. Entscheidende Bedeutung für den gesamten Aufbau der Klausur kommt hierbei der **Fallfrage** zu.

Wie ist die Rechtslage? *Was kann A von B verlangen ?* *Welche Ansprüche hat X gegen Z?* *Kann B den Kaufpreis mindern?*	*Hat die Klage des B Aussicht auf Erfolg?* *Wie wird das Gericht entscheiden?* *Was wird der Anwalt des T diesem raten?*
Materieller Klausuraufbau **→ Anspruchsaufbau** **(~ 80 % aller Fälle)**	**Prozessualer Klausuraufbau** **→ Verfahrensaufbau** **(~ 20 % aller Fälle)**

Achtung: Daneben gibt es noch eine **Unterform** des materiellen Klausuraufbaus, auf die wir hier aus Platzgründen bewusst verzichten wollen. Dieser so genannte »**chronologische Aufbau**« (also eine historische Prüfung entlang des zeitlichen Geschehensablaufs) bietet sich in der Regel bei Prüfungsarbeiten mit **sachenrechtlichen Problemen** an, etwa wenn nach den Veränderungen der Eigentums- oder Besitzlage gefragt ist.

Sollte vom Fallsteller ganz allgemein nach der »***Rechtslage***« gefragt sein, so muss grundsätzlich eine umfassende Prüfung aller in Betracht zu ziehenden Ansprüche **aller Beteiligten gegeneinander** erfolgen. Allerdings gilt dieser Grundsatz (wie fast jeder) nicht ohne Ausnahme. Die Frage »Wie ist die Rechtslage« ist stets unter dem Blickwinkel des Sachverhalts zu beantworten. Wird in einem Fall ausführlich geschildert, dass A von B Zahlung aus einem Werkvertrag verlangt, dann zielt auch die Frage nach der Rechtslage auf diesen Streitpunkt ab. Allgemeine Erörterungen dazu, ob A möglicherweise auch ein Rücktrittsrecht zusteht, wären in diesem Fall unpassend. Es kommt für die vollständige Beantwortung der Fallfrage damit entscheidend auf die **Interessenlage** der Parteien an.

Merke: Die Rechtslage ist immer nur unter den nach dem Sachverhalt problematischen Gesichtspunkten zu untersuchen.

In vielen zivilrechtlichen Prüfungsarbeiten werden den Bearbeitern in jüngerer Zeit Stellungnahmen aus **anwaltlicher Perspektive** abverlangt. Eine derartige Fallfrage könnte etwa lauten: »Was raten Sie als Anwalt dem C?« oder »R bittet Sie um Ihren anwaltlichen Rat. Was ist zu antworten?« Von solchen Fragestellungen darf man sich keinesfalls irritieren lassen, sie zielen im Kern – ebenso wie die geläufigeren Prüfungsfragen – einzig und allein auf die materielle Rechtslage ab. Bei der Beantwortung ist dann aber besonders viel Wert auf eine lebensnahe und dem Parteiinteresse entsprechende Schwerpunktsetzung zu achten. Wenn es einem Mandanten darum geht, von einem unliebsamen Vertrag loszukommen, wird ihn sein Anwalt kaum damit langweilen, dass er doch auch auf der Erfüllung des Vertrages bestehen könne. Vielmehr wird er ihm alle Einwendungen und Einreden aufzeigen, die dem Schuldverhältnis entgegengesetzt werden können.

Sollten einmal **mehrere Fragen** unter einem Sachverhalt stehen oder **Fallabwandlungen** mit weiteren Aufgaben angefügt sein, ist das kein Grund zur Panik. Oftmals verbergen sich hinter umfangreichen Abwandlungen in juristischer Hinsicht nur minimale Abweichungen. Die Kunst, die man dem Korrektor an dieser Stelle auch demonstrieren sollte, besteht darin, herauszufinden, an welcher Stelle des Ausgangsfalles durch die veränderte Tatsachenlage eine andere rechtliche Beurteilung geboten ist. Bei der Beantwortung solcher nachgeschobenen Fragen darf man in den Punkten, in denen sich zum Ausgangsfall keine Abweichungen ergeben, getrost **Urteilsstil** anwenden.

Zum Schluss wollen wir uns bitte noch einprägen, dass die Reihenfolge der Aufgaben meistens einem logischen Hintergedanken folgt. Aus diesem Grund ist es ratsam, die Fragen nicht von hinten beginnend zu beantworten, sondern in der Reihenfolge, in der sie gestellt werden. Abweichungen von dieser Vorgehensweise sind nur zu empfehlen, wenn der Aufgabensteller dies ausdrücklich angibt oder wenn die Fragen erkennbar in keinem Zusammenhang zueinander stehen (etwa weil zwei voneinander losgelöste Fälle geschildert werden).

> **Merke:** Wenn mehrere Fragen gestellt sind, müssen diese grundsätzlich in der **angegebenen Reihenfolge** beantwortet werden. Dies sollte selbst dann eingehalten werden, wenn die Reihenfolge nicht ausdrücklich vorgeschrieben ist.

II. Der Einstieg in die materielle Prüfung

Die gedankliche **Vorüberlegung** ist in zivilrechtlichen Arbeiten immer dieselbe: Da jede zivilrechtliche Prüfung, wie wir gesehen haben, mit einem **Obersatz** beginnen muss, gilt es zunächst, dessen Bestandteile zu ermitteln. Dies lässt sich am einfachsten so bewerkstelligen:

> **Merke:** WWW ist **nicht** alles! Im **Zivilrecht** gilt: WWWW = **W**er will **w**as von **w**em **w**oraus? Diese Frage muss ein vollständiger Obersatz beantworten!

Dabei gilt:

Die Frage	zielt ab auf
Wer?	den **Anspruchsteller**
von **Wem**?	den **Anspruchsgegner**
will **Was**?	das **Anspruchsziel**
Woraus?	die **Anspruchsgrundlage**

Sowohl auf der Anspruchsteller- wie auf der Anspruchsgegnerseite können dabei **mehrere** (natürliche oder juristische) Personen vorhanden sein. Hier ist zunächst eine **Untergliederung** nach den Personen auf der Seite der Anspruchsteller oder Kläger vorzunehmen. Innerhalb der Prüfung der Ansprüche, die einem der Beteiligten zustehen können, ist dann nach den verschiedenen Anspruchsgegnern zu unterscheiden. Es muss dabei unbedingt eine Aufteilung in **Zweipersonenverhältnisse** erfolgen!

Wenn beispielsweise G1 und G2 jeweils Ansprüche gegen S1 und S2 geltend machen, ergibt sich folgendes Bild und der daraus resultierende Prüfungsablauf:

A.	**Ansprüche des G1**
I.	Ansprüche gegen S1
II.	Ansprüche gegen S2

B.	**Ansprüche des G2**
I.	Ansprüche gegen S1
II.	Ansprüche gegen S2

Innerhalb der Zweipersonenverhältnisse können verschiedene **Anspruchsziele** in Betracht kommen. Neben einem Anspruch auf Schadensersatz kann etwa nach Nutzungsersatz oder Herausgabe gefragt werden. Diese verschiedenen Anspruchsziele müssen unbedingt sauber voneinander **getrennt** behandelt werden.

Bei der Suche nach den richtigen Anspruchsgrundlagen (dem »*woraus*«) hilft letztlich nur der Blick in das Gesetz. Bei der Suche nach passenden Normen muss neben dem Anspruchsziel immer berücksichtigt werden, dass die Vorschrift ihrem Wesen nach auch eine **»echte« Anspruchsgrundlage** und nicht nur etwa eine bloße Zurechnungsvorschrift (wie z.B. § 278 BGB) ist oder lediglich feststellenden Charakter (wie z.B. § 903 BGB) hat.

> **Feinkost:** Genau betrachtet muss **nicht immer** eine Anspruchsgrundlage für den Obersatz gefunden werden. Im Einzelfall ist entscheidend, welche Rechtsvorschrift die Fallfrage eindeutig beantwortet. Ist zum Beispiel gefragt »Wer ist Eigentümer des Hauses?« oder »Ist der Anspruch des G verjährt?« dann muss der Obersatz abweichend vom hier geschilderten Standardfall möglicherweise mit einer anderen Norm als einer Anspruchsgrundlage gebildet werden, um die Fallfrage korrekt zu beant-

worten. Solche **Antwortnormen** sind also die Rechtsnormen, deren Rechtsfolge die Fallfrage unmittelbar beantwortet. Ist nach einem Anspruch gefragt, so ist Antwortnorm die Anspruchsgrundlage. Ist die Fallfrage etwa darauf gerichtet, ob der Verkäufer vom Käufer die Zahlung des Kaufpreises verlangen kann, ist die Antwortnorm § 433 II BGB; bei der Frage, ob A von B Eigentum an einer beweglichen Sache erworben hat, kann § 929 oder § 950 BGB Antwortnorm sein. Nicht entscheidend ist, ob die Norm auch etwas mit den Problemen des Falles zu tun hat, denn sie soll nur den Einstieg in die Prüfung bilden. Verlangt der Verkäufer vom Käufer Zahlung des Kaufpreises und verweigert der Käufer die Zahlung, weil er die Kaufsache für mangelhaft hält, so ist Antwortnorm trotzdem § 433 II BGB, obwohl die rechtlichen Fragestellungen im Rahmen der §§ 434 ff. BGB angesiedelt sind.

Zu prüfen sind immer nur diejenigen Anspruchsgrundlagen, die **ernsthaft** für eine Lösung in Betracht kommen. Hierzu muss der Sachverhalt **Anlass** bieten. Wenn sich X und Y vor dem von X verursachten Verkehrsunfall noch nie vorher gesehen haben, ist es reichlich abwegig einen Anspruch aus einem Vertragsverhältnis zu prüfen (das ohnehin nicht vorliegt). An dieser Stelle stößt also der grundsätzlich »naive« Gutachtenstil an eine feste Grenze. Übertriebenes Anprüfen von völlig fern liegenden Anspruchsgrundlagen führt demnach zwangsläufig zum Punktabzug. Bei der Ermittlung einer Anspruchsgrundlage ist die folgende **Reihenfolge** einzuhalten:

VERTRAG (= Vertragliche Ansprüche)

- **Primär**ansprüche (Erfüllung)
- **Sekundär**ansprüche (z.B. Schadensersatz, Aufwendungsersatz, Surrogat)

VERTRAUEN (Vertrags**ähnlich**e/quasivertragliche Ansprüche)

- Schadensersatzanspruch gemäß § 122 oder § 179 II BGB
- vorvertragliches **Vertrauen**sverhältnis: *culpa in contrahendo,* §§ 311 II, 241 II BGB
- Geschäftsführung ohne Auftrag (§§ 677 ff. BGB)

GESETZ

- **ding**liche Ansprüche sowie die damit zusammenhängenden nichtdinglichen Folgeansprüche
- **delikt**ische Ansprüche (§§ 823 ff. BGB) und Gefährdungshaftung
- **bereicherungsrecht**liche Ansprüche (§§ 812 ff. BGB)

Sind mehrere Ansprüche einer Gruppe zu prüfen (z.B. mehrere deliktische Ansprüche), so sind diese nach **Zweckmäßigkeitsüberlegungen** zu ordnen.

Feinkostabteilung: Wenn in einer Klausur nur gesetzliche Anspruchsgrundlagen in Betracht kommen, dann muss diesen kein einleitender Hinweis wie »Für vertragliche Ansprüche bietet der Sachverhalt keine Anhaltspunkte« vorangestellt werden. In einem solchen Fall darf man ohne weiteres direkt mit der Prüfung der ersten Anspruchsnorm beginnen. Der Korrektor erwartet dies.

III. Der Anspruchsaufbau

Da ein juristisches Gutachten im Zivilrecht immer eine Abwägung zwischen Rechten und Gegenrechten beinhaltet, richtet sich der Aufbau einer jeden Bearbeitung nach folgendem **Grundmuster:**

	Gedankliche Frage	**Art des möglichen Gegenrechts**	**Beispiele**
1. Schritt	**Anspruch entstanden**? Voraussetzungen der AGL	rechtshindernde Einwendung (= Wirksamkeitshindernis)	Geschäftsunfähigkeit, §§ 104, 105 BGB Verstoß gegen gesetzliches Verbot, § 134 BGB Formnichtigkeit, § 125 BGB Sittenwidrigkeit, § 138 BGB
2. Schritt	**Anspruch untergegangen**? bzw. Anspruch **übergegangen**?	rechtsvernichtende Einwendung	Erfüllung, § 362 I BGB (Normalfall) Unmöglichkeit, § 275 I-III BGB Anfechtung, § 142 I BGB Abtretung, § 398 BGB (rechtsgeschäftlich) Ausgleich unter Gesamtschuldnern, § 426 II BGB (gesetzlich)
3. Schritt	**Anspruch durchsetzbar**?	rechtshemmende Einrede	Verjährung, § 214 BGB (peremptorisch = dauerhaft) Stundung, § 205 BGB (dilatorisch = aufschiebend)

Dass man in diesen drei Schritten vorgeht, darf man auch im Gutachten an den entsprechenden Stellen **ausdrücklich hinschreiben** (*»Der Anspruch muss zunächst entstanden sein«*, *»Der Anspruch kann gehemmt sein«*). Das hilft bei umfangreichen Arbeiten zumeist nicht nur dem Korrektor, sondern zeigt auch ein grundlegendes Verständnis von juristischer Arbeitsweise. Zwingend ist die ausdrückliche Nennung der jeweiligen Prüfungsstation aber trotzdem nicht. Einen Punktabzug aus diesem Grund sollte man auf keinen Fall widerspruchslos hinnehmen.

Da Einwendungen **prozessual** (also vom Richter) **immer** zu prüfen sind, müssen sie vollständig erörtert werden, sofern der Sachverhalt entsprechende Anhaltspunkte bietet. Bei Einreden ist dies grundsätzlich anders, da diese vor Gericht nur berücksichtigt werden, wenn sich eine der Parteien ausdrücklich auf sie beruft.

> **Merke: Einwendungen** (Schritt 1 und 2) **sind immer** zu prüfen. **Ein*reden*** (Schritt 3) nur, wenn von mindestens einer Partei tatsächlich darüber **geredet** wurde.

In einer Klausur kann es sinnvoll sein, abweichend von diesem Grundsatz auch auf Einreden einzugehen, wenn der zeitliche Rahmen und der Umfang der übrigen Probleme des Falls dies zulassen. Grundsätzlich kann das Fehlen von Ausführungen etwa zur Verjährung (vgl. § 214 BGB) nicht mit einem Punktabzug »bestraft« werden, wenn sich der Schuldner nicht zumindest ansatzweise hierzu auch geäußert hat.

IV. Die Prozessuale Zusatzfrage

In letzter Zeit vermehrt finden sich in zivilrechtlichen Klausuren auch Fragen nach den Erfolgsaussichten einer Klage. Solche prozessrechtliche Fragen bilden gewöhnlich den Schluss der Klausur.

Eine typische kombinierte Fragestellung könnte etwa lauten:

> **1. Welche Ansprüche hat A gegen B?**
>
> **2. Hat eine Klage von A gegen B Aussicht auf Erfolg?**

In solchen Situationen wird natürlich zunächst das »normale« Gutachten zum materiellrechtlichen Teil (1.) erwartet. Dafür gibt es dann in aller Regel maximal (ca.) 15 Notenpunkte. Um die »restlichen« 3 Notenpunkte zu ergattern, soll anschließend die Zulässigkeit einer Klage erörtert werden. Dies sollte man erkennen und bei der Schwerpunktsetzung seiner Arbeit zugrunde legen. Häufig verausgaben sich Bearbeiter nämlich beim materiellrechtlichen Gutachten und haben für die Beantwortung der zweiten Aufgabe dann kaum noch Zeit. Besonders ärgerlich wird es, wenn es sich um eine vergleichsweise einfache Zusatzfrage handelt, mit der man wertvolle Punkte sammeln könnte.

> **Merke:** In einer fünfstündigen Klausur sollte man sich für die Bearbeitung der Zusatzfrage etwa eine halbe Stunde Zeit nehmen, bei kürzerer Klausurdauer entsprechend weniger.

Zu warnen ist hier vor einer »**Flucht ins Schema**[60]«. Wenn nach der Zulässigkeit einer Klage gefragt ist, müssen nicht sämtliche Zulässigkeitsvoraussetzungen nacheinander abgehandelt werden. Dies wäre ein erheblicher Fehler, es würde an der notwendigen Schwerpunktsetzung[61] fehlen (was der Korrektor dann auch genau so vermerkt). Abgesehen davon, dass es lächerlich wirkt, wenn man bei der Klage von A aus Köln gegen B aus Bonn lang und breit die deutsche Gerichtsbarkeit diskutiert, wird auf diese Weise nur wertvolle Zeit für die problematischen Aspekte verloren.

60 *Oestmann*, JuS 2003, 870.
61 *Schumann*, Die ZPO-Klausur Rz. 146.

Es gilt also: Man darf sich bei der prozessualen Zusatzfrage nur zu denjenigen Zulässigkeitsvoraussetzungen äußern, die nicht ohne weiteres bejaht werden können. In Übungsfällen enthält die Aufgabe **mindestens ein** Zulässigkeitsproblem.

> **Merke:** Bevor man mit der Niederschrift der Klausur beginnt, muss das Problem der Zusatzfrage zumindest erkannt sein. Mit der Lösung kann man sich bis zum Ende der Klausur Zeit lassen. **Zur Beruhigung:** Die Zahl der Standardprobleme, deren Beherrschung erwartet wird, ist gering.

Meistens gibt der **Sachverhalt** bereits eindeutige Hinweise, zu welchen Punkten der Aufgabensteller Ausführungen erwartet. Grundsätzlich gilt, dass sämtliche Sachverhaltsangaben, die für die materielle Rechtslage irrelevant sind, prozessuale Probleme enthalten können. Wenn etwa die **Wohnorte** der Parteien genannt sind, liegt es nahe, die **örtliche Zuständigkeit** des angerufenen Gerichts zu prüfen. Spielen **bezifferte Geldforderungen** eine Rolle, wird ein Satz zur **sachlichen Zuständigkeit** angebracht sein. Bei **BGB-Gesellschaften**, **politischen Parteien** oder **Gewerkschaften** sollte man die **Parteifähigkeit** ansprechen, bei der Beteiligung von **Minderjährigen** die **Prozessfähigkeit**.

> **Faustformel:** In Klausurfällen sind nahezu **alle Klagen zulässig**. Im Zweifel bietet es sich deshalb an, das Problem bei dem entsprechenden Zulässigkeitsmerkmal anzusprechen und dann mit zwei oder drei Argumenten zu sagen, weshalb die Klage dennoch zulässig ist. Im Normalfall trifft man damit die Musterlösung.

In der Klausur beginnt die Beantwortung der prozessualen Zusatzfrage in der Regel mit dem Satz:

> *»Die Klage hat Erfolg, wenn sie zulässig und begründet ist.«*

In der Zulässigkeitsprüfung geht es dann weiter mit dem nächsten Obersatz. Dieser lautet in jeder Klausur:

> *»Die Klage ist zulässig, wenn sämtliche Sachurteilsvoraussetzungen erfüllt sind.«*

Um dem Korrektor gleich zu Beginn der Prüfung zu zeigen, dass man auch das Prozessrecht im Griff hat, sollten die zweifelhaften Zulässigkeitsvoraussetzungen benannt und gegebenenfalls durchnummeriert werden. **Beispiel:**

> *»Fraglich sind hier die örtliche Zuständigkeit des Landgerichts Köln, die Parteifähigkeit der beklagten BGB-Gesellschaft und die Prozessführungsbefugnis des Klägers.«*

Die Bedeutung solcher Obersätze für den Erfolg in der Klausur kann gar nicht hoch genug eingeschätzt werden. Wer sich im Folgenden an sein eigenes Prüfungsprogramm hält, vermeidet überflüssige Abschweifungen.

D. Dolus directus – Die Besonderheiten im Strafrecht

I. Der Aufbau

In sämtlichen strafrechtlichen Prüfungsarbeiten einschließlich der Klausuren im Ersten Staatsexamen müssen strafrechtliche Sachverhalte in geordneter Form unter materiell-rechtlichen Gesichtspunkten erörtert werden. Hierbei haben auch fortgeschrittene Bearbeiter regelmäßig noch Schwierigkeiten mit der Reihenfolge, in der die einschlägigen Straftatbestände angesprochen werden müssen.

1. Tatkomplexe bilden

Längere und komplexe Sachverhalte werden im Strafrecht grundsätzlich »**portioniert**« und sodann abschnittsweise begutachtet. Die Unterteilung des zu würdigenden Geschehensablaufs erfolgt nach

- in sich abgeschlossenen **Tatkomplexen**,
- in der **chronologischen Reihenfolge** der Ereignisse,
- den handelnden **Personen**.

2. Spezialgesetze zuerst prüfen

Dabei gilt der Grundsatz, dass **spezielle Tatbestände vor allgemeinen** geprüft werden (lat.: »*lex specialis derogat legi generali*«).

Beispiel: § 249 StGB (Raub) wird **vor** § 242 StGB (Diebstahl) geprüft.

Weiterhin ist die Prüfung nicht mit »nachrangigen« Tatbeständen zu beginnen, die wegen **Konsumtion** oder **Subsidiarität** von anderen verdrängt werden. Solche Delikte müssen zwar geprüft werden, obwohl sie im Schuldspruch möglicherweise überhaupt nicht mehr auftauchen, man erörtert sie jedoch erst nach den vorrangigen Delikten. Als Faustregel gilt hier:

> **Das Delikt mit der höchsten Strafdrohung wird zuerst geprüft.** Kommen zwei Delikte mit der gleichen Strafdrohung in Betracht, sollte in zeitlicher Reihenfolge geprüft werden.

Beispiel: § 123 StGB (Hausfriedensbruch) wird **nicht vor** § 244 Nr. 3 StGB (Wohnungseinbruchdiebstahl) geprüft.

3. Vollendung vor Versuch

Es empfiehlt sich, das vollendete Delikt selbst dann anzuprüfen, wenn relativ klar ersichtlich ist, dass die Vollendung letztlich nicht eingetreten ist. Ein stringenter Prüfungsaufbau orientiert sich insofern nicht an einem möglichst schnellen Vordringen zum Problem, sondern an formal-logischen Kriterien. Beim vollendeten Delikt prüft man zuerst den objektiven und dann den subjektiven Tatbestand. Beim **Versuch** ist stets vorab die **Nichtvollendung** des Delikts festzustellen und zu prüfen, ob der Versuch der Tat mit Strafe bedroht ist. Aus §§ 23, 12 StGB ergibt sich, dass der Versuch eines Verbrechens (Strafdrohung: Mindestfreiheitsstrafe von einem Jahr) immer, der Versuch eines Vergehens (Strafdrohung: Mindestfreiheitsstrafe von weniger als einem Jahr oder Geldstrafe) nur dann strafbar ist, wenn das Gesetz dies ausdrücklich bestimmt. Deshalb ist zum Beispiel die »versuchte Untreue« nicht strafbar (lies § 266 StGB). Erst danach ist der subjektive Tatbestand (= Tatentschluss) und letztlich der objektive Tatbestand (= unmittelbares Ansetzen) zu prüfen.

4. Vorsatzdelikte vor Fahrlässigkeitsdelikten

Aufgepasst: Nur bestimmte Delikte sind als Fahrlässigkeitstaten überhaupt mit Strafe bedroht. Die fahrlässige Sachbeschädigung oder Beleidigung etwa ist nicht geregelt, weswegen jeweils nur die Vorsatztat strafrechtlich geahndet werden kann. Fahrlässige Tötung (§ 222 StGB), Körperverletzung (§ 229 StGB) oder Trunkenheit im Straßenverkehr (§ 316 II StGB) sind demgegenüber ausdrücklich geregelt.

5. Erfolgsdelikte vor Gefährdungsdelikten

Erfolgsdelikte werden vor Gefährdungsdelikten diskutiert.

Beispiel: § 212 StGB (Totschlag) wird **vor** § 221 StGB (Aussetzung) geprüft.

Die Prüfungsreihenfolge »**Täter vor Teilnehmer**« ergibt sich zwingend aus den §§ 26, 27 StGB, denn dort ist Voraussetzung für die Teilnahme jeweils das Vorliegen einer »vorsätzlichen rechtswidrigen Haupttat«.

II. Bezeichnung des relevanten Sachverhalts-Ausschnittes im Obersatz

Die juristische Subsumtionstechnik besteht, wie schon erklärt, in der **Falsifikation oder Verifikation einer Hypothese** – der Hypothese, dass ein bestimmter Sachverhaltsausschnitt sich unter eine bestimmte Norm subsumieren lässt. Eben diese Hypothese formuliert die einleitende Prüfungsfrage. Hierin muss also zwingend auch ein Ausschnitt des Sachverhaltes wiedergegeben werden, sonst handelt es sich nicht um einen vollständigen Obersatz.

Praktisch gelingt dies am elegantesten in Form eines »***indem***«**-Satzes**. Man kann auch formulieren »*Dadurch, dass …*« oder schlicht die zu untersuchende Tathandlung benennen (»*Mit dem Entnehmen der Whiskeyflasche kann …*«). Alle Wege sind im besten Sinne des Wortes gleichgültig. Man sollte allerdings eine allzu monotone und gleichförmige Darstellungsweise nach Kräften vermeiden.

Feinkost: Von besonderer Bedeutung ist die Festlegung des geprüften Geschehensausschnitts bei der Unterschlagung (§ 246 StGB), denn die dafür nach überwiegender Ansicht erforderliche Manifestation des Zueignungswillens kann meistens an verschiedenen Verhaltensweisen ansetzen. Dann muss für jedes Handeln ein eigener Prüfungsansatz gebildet werden. Also nicht: »*A kann sich durch sein Verhalten bezüglich der gefundenen Katze wegen Unterschlagung strafbar gemacht haben*«, sondern je einzeln: das Einfangen, das Wegschließen zu Hause, das Füttern, das Verkaufen etc.

III. Keine Belehrungen zu Rechtswidrigkeit und Schuld

Eine häufig gelesene Formulierung in strafrechtlichen Hausarbeiten und Klausuren lautet so:

> »*Die Tatbestandsmäßigkeit indiziert die Rechtswidrigkeit. Die Tat ist rechtswidrig, wenn kein Rechtfertigungsgrund eingreift.*«

Diese **Belehrung** ist in einer Prüfungsarbeit **überflüssig**, denn der Korrektor kennt diesen rechtlichen Zusammenhang. Ebenso falsch ist der erste Satz, wenn in einem Fall keine Rechtfertigungsgründe in Betracht kommen, da die Aussage, dass die Rechtswidrigkeit »*indiziert*« ist, vollkommen offen lässt, ob auch die konkret geprüfte Tat rechtswidrig ist. Wenn etwas **indiziert** ist, dann bedeutet das nur, dass es in der Regel so ist, vorbehaltlich etwaiger Ausnahmen (= Rechtfertigungsgründe). Stattdessen schreibt man **besser** – wenn überhaupt keine Anhaltspunkte für ein Problem bestehen – schlicht

> »*Die Tat war rechtswidrig*«

oder

> »*Da keine Rechtfertigungsgründe in Betracht kommen, handelte B auch rechtswidrig*«

oder beginnt, wenn es tatsächlich etwas zu prüfen gibt, **unmittelbar** mit der Darstellung des Problems, indem der erste in Betracht kommende **Rechtfertigungsgrund** benannt wird. Also etwa so:

> »*Ob das Verhalten des A auch rechtswidrig war, ist fraglich. In Betracht kommt eine Rechtfertigung wegen …*«.

Gleiches gilt für die Ausführungen im Rahmen des Prüfungspunktes »**Schuld**«.

IV. Wiederholungen

Wie wir oben gesehen haben, ist innerhalb des Syllogismus der zu subsumierende Begriff zu definieren (schwieriger Satz, bitte noch mal lesen!). Nun tauchen aber **Definitionen** insbesondere in strafrechtlichen Gutachten meistens recht häufig auf. Hierzu merken wir uns bitte, dass eine **einmalige** Definition völlig **ausreicht**. Die mehrfache Wiederholung, etwa wenn Mittäter (§ 25 II StGB) geprüft werden, ist für den Leser nicht nur ermüdend, sondern wird bei entsprechender Häufung auch als eine Form mangelnden Respekts aufgefasst. Einem Gesprächspartner würde man ja auch nicht immer wieder dasselbe erzählen.

> **Merke**: Eine einmal präsentierte Definition ist als dem Leser bekannt vorauszusetzen.

Überflüssig ist es auch, jedes Mal einen Hinweis wie diesen zu schreiben:

> *»(Definition s.o. A II 1 c)«.*

> **Für Spezialisten**: Für Hausarbeiten folgt aus diesen Erwägungen eine strikte Warnung vor der Verwendung von vermeintlich »praktischen« Textbausteinen. Die damit erzielbaren Punkte sind Minuspunkte.

V. Vorbemerkungen

Vorbemerkungen sind auch im Strafrecht **nicht Bestandteil des Gutachtens**. Sehr beliebt und ebenso falsch sind sie in Fällen, in denen eine Abgrenzung von **Täterschaft und Teilnahme** erforderlich ist. Hier kommt es immer wieder vor, dass Bearbeiter – unter dem Einfluss der theoretischen Abhandlungen, die sie dazu gelesen haben – in einer vorangestellten Vorbemerkung erklären, ob es sich bei dem zu prüfenden Beteiligten um einen Täter oder einen Teilnehmer handelt.

Wenn sowohl Täterschaft als auch Teilnahme prüfenswert erscheinen, gilt die oben genannte Regel »**Täterschaft vor Teilnahme**«. Man beginnt also unmittelbar mit der Prüfung der Täterschaft. Die Ausgangsfrage

> *»A kann sich wegen Mittäterschaft **oder** Beihilfe strafbar gemacht haben…«*

hat mit einem Syllogismus nichts mehr gemein. Es kann nämlich immer nur jeweils **eine** Hypothese untersucht werden. Zeigt sich, dass deren Voraussetzungen nicht erfüllt sind, muss eine neue Hypothese gebildet und untersucht werden.

> **Merke:** Der **Prüfungsansatz** darf im Laufe der Prüfung **nicht gewechselt werden** (etwa von Täterschaft auf Teilnahme)! Das Ergebnis passt sonst nicht mehr zum Obersatz.

VI. Terminologie

Wir wollen uns zum Abschluss noch zwei häufige Ausdrucksfehler in strafrechtlichen Arbeiten ansehen:

Tatbestände werden »*erfüllt*« oder »***verwirklicht***«, **nicht** aber »***verletzt***«. Verletzt werden bestenfalls fremde Rechte oder Rechtsgüter. Umgekehrt wird nicht gegen Tatbestände, sondern **gegen Gesetze** »***verstoßen***«.

Vollendung und Beendigung haben verschiedene Bedeutungen und sind deshalb streng auseinander zu halten. Zwar fällt die (materiell-abschließende) Beendigung bei Erfolgsdelikten in vielen Fällen mit dem Zeitpunkt der (tatbestandlich-formellen) Vollendung zusammen. Die Unterscheidung und sprachliche Differenzierung ist dennoch sehr wichtig, da bis zur Beendigung der Tat noch qualifizierte Merkmale verwirklicht werden können und auch eine Tatbeteiligung in der Beendigungsphase möglich ist. Die **Verjährung beginnt erst mit der Beendigung** der Straftat (§ 78a StGB).

E. Actus contrarius – Die Besonderheiten im Öffentlichen Recht

I. Obersätze

Da im Gegensatz zum Zivil- und Strafrecht in öffentlich-rechtlichen Prüfungsaufgaben in schöner Gleichmäßigkeit neben den materiellen Rechtsfragen (Begründetheit) auch nach den prozessualen Voraussetzungen der einschlägigen Rechtsbehelfe (Zulässigkeit) gefragt ist, lautet der das Gutachten einleitende Obersatz oftmals so:

> *»Die Klage hätte Aussicht auf Erfolg, wenn sie zulässig und begründet wäre.«*

An dieser Formulierung sind vor allem **drei** Aspekte zu beanstanden.

1. Die Verwendung des Konjunktivs

Wie wir bereits auf den vorangegangenen Seiten gelernt haben, ist die Verwendung des Konjunktivs keineswegs zwingend, sie kann sich vielmehr durchaus auch störend oder sogar verwirrend auswirken. Deshalb ist es in bestimmten Fällen angebracht, den Obersatz im Indikativ abzufassen. Ein solcher Fall, bei dem Indikativ sinnvoll eingesetzt werden kann, liegt hier vor. Die Verwendung des Konjunktivs II (*Irrealis*) deutet hier – fälschlicherweise – darauf hin, dass die Klage im Ergebnis erfolglos bleibt. Diese präjudizielle (= vorverurteilende) Wirkung ist hier aber gar nicht beabsichtigt, denn ansonsten »wäre«(!) die weitere Prüfung obsolet (ist sie aber nicht).

2. »Aussicht auf Erfolg«

In der Tat existiert eine Art kleiner Meinungsstreit zwischen verschiedenen Autoren über die Frage, ob eine zulässige und begründete Klage lediglich »Aussicht auf Erfolg« hat oder ob sie nicht vielmehr tatsächlich »Erfolg« haben muss. Diese Frage geht über rein formelle Erwägungen hinaus und berührt am Rande letztlich verfassungsrechtliche Fragen, die am Rechtsstaatsprinzip und Art. 20 III GG anknüpfen. Wir wollen hier auf eine vertiefte Wiedergabe des »Streitstandes« verzichten und stattdessen eine deutliche und praktikable Arbeitsanweisung geben: Wenn ein Rechtsbehelf (Klage, Beschwerde, Widerspruch etc.) zulässig und begründet ist, steht seinem Erfolg juristisch gesehen nichts mehr im Wege.

3. »wenn« statt »soweit«

In die Kategorie »Feinkostabteilung« fällt die Verwendung des Wortes »*soweit*« anstelle des schlichten »*wenn*«. Diese Formulierung dürfte zwar im Bundesdurchschnitt eher ungebräuchlich sein, trifft aber inhaltlich natürlich voll ins Schwarze: Ein Rechtsbehelf kann in sämtlichen Gerichtsbarkeiten natürlich nur **zum Teil** erfolgreich sein, abhängig von dem Umfang des klägerischen Begehrens. Dieser prozessualen Möglichkeit kann man im Obersatz allein dadurch gerecht werden, dass man andeutet, dass der Rechtsbehelf im Falle einer **teilweisen Unzulässigkeit oder Unbegründetheit** nur in seinen übrigen Bestandteilen Erfolg haben wird.

Wie wollen uns daher angewöhnen, folgendermaßen zu formulieren:

> *»Die Klage hat Erfolg, soweit sie zulässig und begründet ist.«*

II. Eröffnung des Verwaltungsrechtswegs

Die **Eröffnung des Verwaltungsrechtsweges** gemäß § 40 I 1 VwGO ist zwar nicht Voraussetzung eines Rechtsbehelfs als solchem, aber Voraussetzung einer Klage vor dem Verwaltungsgericht. Da im Rahmen der praktischen Fallbearbeitung regelmäßig nach den Erfolgsaussichten einer **verwaltungsgerichtlichen** Klage gefragt wird, sind die Voraussetzungen des § 40 I 1 VwGO grundsätzlich im **Rahmen der Zulässigkeit des Rechtsbehelfs** zu prüfen. Liegen die Voraussetzungen des § 40 I 1 VwGO nicht vor, ist die Klage vor dem Verwaltungsgericht **unzulässig**. Zwar wird sie in diesem Fall nicht durch Prozessurteil als unzulässig verworfen, sondern nach **§ 17a II GVG** an das zuständige Gericht verwiesen. Diese Verweisung ändert indes nichts an der Unzulässigkeit des verwaltungsgerichtlichen Verfahrens.

Möglich ist auch ein **abweichender Aufbau**. Hierbei wird § 40 I 1 VwGO außerhalb der Zulässigkeit der Klage geprüft. Die Prüfung ist dann folgendermaßen aufzubauen:

A. Eröffnung des Verwaltungsrechtsweges (§ 40 I 1 VwGO)

B. Zulässigkeit

C. Begründetheit

III. Die Untätigkeitsklage

Die so genannte »**Untätigkeitsklage**« nach § 75 VwGO stellt keine eigenständige Klageart dar, sondern macht allein das Erfordernis der Durchführung eines Vorverfahrens (§§ 68 ff. VwGO) entbehrlich. Auf diesen Aspekt ist demnach **nicht** im Rahmen des Prüfungspunktes »*Statthafte Klageart*«, sondern allein im Rahmen des Gliederungspunktes »*Ordnungsgemäß durchgeführtes Vorverfahren*« einzugehen.

IV. Die Beiladung

Die **Beiladung** nach § 65 II VwGO ist bei Lichte betrachtet keine Zulässigkeitsvoraussetzung eines gerichtlichen Verfahrens. Das Unterlassen einer notwendigen Beiladung macht einen Rechtsbehelf nicht unzulässig, sondern der Beschluss des Gerichts entfaltet bei unterbliebener notwendiger Beiladung nur keine Wirkung gegenüber dem Dritten. Daher bestehen grundsätzlich zwei mögliche Aufbauvarianten:

A. Zulässigkeit
B. Beiladung
C. Begründetheit

Um ein hierdurch begünstigtes »Zerreißen« des Fallaufbaus zu vermeiden und um zu verhindern, dass die »notwendige Beiladung« einen neben der Zulässigkeit und Begründetheit des Antrags gleichgeordneten Gliederungspunkt »B« (Eselsbrücke!) einnimmt, kann auf diese Problematik auch am Ende der Zulässigkeit eingegangen werden.

V. Terminologie

1. Statthafte Klageart

Im **einstweiligen Rechtsschutzverfahren** spricht man nicht von »*statthafter Klageart*«, sondern von »*statthafter Verfahrens*art« oder ganz allgemein von der »*Statthaftigkeit des Antrags*«.

2. Erfolgloses Vorverfahren?

Zu lesen ist in studentischen Arbeiten im Öffentlichen Recht oftmals folgende Formulierung:

> *»Der Kläger müsste das Vorverfahren gemäß §§ 68 ff. VwGO* ***erfolglos*** *durchgeführt haben.«*

In diesem Zusammenhang ist jedoch von der ***Ordnungsmäßigkeit*** und keineswegs von *Erfolglosigkeit* des Vorverfahrens zu sprechen. Denn etwa im Falle eines verfristet erhobenen Widerspruchs bleibt das Widerspruchsverfahren ebenfalls erfolglos (lies

§ 70 VwGO). Gleichwohl reicht dies für die Erhebung der Anfechtungsklage nicht aus, denn der Verfahrensfehler, der zur Erfolglosigkeit des Verfahrens führt, stammt aus dem Verantwortungsbereich desjenigen, der den Widerspruch hätte einlegen müssen und nicht aus der Sphäre der Behörde. Die Klage ist in diesem Fall als unzulässig zu verwerfen. Richtig ist also nur der folgende Satz:

> *»Der Kläger müsste das Vorverfahren gemäß §§ 68 ff. VwGO* ***ordnungsgemäß*** *durchgeführt haben.«*

oder alternativ:

> *»Der Kläger müsste das Vorverfahren gemäß §§ 68 ff. VwGO* ***ordnungsgemäß und erfolglos*** *durchgeführt haben.«*

F. Das sehen wir anders – Der Meinungsstreit

I. Einführung

Die korrekte Darstellung eines juristischen Meinungsstreites nimmt im Studium bis hin zum Ersten Staatsexamen eine **zentrale Rolle** ein. Trotzdem herrscht unter Studierenden und Examenskandidaten oft Unsicherheit, wie man Streitfragen wissenschaftlich korrekt im Gutachten unterbringt.

> **Merke:** Erörterungen, auf die es für die Lösung des Falls nicht ankommt, sind **überflüssig.** Das gilt auch für die Erörterung von Meinungsstreitigkeiten.

Oft stehen der Inhalt eines Meinungsstreits und der Prüfungsstandort miteinander in innerem Zusammenhang. Die Entscheidung für eine der vertretenen Auffassungen führt dann auch dazu, dass der gesamte Meinungsstreit an einer bestimmten Stelle des Gutachtens zu erörtern ist. Ein bekanntes Beispiel ist etwa die Frage nach dem Prüfungsstandort des so genannten »Erlaubnistatbestandsirrtums«[62] in einer strafrechtlichen Arbeit. Dort kommt es gerade darauf an, ob man den Irrtum materiell der Prüfungsstation »Subjektiver Tatbestand« oder der Prüfungsstation »Schuld« zuordnet. In diesem und vergleichbaren Fällen stellt sich die Frage, wo der Meinungsstreit zu prüfen ist. Hierzu gilt: **Ein Meinungsstreit wird immer dort geprüft, wo ihn die Meinung erörtert, der man sich im Ergebnis anschließen möchte.** Für den »Erlaubnistatbestandsirrtum würde dies etwa bedeuten, dass man ihn erst im (bzw. vor dem) Prüfungspunkt »Schuld« ansprechen darf, sofern man sich der überwiegenden, eingeschränkten rechtsfolgenverweisenden Schuldtheorie anschließen möchte.

> **Feinkostabteilung:** In Hausarbeiten muss unbedingt darauf geachtet werden, einen Meinungsstreit nicht in die Fußnoten zu verlagern. Dort finden sich häufig nach ei-

62 Hierzu im Einzelnen *Wessels/Beulke* AT Rz. 467.

ner Ansammlung von Belegstellen Vermerke wie »*A.A.:*« oder »*gegenteiliger Ansicht:*«. Die Annahme, man könne sich so die Darstellung des Streitstandes ohne Punktabzug sparen, ist falsch. Sollte die Streitfrage irrelevant sein, hat sie überhaupt nicht aufzutauchen (auch nicht im Fußnotenapparat). Ist sie dagegen relevant, muss sie auch im Gutachtentext erörtert werden, gegebenenfalls in der gebotenen Kürze. Merken!

Was den **Aufbau** anbelangt, sind grundsätzlich **zwei** Möglichkeiten in Betracht zu ziehen:

II. Der »klassische« Aufbau

Nach dieser Methode werden die unterschiedlichen Ansichten zunächst jeweils **getrennt** vorgestellt. Bei jeder Meinung wird ihr Inhalt im Einzelnen dargestellt und begründet. Sodann wird der Sachverhalt subsumiert und damit das nach dieser Meinung zutreffende Ergebnis ermittelt.

Merke: Bereits bei der Darstellung der unterschiedlichen Positionen sind Ausdrücke wie »***herrschende Meinung***« und »***Mindermeinung***« unbedingt zu vermeiden, auch wenn sie beinahe überall zu lesen sind. Benutzen sollte man stattdessen die wertneutralen Formulierungen »nach einer Ansicht« und »nach anderer Ansicht«.

Im Anschluss an diese Darstellung wird die Kontroverse im Rahmen einer »Stellungnahme« (die auch als eigener Gliederungspunkt auftaucht) diskutiert und entschieden, sofern die Auffassungen im konkreten Fall zu gegenteiligen Ergebnissen kommen. Kommen in den Subsumtionsschritten beide Ansichten zum gleichen Ergebnis, so kann eine Streitentscheidung logischerweise dahinstehen. Dies sollte auch ausdrücklich festgestellt werden.

Merke: Wenn ein Meinungsstreit für die Lösung des Falles relevant ist, sind die verschiedenen Lösungsansätze aufzuführen und auf den konkreten Fall zu subsumieren. Eine Stellungnahme und Entscheidung für eine der genannten Auffassungen darf jedoch nur dann erfolgen, wenn die unterschiedlichen Ansichten im konkreten Fall auch zu unterschiedlichen Ergebnissen führen.

Das **Prüfungsschema** sieht also im einfachsten Fall so aus:

Einleitung

»*Fraglich ist, ob … Diese Frage wird in der Literatur/der Rechtsprechung unterschiedlich beantwortet.*«

Meinung 1 (benennen, falls die Theorie einen allgemein geläufigen Namen hat)

- **Darstellung** (Formulierung: »*Eine Ansicht geht davon aus, dass*«)
- **Begründung** (Formulierung: »Hierfür wird vorgebracht, dass…«)

– **Subsumtion** (Formulierung: »*Dies würde hier bedeuten, dass …«)*

Meinung 2 (benennen, falls die Theorie einen allgemein geläufigen Namen hat)

– **Darstellung** (Formulierung: »*Eine andere Ansicht geht davon aus, das...s*«)

– **Begründung** (Formulierung: »*Dies wird damit begründet, dass…*«)

– **Subsumtion** (Formulierung: »*Demnach würde im vorliegenden Fall …*«)

Vergleich der Subsumtionsergebnisse, wenn unterschiedlich:

Stellungnahme

– **Überleitung** (Formulierung: »*Da die dargestellten Auffassungen im vorliegenden Fall zu unterschiedlichen Ergebnissen gelangen, ist eine Streitentscheidung erforderlich*«)

– **Begründung** (Formulierung: »*Die erstgenannte Ansicht lässt außer Acht, dass…*«)

– **Ergebnis** (Formulierung: »*Daher ist die letztgenannte Ansicht vorzugswürdig. Mithin ist ...*«*)*

Diese eigene Entscheidung soll – wissenschaftlich gesehen – im besten Fall aufgrund einer eigenen Überzeugung anhand der vorliegenden Sachargumente getroffen und anschließend **mit eigenen Argumenten** begründet werden.

Achtung! Die Stellungnahme wie auch das Gutachten insgesamt muss **unpersönlich** gehalten sein. Insbesondere da, wo eine »eigene« Stellungnahme verlangt wird, darf man nicht den Fehler machen, Sätze wie: »***Ich** halte diese Ansicht für überzeugend, ...*« oder: »***Meines** Erachtens trifft dies nicht zu ...*« zu Papier zu bringen. Der Leser des Gutachtens möchte nicht erfahren, welche persönliche Meinung der Verfasser hat, sondern wie nach dessen Beurteilung die objektive Gesetzeslage ist.

Allerdings ist hier auch eine gewisse Weitsicht erforderlich, die von Art und Umfang der gegebenenfalls vorhandenen weiteren Probleme des konkreten Falls abhängt. Es ist unergiebig, die Falllösung bereits auf Seite 2 mit der (vertretbaren) Begründung abzubrechen, dass etwa die Rechtsfigur der »*actio libera in causa*« verfassungswidrig sei. In diesem Fall hat man zwar eine vertretbare Lösung gefunden, kann zu den übrigen Problemen des Falles jedoch keine Stellung mehr nehmen und verschenkt damit wertvolle Punkte.

Merke: Die persönliche Rechtsauffassung muss jedenfalls in Klausuren soweit zurückgestellt werden, dass hierdurch nicht die weiteren Rechtsprobleme des Falles abgeschnitten werden.

Jetzt wenden wir uns der **technischen Umsetzung** dieser klassischen Aufbauvariante zu. Zunächst sind hierbei die Argumente für die Ansicht darzustellen, die im Ergebnis abgelehnt wird. Diese werden sodann mit den Argumenten entkräftet, die für die Gegenposition sprechen. Wenn keine Argumente bekannt sind, dann ist juristische Kreativität gefragt. Dafür gibt es später **Extrapunkte**.

> **Merke:** Die schlichte Berufung auf die herrschende Meinung ersetzt keine Argumente.

Der Haken: Es fällt dem durchschnittlichen Studierenden – vor allem in den Anfangssemestern – naturgemäß extrem schwer, zu einer juristischen Kontroverse mit eigenen Argumenten Stellung zu nehmen. Grund: Für die eigene Stellungnahme stehen – insbesondere bei klassischen Streitfragen, die schon seit langer Zeit ausgetragen sind – zusätzliche oder überzeugendere Argumente als die bereits aufgezeigten regelmäßig nicht zur Verfügung. Das ist normal und absolut verzeihlich. Diejenigen, die eine Streitfrage aufgeworfen haben oder die Auseinandersetzung fortführen, sind regelmäßig Juristen, die sich über Jahre oder Jahrzehnte mit der Materie beschäftigt haben. Manche aus juristischen Auseinandersetzungen entwickelten Theorien darf man getrost als Lebenswerk ihres Begründers bezeichnen. In den ersten Semestern des Jurastudiums ist eine derart vertiefte Auseinandersetzung mit einzelnen Rechtsproblemen kaum möglich und wird auch nicht erwartet.

> **Vorsicht Falle!** Um in einer Prüfungsarbeit dennoch einen (vermeintlich) guten Eindruck zu hinterlassen, greift ein Großteil der Anfänger gerne auf die folgende **pseudo-wissenschaftliche Methode** zurück: Im oben beschriebenen Aufbau versucht man sich dadurch zu »retten«, dass man bei der Darstellung der Argumente einer Meinung ein Argument weglässt und es dann bei der Streitentscheidung als das maßgebliche (eigene) Argument anfügt. Davon raten wir dringend ab. Zum einen ist es kein guter Stil, fremde Gedanken als eigene einzubringen, zum anderen entspricht es schlicht nicht den Grundsätzen seriöser wissenschaftlicher Arbeit. Ein solcher Verstoß gegen die Grundsätze der wissenschaftlichen Redlichkeit wird dem Korrektor regelmäßig als solcher negativ auffallen.

Vor allem für Klausuren, in denen aufgrund des engen zeitlichen Rahmens kaum Zeit bleibt, ein Problem intensiv unter allen Blickwinkeln zu durchdenken, empfiehlt es sich daher, den nachfolgend beschriebenen Aufbau zu wählen.

III. Der praktische Aufbau

Diese an den praktischen Bedürfnissen des Klausurschreibens orientierte Methode verzichtet auf einen ausdrücklichen Prüfungspunkt »*Stellungnahme*«. **Stattdessen** wird die **eigene Stellungnahme mit der Darstellung der Meinung verbunden, der man sich anschließen möchte**.

Das funktioniert deswegen, weil jeder Prüfer weiß, dass es den meisten Kandidaten kaum möglich sein wird, zu einer mehr oder weniger »ausdiskutierten« Streitfrage kurzfristig neue Lösungsansätze zu entwickeln (das haben wir gerade oben festgestellt). Insofern erwartet der Korrektor von einem guten Klausurbearbeiter nur, dass dieser sich die von ihm für richtig gehaltenen Argumente zu Eigen macht. Das funktioniert so:

> Der Bearbeiter muss deshalb zwischen dem Referat von Meinungen und Argumenten und der Darstellung der sich zu Eigen gemachten Argumente an jeder Stelle des Gutachtens scharf unterscheiden und muss diese Unterscheidung in jedem Satz sprachlich exakt zum Ausdruck bringen. Hier liegt die Quelle vieler Darstellungsfehler. Um dieser Unterscheidung willen muss der Bearbeiter zwischen dem Gebrauch des **Indikativs** und des **Konjunktivs** unterscheiden können. Wenn etwa die erste Meinung zuerst im Konjunktiv referiert und dann zum Indikativ gewechselt wird, schließt der Leser, dass mit diesem Wechsel die eigene Stellungnahme des Bearbeiters beginnt. Ist dies nicht beabsichtigt, so liegt darin ein Fehler, der zu einer erheblichen Abwertung der Arbeit führen kann, wenn er wiederholt auftritt.

Einleitung

»Fraglich ist, ob … Diese Frage wird in der Literatur/der Rechtsprechung unterschiedlich beantwortet.«

Meinung 1 (benennen, falls die Theorie einen allgemein geläufigen Namen hat)

– Darstellung	(Formulierung: »*Eine Ansicht geht davon aus, dass*«)
– Begründung	(Formulierung: »*Hierfür wird vorgebracht, dass…*«)

Meinung 2 (benennen, falls die Theorie einen allgemein geläufigen Namen hat) + **Stellungnahme**

– Begründung	(Formulierung: »*Die erstgenannte Ansicht lässt außer Acht, dass…* «)
– Ergebnis	(Formulierung: »*Daher ist die letztgenannte Ansicht vorzugswürdig. Mithin ist …* «)

Und weil wir jetzt wissen, welche beiden Aufbauarten grundsätzlich zur Verfügung stehen, sehen wir uns zum Abschluss noch eine **dritte**, etwas speziellere Möglichkeit an, die sich insbesondere für Haus- und Seminararbeiten eignet:

IV. Der Hausarbeits-Aufbau

Entgegen ihrer Bezeichnung eignet sich diese Methode nicht nur für Hausarbeiten, sondern auch für Klausuren, sofern ein bestimmter Streitstand nicht bekannt ist. Ihre Grundlage ist die Tatsache, dass kein guter Prüfer von einem Kandidaten verlangen wird, möglichst viele Streitstände zu reproduzieren, sondern vielmehr die Fähigkeit, »das juristische Handwerkszeug« anzuwenden, kontrollieren möchte. Hierzu reicht es aus, wenn man die problematisch erscheinenden Punkte richtig formuliert und durch Gegenüberstellung verschiedener, denkbarer Lösungsalternativen einem vertretbaren Ergebnis zuführt.

Merke: Streitstände beruhen regelmäßig auf **Auslegungsproblemen** und sind daher am Wortlaut von Normen festzumachen. Die Auslegungsmethoden sind: grammatische, historisch-genetische, systematische, teleologische und verfassungskonforme Auslegung.

Es dürfte daher niemandem besonders schwer fallen, unter Anwendung der Auslegungsregeln ein Problem zu diskutieren. Der Mehrzahl der Prüfer wird dies als Leistungsnachweis genügen.

Zur Vorgehensweise: Nachdem man das Problem erkannt hat, schreibt man **nicht**:

> *»Die Auffassung ist in Rechtsprechung und Literatur umstritten«,*

sondern versucht sich mit Hilfe der genannten Auslegungsmethoden an das Problem heranzutasten und dieses schließlich »**aus sich selbst heraus**« zu lösen. Als Einleitung bietet sich etwa an:

> *»Ob das Tatbestandsmerkmal XY erfüllt ist, erscheint zweifelhaft. Auf Grund des Wortlautes von § XY könnte man davon ausgesehen, dass … Bezogen auf den Fall bedeutet dies … Dagegen spricht jedoch der systematische Zusammenhang sowie die ratio legis …«.*

Wichtig ist, dass bei der Lösung des Meinungsstreits mit Hilfe der Auslegungsmethoden der Fallbezug nicht verloren geht. Dieser Gefahr muss dadurch entgegengewirkt werden, dass das abstrakte Ergebnis jeder Auslegungsmethode auf den konkreten Fall angewendet werden muss. Die durch die einzelnen Auslegungsmethoden vorgefundenen Argumente sind sodann gegeneinander abzuwägen. Zudem müssen die Sachargumente der jeweiligen Vertreter den einzelnen Auslegungsmethoden in den Fußnoten zugeordnet werden, damit nicht der Verdacht des **Plagiats**, das heißt der Unwissenschaftlichkeit besteht. Sicherlich ist diese Methode schwieriger, doch lässt sie eine größere juristische Souveränität erkennen. Bei der Begründung des klausurtaktisch günstigen Standpunktes können die folgenden »Standard«-Argumentationsmuster herangezogen werden:

Rechtsfriede und Rechtssicherheit	Hohe Schutzgüter, die sich maßgeblich auf die Norminterpretation auswirken, sind Rechtssicherheit und Rechtsfriede. Daher können Vorschriften als **bedingungsfeindlich** auszulegen sein. Im gesamten Rechtssystem finden sich **Ausschlussfristen (Präklusionsnormen)**, die Rechtsbehelfe nur unter bestimmten Fristen/Voraussetzungen ermöglichen. Letztlich ist allgemein noch die **Beweisfunktion von Urkunden** zu nennen.
Schutzbedürftigkeit	Das BGB schützt bestimmte Personengruppen besonders: Dazu zählen **Minderjährige, Schuldner, Mieter, Verbraucher, Arbeitnehmer und Minderheitsgesellschafter**. Dieser Schutzbedürftigkeit steht allgemein der **Verkehrsschutz** gegenüber, also der Schutz des Rechtsverkehrs und die Leichtigkeit und Schnelligkeit des Geschäftsverkehrs. Eine Schutzfunktion kommt auch insbesondere jeder Art von Formvorschrift zu. Im Einzelnen ist hierin ein **Übereilungsschutz** (Warnfunktion) und **Bestandsschutz** (Perpetuierungsfunktion) enthalten.
Wertungswiderspruch	Führt in einem vergleichbaren Fall die gesetzliche Regelung zu einem wertungsmäßig anderen Ergebnis, kann dies ebenfalls zur Argumentation herangezogen werden. Hierdurch vermittelt der Bearbeiter neben dem normativen auch ein gutes systematisches Verständnis.
Risikoverteilung	Die Risikoverteilung kann nach **Sphären** abgegrenzt werden. Wer in seiner Risikosphäre eine Rechtsverletzung oder Pflichtverletzung begeht, muss dafür einstehen. Wer **Veranlasser** oder **Herausforderer** einer bestimmten (abstrakten oder konkreten) Gefahr ist, soll für daraus resultierende Schäden verantwortlich sein. Mit dieser Begründung können entsprechende Lücken im Gesetz geschlossen werden.
Privatautonomie	Die freie Willensentschließung und die **Möglichkeit der ungebundenen Absprache und Vertragsgestaltung** kann argumentativ herangezogen werden, wenn es gilt, den Auslegungsspielraum einer Norm zu erweitern.
Zweckmäßiges Ergebnis	Als letzter »Notanker« ist die dogmatisch einwandfreie Lösung zu korrigieren, wenn sie zu schlechthin untragbaren praktischen Ergebnissen führen muss.

G. Man spricht Deutsch – Sprache im Gutachten

I. Überblick

Deutsch ist nach § 184 des Gerichtsverfassungsgesetzes (GVG) die Sprache des Gerichts. Diese Aussage ist so eindeutig und offenbar selbstverständlich, dass etwa im Kommentar zur Zivilprozessordnung von *Musielak* hierüber nicht ein einziger erklärender Satz verloren wird.

In juristischen Prüfungsarbeiten fehlt es allerdings häufig am korrekten Umgang mit der deutschen Sprache. Gewiss ist es verzeihlich, wenn in einer Abhandlung auf einigen hundert Seiten auch einige sprachliche Fehler auftauchen; **wirklich fehlerfreie Texte sind heutzutage ohnehin Mangelware**, unabhängig davon, ob sie sich nun mit juristischen Themen beschäftigen oder mit Politik, Mathematik oder der Anlage von Zierfischteichen. Dem Anspruch der Vollkommenheit genügt insofern kaum eine juristische Textproduktion. Gerade deshalb sollte man es sich insbesondere während der Ausbildung stets zum Ziel machen, einen auch **orthografisch fehlerfreien Text** zu produzieren. Bereits eine bewusste Arbeitshaltung und entsprechend aufmerksame Herangehensweise an das Schreiben können hier schon eine deutliche Verbesserung bewirken. Die folgenden Abschnitte haben daher die Aufgabe, das Augenmerk des geneigten Lesers auf diejenigen Fehlerquellen zu richten, die in der Praxis regelmäßig für Irritationen auf Seiten des Korrektors sorgen.

> **Hintergrundwissen:** Auch die **Rechtsprechung** hat sich bereits mit der Frage auseinander gesetzt, inwieweit **schlechter Sprach- bzw. Schreibstil** in die Bewertung einer (juristischen) Prüfungsleistung einfließen darf. Die Gerichte vertreten dabei einhellig die Auffassung, dass es gerade bei Juristen zur fachlichen Eignung gehört, sich selbst verständlich und nachvollziehbar schriftlich zu äußern.[63] Dies gilt übrigens auch für Doktorarbeiten.[64] Noch etwas: Schlechte Schrift ist für die Bewertung einer Arbeit grundsätzlich nicht relevant, solange sie überhaupt noch lesbar ist.[65] Wenn ein Korrektor etwas wirklich nicht lesen kann, kann es nicht bewertet werden. Spekulieren darf er nicht (das passiert öfter, als man zunächst glauben mag). Aber: Der Korrektor ist auch (nur) ein Mensch und es versetzt ihn durchaus in eine gereizte Stimmung, wenn er über Seiten »Hieroglyphen« entziffern muss – das sollte sich zwar nicht in der Bewertung niederschlagen – aber kann man das immer garantieren? Deshalb sollte man sich im eigenen Interesse auch in diesem Punkt bemühen, dem Korrektor seine Arbeit möglichst angenehm zu machen. Das dürfte sich in aller Regel durch ein gewisses (meistens völlig unbewusstes) Wohlwollen gegenüber den inhaltlichen Ausführungen bemerkbar machen.

Grundsätzlich sind verschiedene **Arten** von möglichen Fehlern zu unterscheiden:

- **Rechtschreibfehler**

---

63 BVerwG Beschluss v. 3.4.1997 (6 B 4/97); OVG Münster NJW 1995, 2652.
64 OVG Münster Urteil v. 13.2.1997 (22 A 3309/93).
65 VGH München Urteil v. 29.12.1992 (3 B 92.399); OVG Münster NVwZ 1995, 800.

- **Grammatikfehler**
- **Ausdrucksfehler**
- **Stilfehler**

Diese **Unterscheidung** ist allerdings **in keiner Weise zwingend**. Man könnte die Aufstellung gewiss noch stark verfeinern. Dies halten wir jedoch für kontraproduktiv und wollen uns deshalb auf diese vier Kategorien beschränken. Im Folgenden sollen die einzelnen Fehler und ihre Quellen näher untersucht und anhand typischer, immer wiederkehrender Formulierungen aufgezeigt werden.

II. Rechtschreibfehler

Ein ***Rechtschreibfehler*** (auch Fehlschreibung) bezeichnet eine Schreibweise eines Wortes oder Interpunktionszeichens, die nach den Regeln der Orthographie falsch ist.

Die **PISA-Studie** lässt schön grüßen! Auch im universitären Prüfungsalltag zeigen sich in den letzten Jahren vermehrt die Auswirkungen einer allgemein sinkenden Sprachkompetenz. Für zusätzliche Verwirrung haben offenkundig auch die reformierten Rechtschreibregeln geführt, die nach wie vor nur von einem Bruchteil der Kandidaten berücksichtigt werden.

Hintergrund: Im Zuge der Reform der deutschen Rechtschreibung von 1996[66] sollte die deutsche Orthographie eigentlich vereinfacht und die Regeln vereinheitlicht werden.[67] Durch die oft mangelhafte Kenntnis der neuen Regeln »entstanden« jedoch einige neue Rechtschreibfehler. Auch die (Verwaltungs-)Gerichte haben sich deshalb für eine gewisse Zeit mit den Auswirkungen der Rechtschreibreform befassen müssen.[68] Die Reform zeitigt bis in die jüngste Zeit hinein noch **Auswirkungen**. So ist erst kürzlich der »Rat für deutsche Rechtschreibung« zusammengetreten, um darüber zu beraten, welche reformierten Regelungen aus Gründen mangelnder Akzeptanz in der Bevölkerung wieder aufgehoben werden sollten[69]. Im Ziel der Diskussion standen dabei vor allem die Regeln zur Zusammen- bzw. Getrenntschreibung. Die Kultusminister haben sodann am 3. Juni 2005 erklärt, dass **ab dem 1. August 2005** in den Schulen nur noch nach der neuen Rechtschreibung korrigiert werden darf. Die in der Übergangszeit geltende Toleranz für Schreibungen nach der herkömmlichen Rechtschreibung fällt weg. Das gilt für die Bereiche Groß- und Kleinschreibung, Laut-Buchstaben-Zuordnung inkl. Fremdwortschreibung und Schreibungen mit Bindestrich. Fehlertoleranz soll bis auf weiteres bleiben bei der Getrennt- und Zusammenschreibung, der Worttrennung am Zeilenende und der Zeichensetzung. Die Kultus-

66 Zu den verfassungsrechtlichen Bedenken vgl. *Kopke*, NJW 1996, 1081 und *Rollecke*, NJW 1997, 2500.
67 Die offiziellen Regeln finden sich zusammengefasst unter http://www.duden.bifab.de/.
68 OVG Schleswig NJW 1997, 2536; VG Weimar NJW 1997, 2403; VG Wiesbaden NJW 1997, 2399; VG Hannover NJW 1997, 2538.
69 Einen Überblick über die Positionen des Rechtschreibrates findet man unter http://rechtschreibrat.ids-mannheim.de/doku/para34.html.

minister haben weiterhin verlauten lassen, dass ab dem 1. August 2005 für den Rechtschreibunterricht und die Fehlerkorrektur diejenigen Rechtschreibwörterbücher zugrunde zu legen seien, die den aktuellen Stand der Rechtschreibregelung vollständig enthalten.

Bemerkenswert ist auch die spürbar **nachlässige Einstellung** vieler Bearbeiter zu sprachlichen Fehlern in den eigenen Texten. Es wird häufig angenommen, dass der Korrektor die Regeln entweder selbst nicht so genau kennen oder im Zweifel eine »alternative Schreibweise« tolerieren werde. Tatsächlich ist jedoch genau **das Gegenteil der Fall**. Professoren und andere Prüfer im Ersten Staatsexamen legen auch nach der Reform gesteigerten Wert insbesondere auf korrekte Groß- und Kleinschreibung, auf richtige Interpunktion (= Zeichensetzung) und Zusammen- oder Getrenntschreibung.

> **Feinkost:** Gerade in der Staatsprüfung werden die Prüfungsarbeiten grundsätzlich mehreren Korrektoren vorgelegt. Gleiches wird für den überwiegenden Teil der Universitäten gelten. Häufig kommt es dabei vor, dass **fachfremde** Prüfer hinzugezogen werden, also beispielsweise ein Professor für Staats- und Verwaltungsrecht nach dem Vier-Augen-Prinzip eine Hausarbeit oder Klausur im Zivilrecht zu begutachten hat. Daran ist auch unter Gerechtigkeitserwägungen nichts auszusetzen, denn trotz geringen oder sogar völlig fehlenden Detailwissens im Hinblick auf den konkreten Fall ist der Professor durchaus in der Lage, die ihm vorgelegte Arbeit als juristischen Text zu würdigen. Hierbei wird er sich aber in erster Linie an allgemein überprüfbaren Kriterien, wie **fehlerfreiem Sprachgebrauch, innerer Logik** und **Widerspruchsfreiheit** des Textes sowie nachvollziehbarer **Argumentation** in den Ausführungen orientieren. Die eigentliche materiell-rechtliche Lösung oder der Umstand, dass der Prüfling einer bestimmten Literaturansicht folgt, hat demgegenüber regelmäßig nur untergeordnete Bedeutung. Die überlässt unser Professor gegebenenfalls gerne seinem Kollegen, der in diesen Fachfragen ohnehin überlegen sein wird und etwaige Abweichungen von einem Lösungsvorschlag besser einschätzen kann.

Aus diesem Grund kann nicht nachdrücklich genug davor gewarnt werden, es mit den Rechtschreibregeln nicht allzu genau zu nehmen. Ab einer gewissen Häufung führen solche Ausfälle nämlich unweigerlich zur Abwertung[70] auch wenn die Überbetonung formeller Mängel einer wissenschaftlichen Arbeit grundsätzlich einen Beurteilungsfehler darstellt[71].

Die beiden Hauptursachen für Rechtschreibfehler sind **Unachtsamkeit** (im Fall von maschinengeschriebenen Texten dann **Tippfehler** genannt) und **Unkenntnis** der korrekten Schreibweise. Gegen die erstgenannte Fehlerquelle hilft das Lesen eines Buches nicht, vielmehr bedarf es hierfür gesteigerter Konzentration und eines angemessenen Schreibtempos. Anders verhält es sich im Hinblick auf die Kenntnis der Rechtschreibregeln. An diesem Punkt wollen wir ansetzen und uns deshalb einmal

---

70 VGH Mannheim NJW 1988, 2633.

71 VG Hamburg Urteil vom 5. November 2002 (Az.: 10 VG 985/02).

die wichtigsten und häufigsten Fehler vergegenwärtigen und gleichzeitig erlernen, wie man sie vermeidet.

1. »Endgeld« oder »Entgeld« statt richtig »Entgelt«

Ein absoluter »Klassiker«, der sich mit schöner Regelmäßigkeit in Klausuren, Hausarbeiten und sogar – man glaubt es kaum – Dissertationen(!) findet. Zwar ist es korrekt, dass etwa der Dienstverpflichtete nach § 611 BGB oder der Werkunternehmer nach § 631 BGB zumeist einen Geldbetrag als Gegenleistung für die von ihm geschuldete Tätigkeit bzw. den von ihm geschuldeten Erfolg verlangen können. Sprachlich leitet sich das Wort »*Entgelt*« jedoch nicht vom Substantiv »*Geld*", sondern vom Verb »*gelten*« ab, das (ebenso wie »*vergelten*« und »*abgelten*«) in der Bedeutung ungefähr dem Wort »*ausgleichen*« bzw. »*entschädigen*« entspricht. Letztere Übersetzung ist allerdings nicht wortwörtlich zu verstehen, denn bei den genannten Beispielen liegt natürlich kein Schaden vor, da die Vermögenseinbuße in diesen Fällen natürlich **nicht unfreiwillig** ist. Wir merken uns: »*Entgelt*« wird stets mit zwei »*t*« geschrieben.

> **Aufgepasst:** Genau umgekehrt liegt der Fall bei dem Wort »*endgültig*«, das häufig im Zusammenhang mit § 323 BGB oder auch bei strafrechtlichen Rücktrittskonstellationen auftaucht. Selbstverständlich leitet sich dieses Wort vom Substantiv »Ende« ab und wird deshalb **nicht** »*entgültig*« geschrieben!

2. »im übrigen« statt richtig »im Übrigen« / »im wesentlichen« statt richtig »im Wesentlichen«

Eine echte Blüte der Rechtschreibreform ist die nunmehr vorgeschriebene Großschreibung in Wortkonstellationen mit »*im*«. Hier werden regelmäßig Fehler gemacht. Mehr als die Empfehlung auszusprechen, sich die in der Überschrift aufgeführte korrekte Schreibweise einzuprägen, ist hierzu nicht zu sagen.

3. »A ist tod« statt richtig »A ist tot« / »Todschlag« statt richtig »Totschlag«

Der Hauptgrund für die immer noch flächendeckende Fehlschreibung rund um das auch juristisch stets relevante Thema »Tod« liegt mutmaßlich darin, dass Verb, Adjektiv und Substantiv im mündlichen Sprachgebrauch nahezu gleich klingen.

4. »muß« statt richtig »muss« / »Fuss« statt richtig »Fuß«

Die Fehler rund um das »scharfe S« sind nach wie vor schier unausrottbar. Dabei sind die einschlägigen Regeln durch die Rechtschreibreform nicht verkompliziert, sondern im Gegenteil eher vereinfacht worden. Merken sollte man sich, dass ein »ß«, wenn überhaupt, nur noch nach langen Vokalen und Umlauten geschrieben wird.

> **Beispiele:** »*groß*«, »*Stoß*«, »*Fuß*«, »*Maß*«

In allen übrigen Fällen ist **grundsätzlich** ein »ss« erforderlich.

Beispiele: »*dass*«, »*Schuss*«, »*Beschluss*«, »*Regress*«

Natürlich gibt es auch hier – wie schon nach alter Rechtschreibung – die typischen »false friends« wie etwa das berühmte »*Gros*« aus dem Toilettenpapier-Fall des LG Hanau[72]. Gros kommt als spezielle kaufmännische Maßeinheit oder als Mengenbezeichnung aus dem Französischen und bedeutet ursprünglich »groß« bzw. »dick«, wird aber dennoch mit »*s*« und nicht etwa mit »*ß*« geschrieben.

> **Wichtig**: In lateinischen Redewendungen wie »*reformatio in peius*«, »*falsus procurator*«, »*animus auctoris*« taucht niemals ein »ß« auf (liegt daran, dass das römische Alphabet diesen Buchstaben überhaupt nicht kennt).

Den **Artikel** »*das*« schreibt man im Gegensatz zur Konjunktion (= Bindewort) natürlich nach wie vor mit »weichem S«! Hier gilt eine alte Eselsbrücke aus Grundschultagen:

> Wenn man »*das*« durch »***dieses***« oder »***welches***« ersetzen kann, dann wird es mit einem »***s***« geschrieben.

Die Regel ist bedauerlicherweise **nicht umkehrbar**, es wird also nicht jedes Wort, auf das sie nicht passt automatisch mit »*ß*« geschrieben. Auch das ist im Hinblick auf zukünftige schriftliche Arbeiten durchaus merksatzfähig und merksatzwürdig!

Feinkostregal: Von der Reform sind Eigennamen grundsätzlich nicht betroffen, so dass es bei der Schreibweise »Litfaßsäule«, die ihren Namen nicht ihrer Form, sondern Ernst Theodor Amandus Litfaß (1816–1874) verdankt, bleibt. Allerdings heißt »Rußland« nunmehr »Russland« und das »Elsaß« wird zum »Elsass«.

Besondere Beachtung verdient auch die **Interpunktion** im Zusammenhang mit »das« und »dass«. Leitet »das« einen Relativsatz ein, so wird ihm stets ein Komma vorangestellt. **Beispiel:**

»Nach anderer Ansicht soll hier ein subjektives Element ausschlaggebend sein, ***das*** *nach objektiven Kriterien zu bestimmen ist. «*

Wird »*dass*« als **Bindewort** verwendet, so ist ebenfalls ein Komma voranzustellen. **Beispiel:**

»Der Beschuldigte verlangte, dass man ihn anhöre.«

72 LG Hanau NJW 1979, 721. Dazu inhaltlich lesenswert: *Kornblum*, JuS 1980, 258 und *Müller*, JuS 2005, 18.

5. »Wiederspruch« statt richtig »Widerspruch«

Der Grund für die oftmals fehlerhafte Schreibung von Wortkombinationen mit »wieder« und »wider« ist, dass im Einzelfall manchmal schwierig zu ermitteln ist, welche Bedeutung dem Wortteil in der konkreten Verbindung zukommen soll. Der »*Widerspruch*« als Paradebeispiel wird ohne »*e*« geschrieben, weil er nichts mit einer »Wieder«-holung zu tun hat, sondern mit einer Abwehrmaßnahme (des Widerspruchsführers gegen eine hoheitliche Maßnahme). Deshalb gilt für den Widerspruch, was auch für »widerspenstig«, »widerwillig« und »widerlich« gilt: ein einfaches »i« genügt.

6. »vorraus« statt richtig »voraus« / »Vorraussetzung« statt richtig »Voraussetzung«

Was häufig nicht bekannt ist: Die Herleitung aus den Silben »*vor*« und »*raus*« ist unzutreffend.

7. »Rechtssprechung« statt richtig »Rechtsprechung«

Da es bei der Judikatur um die Kategorien »*Recht*« und »*Unrecht*« geht, nicht jedoch um die Unterscheidung von »*rechts*« und »*links*«, muss es korrekt »*Rechtsprechung*« lauten. Anders liegt der Fall indes bei der »*Rechtslage*« und der »*Rechtsordnung*«, die jeweils mit einem den Genitiv bedeutenden »*s*« geschrieben werden. Ein besonderer Zweifelsfall ist das Wort »Schadenersatz« (so die Schreibweise nach dem Duden) bzw. »Schadensersatz« (so das BGB, vgl. nur §§ 280). Die Duden-Rechtschreibregel lässt beide Schreibweisen nebeneinander zu. Die meisten deutschen Juristen orientieren sich derweil am BGB. Da es weder einen echten Bedeutungsunterschied gibt noch die Sprachlogik (vgl. »*Schweinsbraten*« statt »*Schweinebraten*«) eine der beiden Varianten zwingend gebietet, ist hier erlaubt, was gefällt. Was das häufig anzutreffende »*Schmerzengeld*« angeht, so ist der Gesetzgeber in § 253 BGB mit der dort gewählten Formulierung einer Stellungnahme zur korrekten Schreibweise elegant ausgewichen. Dennoch lautet die korrekte Schreibweise »*Schmerzensgeld*«.

8. »Reperatur« statt richtig »Reparatur«

Gerne und häufig taucht dieser Fehler bei der Schadensberechnung im Zusammenhang mit den §§ 249 ff. BGB auf. Zur Erläuterung der richtigen Schreibweise kann die lateinische Übersetzung des Wortes in seinen einzelnen Bestandteilen dienen: »*re*« hat die Bedeutung von »wieder«, »*paratur*« ist die Passivform der dritten Person Singular von »*parare*« (= »herstellen«, »bereiten«), bedeutet also »es wird bereitet«. Zusammengenommen ergibt sich also: »es wird wieder bereitet«. Alles klar?! Genauso häufig trifft man in Klausuren übrigens das Wort »*seperat*« an, das richtig geschrieben »*separat*« lauten muss.

9. »einzigstes« statt »einziges«

Bei diesem beliebten Fallstrick geht es um die richtige Steigerungsform des Wortes »einzig«. Diese zu finden, gestaltet sich als vergleichsweise kompliziert, wenn man sich die Bedeutung von »einzig« klarmacht. Mehr als »einzig« geht nämlich nicht. Der »einzige Papst« ist eben nun mal ziemlich einsam an der Spitze der katholischen Kirche und die »einzige Handlungsalternative« des Diebes D ist eben auf diese eine Möglichkeit beschränkt. Vergleichbar ist die Sachlage, wenn in einer Arbeit die Tragfähigkeit der »*letzteren*« Ansicht bezweifelt wird. Die genannte, »*zuletzt dargestellte*« Position ist grammatisch ebenfalls nicht mehr steigerungsfähig.

10. »Standart« statt richtig »Standard«

Ein echtes Standardproblem! Die Bezeichnung einer Normgröße hat weder etwas mit einer »*Art*« zu tun noch mit einer »Standarte«, weswegen am Ende des Wortes (ebenso wie etwa im Englischen) zwingend ein »*d*« stehen muss.

Exkurs: Fehlerträchtige Autorennamen

falsch	richtig
Hans Prütting	Ha**nn**s Prütting
Hans Peter Westermann	Ha**rm** Peter Westermann (Erman-Hrsg.)
Herbert Hirte	Her**i**bert Hirte
Walther Ermann, Walter Ehrman	Walter Erma**n**
Wolfgang Gursky	Wolfgang Grunsky
Karl-Heinz Grunsky	Karl-Heinz Gursky
Hartmut Oetger	Hartmut Oet**k**er
Jörn Ibsen	Jörn I**p**sen
Christof Degenhart	Christo**ph** Degenhar**d**t
Heinz-Peter Mansell, Hans-Peter Mannsel	Heinz-Peter Ma**n**se**l**
Jürgen Bauer	Jürgen F. Ba**ur**
Klaus Willhelm Canaris	Claus-Wilhelm Canaris
Martin Hennsler	Martin He**nss**ler
Hans-Joachim Musilak	Hans Joachim Musi**e**lak
Bodo Pirot	Bodo Pi**e**rot**h**
Konrad Redecker	Konrad Rede**k**er

Hartmut Schiedermayer	Schiederm**ai**r
Karl-Heinz Schwabe	Karl-Heinz Schwa**b**
Martin Schwabe	Martin Schwa**b**

III. Grammatikfehler

Besonders auffällig sind stets Fehler im Satzbau und bei den Beugungen bestimmter Verbformen. Hier darf man (im Gegensatz zu einigen Rechtschreib- und Ausdrucksfehlern) davon ausgehen, dass 99,9 % aller Prüfer den Fehler entdecken und registrieren. Umso unangenehmer wird es für den Verfasser dann, wenn derartige Defizite nicht nur vereinzelt, sondern gehäuft auftreten. Das kann natürlich ebenso zur Abwertung führen, wie das Vorliegen anderer sprachspezifischer Mängel.

IV. Ausdrucksfehler

Fehler im Ausdruck lassen sich wiederum in verschiedene Unterkategorien einordnen:

- **falsche Wortwahl** (»Das Bild hängt **in** der Wand«)
- **falsche Wortbildung** (»**Staatprüfung**« statt »Staatsprüfung«)
- **ungebräuchliche Eindeutschung** (»**Proprietär**« statt »Eigentümer«)
- **fehlendes Wort** (»**Das ist Frage**« statt »Das ist die Frage«)
- **überflüssiges Wort** (»Das weiß nur der Gott«)

Dabei dürfte die erste Kategorie mit Abstand die in Klausuren und Hausarbeiten am häufigsten anzutreffende Spielart sein. Der Grund hierfür ist vermutlich, dass gerade in den Anfangssemestern noch erhebliche Schwierigkeiten bestehen, die juristische Fachsprache korrekt anzuwenden. Häufig sind die Begrifflichkeiten (noch) nicht verstanden worden, wenn sie in einer Prüfungsarbeit zum Einsatz kommen (müssen). Sehen wir uns nun einmal einige regelmäßig anzutreffende Beispiele an:

1. »Alternative« statt »Variante«

Eine sprachliche Ungenauigkeit, die man durchaus vermeiden kann. Als Alternative (von lat. *alter*: der andere) ist stets nur der andere von genau zwei(!) möglichen Fällen zu bezeichnen. Sobald **mehr als zwei** Möglichkeiten bestehen, muss man deshalb jedenfalls sprachlich auf die Formulierung »*Variante*« oder »*Fall*« ausweichen.

2. »zweiseitiger Vertrag« statt »gegenseitiger Vertrag«

Achtung Fehlerquelle! Gegenseitige (auch: **synallagmatische**) Verträge sind solche, bei denen ein Leistungsaustausch stattfindet (lat.: *do ut des* = ich gebe, damit du gibst). Auch das Gesetz spricht – etwa in §§ 320 ff. BGB – ausdrücklich vom gegenseitigen

Vertrag. Zweiseitig sind demgegenüber alle Verträge (etwa auch die Schenkung gemäß § 516 BGB, obwohl nur der Schenker zu einer Leistung verpflichtet ist). Insofern ist die Formulierung »zweiseitiger Vertrag« eigentlich ein Pleonasmus.

3. »A übergab den Besitz an B, indem er ihm das Kfz übertrug«

Ein weiterer sprachlicher Lapsus, den man ohne viel Aufwand vermeiden kann: Besitz kann nicht »übergeben« werden. Vielmehr wird immer nur das konkrete Rechtsobjekt – eine bewegliche Sache – tatsächlich übergeben. Hierdurch wird der Besitz »übertragen«, wie es auch in § 870 BGB zu lesen ist (bitte prüfen!).

4. »glaubwürdig« statt »glaubhaft« (und umgekehrt)

Hierzu muss man sich merken, dass nur Personen »glaubwürdig« sein können, denn nur bezüglich einer Person kann man zweifeln, ob sie die Wahrheit sagt oder ob sie lügt. Die Mutter des Angeklagten, die ihm für die Tatnacht ein Alibi verschafft, ist vor Gericht möglicherweise deutlich weniger glaubwürdig als ein Passant, der den Täter am Tatort zufällig gesehen hat. Auf einem ganz anderen Blatt steht allerdings die Frage nach dem Wahrheitsgehalt der Aussage, denn diese muss der Aussagende letztlich »glaubhaft machen«. Die Äußerung des Zeugen Z, er habe gesehen, wie der Täter gemeinsam mit Außerirdischen ein Raumschiff bestieg, wird selbst dann »unglaubhaft« sein, wenn der Z im Übrigen – etwa wegen seiner beruflichen Tätigkeit als Notar – ein ziemlich »glaubwürdiger« Kandidat ist. Alles klar?!

5. Verwechselung von Aktiv und Passiv

»Anpassungsfähig« ist, wer **sich selbst** anpassen kann; »anpassbar« ist, was **von (einem) anderen** angepasst werden kann. »Tragfähig« ist etwas, dass selbst tragen kann (etwa eine schlagkräftige Argumentation), »tragbar« (mehr im Sinne von »ertragbar«) ist hingegen etwas, dass von anderen getragen wird (etwa eine Schlussfolgerung des Verfassers). Die Silbe »-fähig« ist dabei oft ersetzbar durch »-berechtigt«, »-fest«, »-geeignet«, »-tauglich«, »-würdig«. »Vernehmungsfähig« ist hoffentlich der Vernehmende, nicht der Vernommene, denn für den genügt es, wenn er schlicht »vernehmbar« ist.

6. Pleonasmen

Unter einem ***Pleonasmus*** (m., gr.: überflüssig vorhanden sein) versteht man die Verwendung eines Bezugsworts mit einem für es ohnehin charakteristischen Merkmal (im Unterschied zur ***Tautologie*** unterschiedlicher Wortart): weißer Schimmel, runder Kreis, neu renovieren, zusammenaddieren, tote Leiche, Zugtraktor, menschliches Versagen, vorprogrammieren.

Wie wir oben schon bei den »zweiseitigen Verträgen« gesehen haben, neigt der Rechtswissenschaftler im Besonderen (und der Akademiker im Allgemeinen) gelegentlich dazu, die zu vermittelnden Informationen unnötig aufzublähen. Das vorliegende Buch macht da trotz größter Anstrengungen leider keine Ausnahme. Für derartige Sprachungetüme ist jedoch spätestens **in einem Gutachten** (schon aus Zeitgründen) kein Raum mehr. Sehen wir uns nun einige Beispiele für solche (oft mit Emphase vorgebrachten und gleichzeitig stilistisch missratenen) Formulierungen an.

Falsch	richtig
aktive Mitarbeit	Mitarbeit
Eigeninitiative	Initiative
Grundelement	Element
Grundprinzipien	Prinzipien
Hinblick	Blick
Mithilfe	Hilfe
Rückerstattung	Erstattung
Rückantwort	Antwort
Selbstdisziplin	Disziplin
Überprüfen	Prüfen
und/oder	oder
Vorankündigung	Ankündigung
Vorbedingung	Bedingung
wie z.B.	wie
Zukunftsperspektive	Perspektive

7. Falsche Wortformen

Auch durchaus regelmäßig können Juristen trotz hoher Fachkompetenz mit ihrem wichtigsten Instrument nicht fehlerfrei umgehen. Besonders peinlich sind solche Auftritte dann, wenn man in erlesenem Kreis oder in einer schriftlichen Prüfungsarbeit Wörter benutzt, die es so überhaupt nicht gibt. **Beispiele:**

»Adaption« statt »Adaptation«,

»geeignetere Lösung« statt »Die Lösung ist besser geeignet« (Partizipien sind nicht steigerbar),

»gefolgt von« statt »und dann« (das Wort »folgen« ist nicht transitiv).

Gleichberechtigung zwischen den Geschlechtern wie sie unter anderem auch **§ 611a BGB** gebietet, ist inhaltlich eine gute Sache. Das führt jedoch noch nicht dazu, dass Vereine »***Mitgliederinnen***« haben und durch die Geschäfte »***Verbraucherinnen***« auf der Jagd nach Schnäppchen hasten. Tipp: Wenn es diese Wörter wirklich gäbe, müsste sich zu der Pluralform auch jeweils ein vernünftiger Singular bilden lassen. Bitte prüfen!

Auch einen »***teilweisen Rücktritt***« vom Vertrag kennt die deutsche Sprache nicht, auch wenn das BGB den »Teilrücktritt« als Rechtsfigur durchaus anerkennt (vgl. § 323 V S. 1 BGB). Ein solcher »***teilweiser Rücktritt***« wäre ein vollständiger Rücktritt, der nur zum Teil weise ist, denn »*teilweise*« ist ein Adverb.

Die Rechtswidrigkeit der Tat ist entgegen verbreiteter Auffassung für eine Bestrafung des Täters nicht »***unverzichtbar***«. Da man eine Sache – sprachlich und tatsächlich – nicht »*verzichten*« kann (sondern nur »*auf sie verzichten*«), kann auch keine Sache verzichtbar oder unverzichtbar sein. Das Wort »*verzichten*« ist nicht transitiv. Es empfiehlt sich, stattdessen auf das schlichte »*notwendig*« bzw. »*nicht notwendig*« zurückzugreifen. Ähnliches gilt für die berühmte »*stattgefundene Diskussion*«. Da das Verb »*stattfinden*« ebenfalls nicht transitiv ist, müssen die bisherigen Diskussionen anders bezeichnet werden.

8. »dasselbe« statt »das gleiche« (und umgekehrt)

Ja. Bei demselben handelt es sich um ein und dasselbe Teil (»E und F bewohnen dasselbe Haus« – das ihnen der Vater von E geschenkt hatte), bei dem gleichen existieren zwei (oder mehr) Stücke, die einander aufs Haar gleichen (»T, R und G fuhren das gleiche Auto« – um die Polizei vom Fluchtfahrzeug abzulenken).

> **DUDEN (Band 9):** Im Allgemeinen ergibt sich aus dem Zusammenhang, welche Identität gemeint ist, so dass eine strenge Unterscheidung zwischen »derselbe« und »der gleiche« unnötig ist. Sobald aber Missverständnisse möglich sind, ist es besser, für die **Identität der Gattung** »der gleiche«, für die **Identität der Einzelperson und des Einzelgegenstands** »derselbe« zu sagen.

9. »scheinbar« und »anscheinend«

Auch wenn Mutmaßungen in juristischen Gutachten nicht auftauchen, sollte man sich den Unterschied in der Bedeutung zwischen beiden Wendungen einmal vor Augen führen: wenn etwas (nur) »*scheinbar*« der Fall ist, dann heißt das umgekehrt, dass es in Wirklichkeit ganz anders ist. Bei »scheinbar« trügt also der Schein. (»*Scheinbar hat A den X arglistig getäuscht*«). Die Formulierung »anscheinend« ist dagegen im Hinblick auf den tatsächlichen Wahrheitsgehalt der Aussage neutral. (»*Nach der Aussage von Z ist anscheinend X der Mörder des O*«).

10. »Unkosten«

Die Vorsilbe »*un-*« bezeichnet nicht nur das Gegenteil (wie bei »*Ungeduld*«, »*Unfug*«, »*Unsinn*«, »*Unrecht*«), sondern dient manchmal auch zur Verstärkung: Ein Unwetter ist ein besonders heftiges Wetter, und eine Unmenge ist eine sehr große Menge. Folgerichtig hat der volkstümliche Sprachgebrauch vor langer Zeit aus hohen (und lästigen) Kosten das Wort »*Unkosten*« gebildet. Die Fachsprache der Betriebswirtschaftslehre nimmt es mit den Kosten demgegenüber aber ganz genau und kennt Sachkosten, Personalkosten und Fixkosten. Die »*Unkosten*« haben in der betrieblichen Kostenrechnung keinen Platz gefunden.

11. »effektiv« statt »effizient« (und umgekehrt)

Etwas ist »*effektiv*« (= wirksam), wenn es einen ***Effekt*** erzielt, also etwas bewirkt. Je geringer der Aufwand ist, um diese Wirkung zu erreichen, desto »effizienter« (= wirtschaftlicher) ist das angewandte Verfahren.

12. »psychisch« statt »psychologisch« (und umgekehrt)

Wenn etwa in einer strafrechtlichen Arbeit von »***psychologischer*** *Kausalität*« die Rede ist, rollen sich dem Korrektor zumeist die Fußnägel auf und der zu bewertende Text verliert in diesem Moment einen Großteil seiner wissenschaftlichen Ausstrahlung. Es entspricht eher dem Niveau einer Zeugenvernehmung bei *Barbara Salesch*, wenn die Begrifflichkeiten hier falsch verwendet werden. »*Psychisch*« bedeutet »*die Psyche betreffend*«, »*psychologisch*« bedeutet »*die Psychologie betreffend*«. Merken!

13. »persönliche PIN-Nummer«, »ABS-System«, »LCD-Display«

ABS steht für Antiblockiersystem. PIN steht für Persönliche Identifikationsnummer. LCD steht für Liquid Crystal Display (zu deutsch: Flüssigkristallanzeige). In allen diesen und weiteren Fällen erübrigt sich als das Anhängen einer entsprechenden Erläuterung (»*-Nummer*«, »*-System*«, »*-Display*«).

14. »unstreitig«

Der Terminus »*unstreitig*« ist unter Juristen für den unbestrittenen Sachvortrag im Zivilprozess reserviert. Unstreitig sind demnach nur Fragen, die tatsächliche Umstände betreffen. Rechtsfragen dagegen sind »*umstritten*« oder »*unumstritten*«.

> **Merke:** Nur Tatsachen werden »***behauptet***« und »***bewiesen***«, Rechtsauffassungen dagegen werden »***vorgetragen***« und »***begründet***«.

15. »rechtskräftig«

Ein Vertrag wird nicht »*rechtskräftig*“, sondern allenfalls »*rechtswirksam*« geschlossen. Rechtskräftig werden nur Urteile. Verwaltungsakte werden im Übrigen »bestandskräftig« (und damit unanfechtbar).

16. »Der Eigentümer der Hypothek«

Den Anspruch aus § 1147 BGB macht nicht der »*Eigentümer*« einer Hypothek oder Grundschuld geltend, sondern allenfalls ihr **Inhaber** oder der **Gläubiger**.

IV. Stilfehler

Vorab: ein »guter« Schreibstil ist nichts, was man in die Wiege gelegt bekommt. Was den Stil eines Textes als »gut« oder »schlecht« ausmacht, ist eine Summe von Einzelbestandteilen und lässt sich kaum vollständig nach objektiven Kriterien festlegen. Neben der Fähigkeit **treffsicher** zu formulieren, umfasst guter Stil jedenfalls auch die Kenntnis, wie man gefällig und eingängig schreibt. Beides lässt sich durch entsprechendes Training deutlich verbessern. Dabei hilft sowohl das **Produzieren** eigener Texte als auch die **Lektüre** von stilistisch hochwertigen Texten.

Tipp: Mit aller gebotenen Vorsicht lohnt sich die »trockene«, also von einer konkreten Hausarbeit unabhängige Lektüre von ausgewählten **Seminararbeiten** und **Dissertationen**, die jeweils mit den Bestnoten bewertet worden sind, um den eigenen Sprachstil auszubauen und zu verfeinern.

Hier wollen wir uns einige grobe Fehler ansehen, die in der Praxis besonders häufig anzutreffen sind und gerade deswegen bei der Durchsicht von Prüfungsarbeiten **regelmäßig** vom Korrektor moniert werden.

1. »Dem Grunde nach«

Eine in juristischen Arbeiten häufig anzutreffende Formulierung, die von den Verfassern manchmal zutreffend, oftmals jedoch auch zu völlig unpassender Gelegenheit verwendet wird. Der Terminus bedeutet in seiner ursprünglichen Aussage, dass die **Voraussetzungen einer Anspruchsgrundlage erfüllt** sind und dem Anspruchsteller daher der geltend gemachte Anspruch »dem Grunde nach« zusteht. Er signalisiert gleichzeitig, dass der Anspruch möglicherweise noch **Einschränkungen** unterliegt, insbesondere möglicherweise einer betragsmäßigen Kürzung. Mit anderen Worten: Wenn feststeht, dass A von B Schadensersatz aus § 280 I BGB verlangen kann, weil ein Schuldverhältnis zwischen A und B besteht, in dessen Rahmen B schuldhaft eine Pflicht verletzt hat, so darf man in einer gutachtlichen Prüfung feststellen, dass der Anspruch »dem Grunde nach« besteht. Allerdings ist dann weiter zu prüfen, wie hoch der Schadensersatz eigentlich ausfällt. Ob A die verlangten 1000,- Euro zugesprochen werden können, oder – weil ihn etwa ein Mitverschulden nach § 254 I BGB trifft – möglicherweise nur 700,- Euro, **muss im Weiteren noch überprüft und gegebenenfalls festgestellt werden**. »Dem Grunde nach« ist damit also in erster Linie von »der Höhe nach« zu unterscheiden.

Stilistisch **unrichtig** ist die Formulierung immer dann, wenn sie an einer anderen Stelle in der Klausur gebracht wird, etwa bei der Prüfung der Anspruchsvoraussetzungen. Beispiel: »Die Kündigung ist dem A damit dem Grunde nach am 3. Dezember zugegangen«. Häh? Damit deutet der Verfasser an, dass er das ermittelte Ergebnis (Zugang der Kündigung) im Folgenden korrigieren möchte und gesteht damit (jedenfalls sprachlich) einen Irrweg ein. Diese Vorgehensweise ist zum einen **methodisch** besonders **unschön**, weil damit eine einmal gefundene Lösung sofort wieder in Abrede gestellt wird. Dies widerspricht dem Grundgedanken des juristischen Gutachtens, in dem es grundsätzlich gerade darum geht, die korrekte Lösung zu ermitteln und dann endgültig festzustellen. Daneben ist die Formulierung selbst auch **unzutreffend gewählt**, da eine Kündigung nicht »dem Grunde nach zugehen« kann (Wie sollte das auch gehen?). Entweder sie ist zugegangen oder eben nicht. Mehr geht nicht.

2. »Zu prüfen ist,...«, »zu erörtern ist,...«

Diese Formulierung zieht unweigerlich die Randbemerkung des Korrektors »Der Aufbau wird nicht erklärt« nach sich. Die Feststellung, dass anhand des Sachverhaltes das Vorliegen eines Tatbestandsmerkmals oder einer Anspruchsvoraussetzung nachgewiesen werden muss, ist schlicht überflüssig. Wenn etwas zu prüfen ist, dann wird es eben geprüft – und zwar ohne jede Einleitung. Der Subsumtionsschritt wird also direkt mit der Definition des ersten Merkmals begonnen! Mindestens genauso unpassend sind natürlich auch solch beinahe »kumpelhaft« anmutenden Formulierungen wie etwa »Nun wollen wir untersuchen« oder »Nun müssen wir prüfen«. Diese wie ein *pluralis maiestatis* (= Adelssprache) anmutende Lüge (wer *will* schon und wer *muss* ein Gutachten verfassen) hat weder in einer Klausur noch in einer Hausarbeit eine Existenzberechtigung.

3. »A kann sich des Diebstahls strafbar gemacht haben«

Dieser Satz stellt einen weiteren sehr verbreiteten **faux pas** dar, den man unbedingt vermeiden sollte. Er wurde bereits vor 20 Jahren vom Kieler Rechtsprofessor *Horn* als »hirnrissig«[73] (ab-)qualifiziert. Der überwiegende Teil der deutschsprachigen Juristen dürfte diesbezüglich stillschweigend genauso oder ähnlich denken. **Grund**: Nach geltender deutscher Grammatik kann das Wort »strafbar« – anders als das Wort

73 *E. Horn*, Jura 1984, 499.

»schuldig«[74] – nicht mit einem Genitiv-Objekt konstruiert werden. Zulässig ist also etwa der folgende Satz:

»A kann sich des Diebstahls schuldig gemacht haben.«

Problem: Dieser Satz ist zwar sprachlich korrekt, beantwortet in aller Regel aber nicht die Fallfrage, in der normalerweise nicht nach der **Schuld**, sondern nach der **Strafbarkeit** der Beteiligten gefragt wird. Das Adjektiv »*strafbar*« muss man aber mit einem »wegen« verbinden. Eine korrekte Prüfungsfrage sollte also in unserem Beispiel mit der Formulierung:

»A kann sich wegen Diebstahls strafbar gemacht haben«

beginnen.

4. »Der Wille des V ist dahingehend auszulegen ... «

Diese Aussage ist nicht nur inhaltlich unzutreffend, sondern stellt auch einen verbreiteten Stilfehler dar, den man sich frühzeitig abtrainieren oder besser gar nicht erst angewöhnen sollte. Ausgelegt wird nach §§ 133, 157 BGB allein die Erklärung, also das, was eine Person im Rechtsverkehr **objektiv** geäußert hat. Den Willen, also die **subjektive** Seite der Willens-Erklärung, kann man mangels Greifbarkeit überhaupt nicht auslegen. Vielmehr ist es im Regelfall erst das **Ziel** der Auslegung, den wahren Willen einer Person zu erforschen.

5. »Anspruchsgrundlage des B gegen V«

Gemeint ist hier, dass ein »**Anspruch** des B gegen V« besteht oder bestehen kann. Die zugehörigen Rechtsgrundlagen, die sich aus einem Vertrag, einer Vertrauensbeziehung oder dem Gesetz ergeben können, haben damit nur mittelbar etwas zu tun.

6. »Der zutreffende Anfechtungsgegner...«

Obgleich man die Begriffe »richtig« und »zutreffend« sehr häufig synonym (= gleichbedeutend) verwenden kann, besteht in diesem Fall eine stilistische **Ausnahme**.

7. »Ansprüche aus der 1. Frage«

Ansprüche ergeben sich aus **Anspruchsgrundlagen** und **nicht aus Fragen**. Daher sollten Formulierungen wie diese nach Möglichkeit vermieden werden. Wenn eine Klausurbearbeitung die Beantwortung mehrerer Fragen erfordert, so ist beim Verweisen »nach oben« stets exakt wiederzugeben, auf welche Ausführungen Bezug ge-

---

74 Vgl. § 260 Abs. 4 Satz 1 StPO, da steht »deren« = Genitiv.

nommen wird. So könnte hier etwa stilistisch korrekt formuliert werden: »*Ansprüche, die im Rahmen der Beantwortung von Frage 1 geprüft wurden*«.

8. »Aus diesem Grund ist eine sittenwidrige Übersicherung der Bank abzulehnen.«

Unschön ist auch ein solcher, insbesondere bei Anfängern beliebter, **Stilmix**. Der Grund ist einfach: Die juristische Terminologie wird noch nicht präzise beherrscht (was übrigens völlig normal ist), die entsprechende Unsicherheit soll durch einen übertriebenen Einsatz der angelesenen Stilmittel überspielt werden. Diese häufig anzutreffende »Technik« wird mit zunehmender Studiendauer in den meisten Fällen von einem soliden Sprachgebrauch überlagert und schließlich verdrängt. Für das vorliegende Beispiel gilt Folgendes: Entweder die genannte Bank ist sittenwidrig übersichert oder sie ist es nicht. Über derartige Fakten ist logischerweise auch kein Streit denkbar, in dessen Rahmen man sich einer Ansicht anschließen oder eine andere ablehnen könnte. **Streiten kann man alleine darüber, unter welchen Voraussetzungen eine sittenwidrige Übersicherung vorliegt**.

9. § 985 BGB: »Dies setzt voraus, dass es einen Eigentümer und einen Besitzer gibt.«

Selbstverständlich ist dieser Satz richtig, er ist jedoch in einem Gutachten nicht zielführend. Es kommt nämlich gerade auf die sachenrechtliche Zuordnung der Beteiligten und mithin darauf an, dass der **Anspruchsteller Eigentümer** und der **Anspruchsgegner Besitzer** (ohne Recht zum Besitz) ist. Jede andere Feststellung bzw. Hypothese bringt auf dem Weg zur Falllösung keinen Gewinn.

10. »wohl«

Ein bei Korrektoren beliebter Satz besagt »***Wer wohl schreibt, dem ist unwohl***«. In der Tat signalisiert der Begriff unabhängig von seiner Stellung im Gutachtentext Unsicherheit und deutet auf eine **schwache Argumentation** hin. Das Wort »*wohl*« soll in juristischen Arbeiten häufig **scheinbare Unklarheiten** im Sachverhalt oder bei der Gesetzesanwendung überspielen oder einmal hergeleitete Ergebnisse relativieren. Beides entspricht nicht den Grundsätzen wissenschaftlichen Arbeitens. Das einmal ermittelte Resultat einer gutachtlichen Prüfung ist im Indikativ festzustellen und lässt keine danach abweichende Beurteilung mehr zu. **Sämtliche** Überlegungen haben zwingend **vorher** zu erfolgen und müssen sich im Prozess der Ergebnisfindung niederschlagen. Nachträgliche Ausführungen deuten auf einen logischen Fehlschluss hin. Sie sind nicht nur sinnlos, sondern führen automatisch zu vermeidbarer Missstimmung beim Leser (= Korrektor), der ja (berechtigterweise) eine greifbare Lösung erwartet. **Unzulässig** ist daher die Aussage:

>*»A hat sich hier wohl gemäß § 242 StGB strafbar gemacht. Fraglich ist, ob sich hieran noch etwas ändert, weil A dachte, dass es sich bei dem entwendeten Auto um sein Eigentum handelt.«*

Unklare Sachverhalte hat der Jurist auszulegen und die (meist nur irrig angenommenen) Unklarheiten durch Anwendung wissenschaftlicher Methoden zu beheben. Im Zweifel wird es auf Umstände, die in einer Sachverhaltsschilderung ausgelassen wurden, für die Lösung des Falles nicht ankommen. Es verbieten sich daher auch Sätze wie dieser:

>*»Ob A den Diebstahl vorsätzlich begangen hat, lässt sich dem Sachverhalt nicht entnehmen. Dies ist wohl der Fall.«*

Nicht nur stilistisch ist die Verwendung von »*wohl*« hier unrichtig, es liegt gleichzeitig auch ein **eklatanter materiell-rechtlicher Fehler** vor, da im Strafrecht Unklarheiten hinsichtlich des Tathergangs grundsätzlich zu Gunsten des Täters zu berücksichtigen sind (lat.: »***in dubio pro reo***«). Eine Interpretation wie im obigen Beispiel läuft dem zuwider.

11. Abkürzungen

Ein letzter Punkt, der gerne und zutreffend vom Korrektor als »schlechter Stil« gewertet wird, sind **Abkürzungen**. Manche Arbeit, die inhaltlich auf den ersten Blick gar nicht mal schlecht daherkommt, weist bei genauerer Betrachtung eine erschreckende Anzahl von Abkürzungen auf. Abzukürzen sind regelmäßig nur die benutzten Gesetzesangaben, und zwar jeweils in der von den Gesetzessammlungen verwendeten Form. Das Gesetz über die Zahlung des Arbeitsentgelts an Feiertagen und im Krankheitsfall (= Entgeltfortzahlungsgesetz[75]) wird als »EFZG« abgekürzt, nicht als »EntGFZ«, »EntgeldFZ« oder »EndgeltFZ«.

Wenn aber statt »*und*« nur noch »*u.*« (worin liegt der Vorteil dieser Abkürzung?) oder statt »*BVerfG*« das »*BVG*« zitiert wird, dann wird der Text unleserlich und noch schlimmer: unrichtig. Es sind – wenn überhaupt – nur die offiziellen oder zumindest allgemein üblichen Abkürzungen zu verwenden, damit man das Gemeinte auch eindeutig identifizieren kann (»*BVG*« könnte sowohl für das Bundesverwaltungsgericht als auch für das Bundesverfassungsgericht stehen). Bei Unsicherheiten hilft ein Blick in eines der bekannten Standardwerke zum Thema.[76] Wenn der Abkürzungswahn soweit geht, dass der Sinngehalt eines Satzes oder eines ganzen Abschnitts der Arbeit nicht mehr zu ermitteln ist, droht Punktabzug!

---

75 BGBl. I 1994, S. 1014.
76 Vor allem *Kirchner/Butz*, Abkürzungsverzeichnis der Rechtssprache.

> **Merke: Abkürzungen** sind nach Möglichkeit zu vermeiden. Zulässig sind nur offizielle Abkürzungen oder solche, die allgemein geläufig und gemeinhin anerkannt sind.

12. »unzumutbar«

Solche **Billigkeitswendungen**, die nicht vom Gesetz vorgegeben sind, verraten in der Regel das Fehlen einer wissenschaftlich überprüfbaren Begründung. Alle Rechtsfragen sind Zumutbarkeitsfragen, so dass die Behauptung, eine Rechtsfolge sei zumutbar oder unzumutbar, ohne jeden Gehalt ist. Deshalb darf es **nicht** an beliebiger Stelle – etwa zur Entscheidung einer Streitfrage – lauten

»Dies kann dem Beklagten nicht zugemutet werden.«

Vielmehr ist **so** zu formulieren:

»Hierzu ist der Beklagte nicht verpflichtet, weil ...«

13. Schwulst

Dem Thema Schwulst muss zum Abschluss dieses Kapitel in jedem Fall noch einmal – wenn auch in der gebotenen Kürze – gesondert nachgegangen werden. Nachdem wir nun schon eine ganze Reihe von mehr oder weniger »echten« Fehlern aufgespürt und kennen gelernt haben, müssen wir unsere Sätze noch bewusst von jenem **Ballast** befreien, der sich unwillkürlich einschleicht und auch den präzisesten Gutachtenstil letztendlich **lächerlich** wirken lässt. Schwulst ist kaum zu definieren, man versteht darunter allgemein die **unnötige Erweiterung von Phrasen**, so dass mehr Text produziert wird, ohne dass mehr Information transportiert werden kann. Im Gutachten ist die Zielsetzung im Normalfall genau umgekehrt. Sehen wir uns nun also einige Beispiele an, um ein Gefühl dafür zu entwickeln, welche Floskeln in einer juristischen Arbeit vermieden werden müssen:

»Die Klage ist in der Sache unbegründet«	statt	*»Die Klage ist unbegründet«*
»in Abrede stellen«	statt	*»bestreiten«*
»er hat die Berechtigung«	statt	*»er darf«*
»in vollem Umfang«	statt	*»ganz«*
»zu einem späteren Zeitpunkt«	statt	*»später«*
»in nächster Zeit«	statt	*»bald«*
»eine Untersuchung durchführen«	statt	*»untersuchen«*

H. Dolus agit – Vom richtigen Umgang mit Fremdwörtern

Jura ist eine Wissenschaft, die zu einem großen Teil ihre Wurzeln im Römischen Recht findet und die meisten Promotionsordnungen sehen auch heute noch vor, dass die angehenden Herren und Damen Doctores das Latinum nachweisen müssen, um den ersehnten Titel zu erlangen. **Latein** ist daher aus der juristischen Fachsprache kaum wegzudenken. Gleiches gilt, man denke nur an den »*agent provocateur*«, für das **Französische**. Die Banksprache ist vom **Italienischen** geprägt, so dass wir »*girieren*«, »*Agio*« und »*Skonto*« aus diesem Wortschatz entnommen haben. Der Einsatz von Fremdwörtern ist damit ein fester Bestandteil der wissenschaftlichen Sprache. Wer allerdings Fremdwörter einsetzt, um seine Sprache möglichst unverständlich zu machen, wer mit hochtrabenden Ausdrücken verschleiert, dass er im Grunde nichts zu sagen hat, der liegt mit Fremdwörtern einfach falsch und wird niemandem *imprägnieren* können. Eine solche exzessive Akkumulation von Fremdwörtern signalisiert relevante Semiintellektualität. Oder anders: Die übermäßige Anhäufung von Fremdwörtern verrät eine erhebliche Halbbildung.

Merke: Fremdwörter sind nur als einschlägige Fachausdrücke oder als Lehnwörter zulässig, soweit gleichbedeutende deutsche Wörter fehlen.

Ein anschauliches Negativbeispiel findet man zum Beispiel in der NJW aus dem Jahr **1997** auf Seite 1955:

> *»Das vom Verfassungsgeber normierte Rechtsinstitut »Ehe« transzendiert die konkrete Funktionalität der je einzelnen Ehe, ohne dadurch seine Finalität und Grundstruktur zu verlieren. Man mag diese Verfassungsentscheidung verfassungspolitisch kritisieren, juristisch inkonsistent ist sie deswegen nicht.«*

Merke: Fremdwörter dürfen nur verwendet werden, wenn man ihre Bedeutung **vollständig** erfasst hat und sie an der in Betracht kommenden Textstelle nicht sinnvoll durch ein gleichbedeutendes deutsches Wort ersetzt werden können.

So dürfte es eher schwierig sein, für die »*invitatio ad offerendum*« eine vernünftige Übersetzung zu finden, die in ähnlich knapper Form den Sinn vollständig wiedergibt. Die »*Einladung ein Angebot abzugeben*« erfüllt diesen Zweck jedenfalls nicht. Auch sollte die »*reformatio in peius*« nicht zwangsläufig immer als »*Verböserung*« übersetzt werden, wenngleich dieser Begriff inzwischen durchaus gebräuchlich geworden ist.

Weil **der gute Jurist** den wissenschaftlichen Charakter seiner Arbeit aber nicht durch den Einsatz von Fremdwörtern beweisen muss, **kann und soll man folgendermaßen formulieren**:

»ursächlich«	*statt*	*»kausal«*
»konkludent«	*statt*	*»stillschweigend«*
»dolus eventualis«	*statt*	*»bedingter Vorsatz«*

»Vindikationslage«	*statt*	*Eigentümer-Besitzer-Verhältnis«*
»annehmen«	*statt*	*»akzeptieren«*
»unterscheiden«	*statt*	*»differenzieren«*
»mitteilen«	*statt*	*»signalisieren«*
»verwirklichen«	*statt*	*»realisieren«*
»beweglich«	*statt*	*»flexibel«*
»bestens«	*statt*	*»optima«*
»genau«	*statt«*	*»detailliert«*
»erheblich«	*statt*	*»relevant«*

I. BILD-Stil vs. Bandwurmsätze – Satzbau leicht gemacht

Die folgenden Hinweise sind nicht nur auf juristische Prüfungsarbeiten, sondern auf jegliche Art von Texten anwendbar. Die Grundlage eines guten Textes ist die **Verständlichkeit**. Das gilt gleichermaßen für Erzählungen und Romane, Gesetze, Schriftsätze oder Verträge. Was der Leser nicht versteht, ist letztendlich unbrauchbar. Wenn Texte nicht zu verstehen sind, hat der Verfasser wertvolle Zeit verschwendet. Knappe und prägnante Texte sparen Zeit beim Verfassen.

> *»Tritt der Wille, in fremdem Namen zu handeln, nicht erkennbar hervor, so kommt der Mangel des Willens, im eigenen Namen zu handeln, nicht in Betracht.«*

So steht es in **§ 164 II BGB** geschrieben und Generationen von Erstsemestern haben sich gefragt, warum der Gesetzgeber sich nicht deutlicher ausgedrückt hat. Alternativ könnte an dieser Stelle des BGB auch Folgendes stehen:

> *»Wer in fremden Namen handeln will, muss das deutlich machen, sonst wird er so behandelt, als wolle er in eigenem Namen handeln.«*

Verständlich heißt **kurz**, **klar** und **konkret**. So zu formulieren ist natürlich keine Geheimwissenschaft. Hier sind die Regeln im Überblick:

Hauptsachen in Hauptsätze – Nebensachen in Nebensätze!

Kurze Hauptsätze – Keine Schachtelsätze!

Nominalstil vermeiden!

Lieber aktiv als passiv!

Lieber positiv als negativ!

Ein schönes Beispiel dafür, wie man den Inhalt eines Satzes durch eine komplizierte **Syntax** bis zur Unkenntlichkeit entstellen kann, liefert uns (bedauerlicherweise) der BGH in NJW **1998**, 2354, 2355:

> »*Es wäre auch wirtschaftlich unverständlich, dass der Bekl. der für den Ankauf des Hauses von ihr darlehensweise aufgenommene Geldbetrag jahrelang zinsfrei zur Verfügung stehen sollte, der Kl. dagegen für den – rechtsgrundlos an die Bekl. hingegebenen – Kaufpreis über viele Jahre die Zinsbelastung des dafür von ihm aufgenommenen Darlehens ersatzlos tragen müsste, nur weil die Bekl. ihrerseits den für den formnichtigen Weiterverkauf des Hauses vom Kl. erhaltenen Kaufpreisteil, wirtschaftlich vernünftig, zur Ablösung ihres Ankaufsdarlehens verwandt hat, anstatt das Geld zu niedrigen Zinsen anzulegen.*«Häh?

> **Merke:** Hauptsätze sind in der Regel **selbstständig** zu fassen und nicht mit »***und***« zu verknüpfen.

Es heißt also **nicht**:

> »*Der Vertrag wurde am ... geschlossen, und am ... kamen die Parteien wieder zusammen, um ihn zu erfüllen.*«

sondern:

> »*Der Vertragsschluss erfolgte am ... Am ... trafen sich die Parteien zur Vertragserfüllung.*«

Leider bringt es dieser Umbau des Satzes mit sich, dass ein anderes unschönes und hartnäckiges Stilmittel Platz greift. Das bringt uns direkt zum nächsten Thema: Die **Juristenkrankheit Nr. 1** ist mit ziemlicher Sicherheit der **Nominalstil** der insbesondere in der bundesdeutschen Verwaltung sein Unwesen treibt. Dort hört man dann folgende **Stilblüten**:

> »*Es **erfolgte eine Beschlagnahme**.*« *anstatt* »*Es wurde beschlagnahmt.*«

und

> »*Die Parteien A und B haben **die Einigung vollzogen**.*« *anstatt* »*A und B einigten sich.*«

Gute Juristen äußern sich grundsätzlich in der Form des **Aktivs**. Passivstil verschleiert die Verantwortung für das Geäußerte. Das merkt übrigens auch der Korrektor. **Falsch** ist es daher zu schreiben:

> »*Wenn das Leben, der Körper, die Gesundheit, die Freiheit, das Eigentum oder ein sonstiges Recht verletzt werden ...*«

Vielmehr muss es **richtigerweise** heißen:

> »*Wer ... das Leben ... verletzt, ...*«

Kapitel 3 – Der Ernstfall: Die Klausur

A. Einführung

Der Begriff ***Taktik*** kommt aus dem griechischen: tatiké = Kunst des Aufstellens und der Anordnung. Allgemein spricht man von **Strategie** oder Taktik im Zusammenhang mit geplantem Handeln. Strategisches Handeln ist dabei generell immer langfristiger und großräumiger als taktisches Handeln. Da in einer Klausursituation regelmäßig nur begrenzte Zeit zur Verfügung steht (zumeist wenige Stunden), um ein juristisches Gutachten zu erstellen, bedarf es auch hier einer gewissen »Klausur-Taktik«, um dieses Ziel schnell, effizient und ökonomisch zu erreichen.

Um es vorwegzunehmen: **Klausurtaktik kann nicht an einem einzigen Tag erlernt werden**, denn Taktik ist immer geprägt von den zur Verfügung stehenden Mitteln und unterliegt dementsprechend einem steten Wandel. Man kann aber in relativ kurzer Zeit verstehen, was eigentlich hinter dem Begriff Klausurtaktik steht und worauf man sich im Sinne einer klugen Taktik bei zukünftigen Übungsklausuren und Abschlusstests konzentrieren sollte. Dazu dient dieses Kapitel, in dem wir uns vor allem mit den folgenden beiden Aspekten von schriftlichen Aufsichtsarbeiten beschäftigen wollen:

- **Die notwendigen Vorbereitungen** (unter B.)
- **Das richtige Zeitmanagement** (unter C.)

Um für sich selbst eine gute Taktik zu entwickeln, ist es erforderlich, eine größere Anzahl von Klausuren zu schreiben. Das gilt übrigens nicht nur für die Kandidatinnen und Kandidaten in der unmittelbaren Examensvorbereitung, sondern auch schon während des Studiums. Gelegenheit zum Klausurschreiben bieten zahlreiche universitäre und private Klausurenkurse, die sich im Hinblick auf Art und Umfang der angebotenen Übungsklausuren inzwischen recht gut an die Bedürfnisse der unterschiedlichen Zielgruppen angepasst haben. Aufpassen sollte man bei der Auswahl darauf, dass der Schwierigkeitsgrad angemessen und die Korrekturzeiten überschaubar (< 4 Wochen) bleiben.

B. Vorbereitungen

Auf die konkrete Vorbereitung einer Klausur sollte man mindestens ebenso viel Zeit verwenden wie auf die Klausur selbst. Damit ist an dieser Stelle natürlich nicht die inhaltliche Auseinandersetzung mit dem Lernstoff gemeint. Es geht vielmehr um die logistischen Feinheiten, die man bereits vorab erledigen kann, um sodann entspannt und sorgenfrei in die eigentliche Klausur zu starten. Insofern handelt es sich weniger um taktisches als um ein strategisches Vorgehen (s.o.). Dabei ist natürlich klar, dass man nicht jede Kleinigkeit minutiös im Voraus planen kann. Einen Großteil von Problemen und Problemchen kann man sich aber tatsächlich sparen, wenn man nur konsequent einige zentrale Grundregeln befolgt. Insofern verstehen sich die folgenden Hinweise nicht als l'art pour l'art, sondern als praktische Lebenshilfe, größtenteils aus der eigenen oder erlebten (leidvollen) Erfahrung der Autoren selbst:

I. Schlaf und Ruhephasen

Ausreichend **Schlaf** sollte man sich jedenfalls unmittelbar vor einer Klausur (zumal im Staatsexamen) gönnen. Kaum etwas macht sich in einer Prüfungssituation derart negativ bemerkbar wie mangelnder Schlaf und infolgedessen fehlende Konzentration und Leistungsfähigkeit. Übrigens gilt diese Regel auch für so genannte »Nachtmenschen«, also diejenigen, die üblicherweise erst gegen Mitternacht mit dem »täglichen« Lernen beginnen und sich dann so richtig in Hochform fühlen. Die Prüfungen finden nämlich zumeist vormittags statt. Aus diesem Grund sollte man seinen Biorhythmus frühzeitig entsprechend einstellen. Es wäre doch ärgerlich, wenn sich das Gehirn während der Examensklausur noch im »Sleep-Modus« befände, oder?

> **Wissenswert:** *Robert Stickgold* vom Massachusetts Institute of Technology fand heraus, dass der Schlaf vor einer Prüfung eine große Rolle dabei spielt, wie gut man abschneidet. Seiner Ansicht nach kann Gelerntes tatsächlich im Schlaf im Gehirn verankert werden. Bei seinen Experimenten konnten die Versuchspersonen ihre Leistungen um 20% verbessern, wenn sie vor der Prüfung eine Nacht gut durchschliefen. Mit jeder weiteren Nacht vor der Prüfung verbesserten sich die Leistungen weiter. Bei den Probanden die nach dem Lernen in der Nacht keinen Schlaf fanden, sanken die Leistungen auf Anfängerniveau herab. **Examenstipp:** Übungsklausuren in der unmittelbaren Examensvorbereitung immer früh morgens (~ 8.00 Uhr) schreiben! Examensklausuren werden auch um diese Zeit geschrieben. Wenn der Bio-Rhythmus erst um 10.00 Uhr auf Touren kommt, dann rächt sich das in den Klausuren.

II. Die Anreise zur Klausur

Die **Anreise** umfasst den Weg aus dem Bett, in dem man die Nacht vor der Klausur verbracht hat, bis an den Arbeitsplatz, an dem die Klausur anzufertigen ist. Man sollte sich bereits vorher über die Wegstrecke, die zur Verfügung stehenden Verkehrsmittel, den Raum, die Einlassmodalitäten etc. informieren. Sofern Unterlagen wie etwa ein Lichtbild- und Studierendenausweis oder Anmeldekarten benötigt werden, sollte man diese bereithalten und verstauen. Auch der Transport der unter Umständen recht gewichtigen Gesetzestextsammlungen sollte einkalkuliert werden (gilt für allem für Examensklausuren!). Kaum etwas ist ärgerlicher, als ein zwanzigminütiger Fußweg bepackt mit Schönfelder und Sartorius zum Klausursaal, um dann völlig fertig festzustellen, dass man die Anmeldekarte nicht mitgenommen hat. Selbst wenn man in diesem Fall noch zur Prüfung zugelassen wird, ist jedenfalls von einer entspannten Grundstimmung nichts mehr übrig.

III. Schreibutensilien

1. Papier

Genauso wie in Hausarbeiten sollte auch das **Klausurpapier** (sofern man darauf Einfluss nehmen kann) eine vernünftige Qualität haben. Etwas mehr als 80g/m² dürfen es also durchaus sein. Unbedingt vermieden werden sollte kariertes oder völlig unliniertes Papier. Auch auf Umweltpapier (besonders in Kombination mit schwarzem Kugelschreiber) ist tunlichst zu verzichten, wenngleich der ökologische Grundgedanke durchaus zu befürworten ist. Es gibt aber bessere Gelegenheiten um Umweltbewusstsein effektiv zu demonstrieren.

Günstig ist es auch, die einzelnen **Klausurblätter** schon vor der Klausur mit den notwendigen **Angaben** wie Name und Matrikel- bzw. Prüfungsnummer zu versehen. Werden solche Ergänzungen allerdings maschinenschriftlich gemacht, entsteht leicht der Eindruck »übertriebener Professionalität« bzw. Effekthascherei (Gleiches gilt übrigens auch für mehr oder weniger »kunstvoll« gestaltete Deckblätter!). Einige Repetitorien verkaufen inzwischen bereits entsprechende Klausurenblöcke an ihre Kursteilnehmer. Ein Vorteil von Papier in Blockform besteht sicher darin, dass während der Bearbeitung in der Klausur noch geblättert werden kann. Lose Blätter bieten demgegenüber weniger Übersicht.

> **Feinkost:** In den Aufsichtsarbeiten der Staatsexamina wird das Klausurpapier regelmäßig vom Prüfungsamt bereitgestellt. Dieses ist meist Umweltpapier und wird an manchen Standorten offenbar durch Kopieren einer zuvor handschriftlich linierten Vorlage erstellt. Wen wundert da noch, dass die Durchschnittsergebnisse in den juristischen Staatsprüfungen seit Jahren durchweg im unteren Drittel der Punkteskala rangieren?;-)

2. Schreibgeräte

Für die notwendigen Vorarbeiten, wie etwa das Erfassen des Sachverhalts, sollten in eine Klausur auch einige **farbige Stifte** oder **Textmarker** mitgebracht werden, so dass schnell und einfach wichtige Passagen gekennzeichnet und Geschehensabläufe aussagekräftig visualisiert werden können. Überflüssig sind übrigens sämtliche optischen »Verzierungen« und Unterstreichungen im anzufertigenden Gutachtentext. Man sollte die knappe Bearbeitungszeit daher auf sinnvollere Dinge als die akribische Gestaltung der Überschriften verwenden. Stattdessen empfiehlt es sich, die einzelnen Sinnabschnitte regelmäßig durch Absätze zu kennzeichnen. Dies erleichtert dem Korrektor die Orientierung. Auch hier gilt (wie zumeist): sparsamer Einsatz! Zu viele Einrückungen und Absätze beeinträchtigen die Lesbarkeit mehr, als dass sie ihr dienlich wären.

> **Merke:** Die Blätter in Klausuren werden nur **einseitig** beschrieben. Sie sind zu **nummerieren** und es ist links 1/3 der Seite als **Korrekturrand** freizulassen.

Für den eigentlichen Gutachtentext (die Niederschrift) empfiehlt sich vorzugsweise ein konventioneller **Füller**. Kugelschreiber oder Fineliner sind ebenfalls gut geeignet. Vor dem Kauf sollte man in jedem Fall testen, wie das Gerät in der Hand liegt und ob sich damit schnell und weich schreiben lässt). Auch sollte man niemals zum ersten Mal in einer Klausur mit einem neuen Schreibgerät arbeiten. Das Risiko eines unentdeckten Defekts sollte man ausschließen.

Was die **Schriftfarbe** anbelangt, gilt der Satz »blau vor schwarz«. Blaue Schrift auf weißem Grund ist angenehmer zu lesen und wirkt gefälliger. **Bleistifte sind absolut Tabu!**

Zwar mag es nahe liegen, mehrere Schreibgeräte mit unterschiedlichen Griffzonen dabei zu haben, um in der Klausur zwischendurch zu wechseln und einem Verkrampfen der Hand vorzubeugen. Andererseits lässt der Wechsel des Schreibgeräts bzw. der Schriftfarbe die Klausurbearbeitung unprofessionell und den Verfasser unvorbereitet erscheinen. Es sollte also nach Möglichkeit auch bei Verwendung mehrerer Schreibgeräte in jedem Fall ein einheitliches Schriftbild entstehen. Ratsam ist es in jedem Fall einen Ersatzstift mitzunehmen, der im Falle eines plötzlichen Versagens (des ersten Schreibgeräts!) eingesetzt werden kann. Für Füllfederhalter sollte auch stets eine Ersatz-Tintenpatrone zur Stelle sein.

3. Die Uhr

Eine funktionierende **Uhr** sollte jedenfalls im Gepäck sein, wenn man sich auf den Weg zur Klausur macht. Sie hilft einem dabei, während der Bearbeitung den Überblick zu behalten und unnötige Hektik zu vermeiden.

IV. Ernährung vor und während der Prüfung

Für die Klausur selbst und die Vorbereitungszeit sollte man sich im Vorfeld einige Gedanken darüber machen, wann und welche **Nahrungsmittel**[77] sinnvoll sind. Das Sprichwort »*Wer viel arbeitet, muss auch viel essen*« lässt sich nämlich auf Juristen, die ja vor allem zum Ende ihrer universitären Ausbildung hin zu echten »Schreibtischtätern« mutieren, nicht ohne weiteres anwenden. Wer viel lernen muss, hat wenig Zeit zum Kochen. Da werden schnell ein paar Spiegeleier usw. in die Pfanne gehauen oder einfach der nächste Imbiss-Stand aufgesucht. Der Hunger ist zwar weg, doch fettes Essen liegt im Magen und macht träge. Meist leidet auch der Schlaf (siehe oben) darunter. Das Arbeiten im Sitzen erfordert nicht unbedingt die Zufuhr von großen Energiemengen, sondern vor allem eines: leichte Kost! Die richtige »Klausurnahrung«

---

77 Lesenswerter Erfahrungsbericht: http://home.arcor.de/pa/parkuhr/erfahrungsbericht/erfahrungsbericht.htm.

sollte vor allem ausreichend Kohlenhydrate enthalten (die vorwiegend in Reis, Nudeln, Kartoffeln, Gemüse stecken). Für die Sondersituation einer Klausur – in der man kaum mit einem Kochtopf auflaufen kann – bieten sich alternativ vor allem Vollkornbrot mit Käse und Obst (vor allem Bananen) an. Für das Gehirn sind solche kohlenhydratreiche Lebensmittel die beste Energiequelle. Insbesondere der Botenstoff Acetylcholin sorgt für die schnelle Informationsübermittlung sowohl beim Lernen als auch beim Abrufen von gespeicherten Informationen. Ohne ausreichend Acetylcholin wird das Gedächtnis zum Sieb.

Auch ohne **Wasser** geht es natürlich nicht. Fehlt dem Körper Wasser, lässt die Konzentrationsfähigkeit sofort spürbar nach. Insofern sollte für eine Klausur ein ausreichender Vorrat mitgenommen werden. Ein **eiweiß**reicher Snack (Milch, Nüsse) zur rechten Zeit kann als »Wachmacher« fungieren. Auch der Mineralstoff Eisen ist verantwortlich für vorzeitige Müdigkeit, denn er regelt den Sauerstofftransport in jede Zelle. Eisen steckt in Muskelfleisch, Spinat und Vollkornprodukten. **Magnesium** beruhigt die Nerven. Fehlt es, merkt man das daran, dass man bei der kleinsten Panne total genervt ist. Wer ausreichende Mengen grünes Gemüse und Salat und Nüsse zu sich nimmt, sichert seine Versorgung mit diesem wichtigen Mineral.

Schnellübersicht Ernährung:

- **Frühstück:** auf jeden Fall frühstücken, damit die in der Nacht geleerten Energiespeicher wieder aufgefüllt werden und die Leistungskurve nicht im ungünstigsten Moment abfällt. Falls die Prüfung erst später am Tag stattfindet: die Zwischenmahlzeit nicht vergessen und ein fettarmes, vollwertiges Mittagessen wählen, das den Magen nicht belastet.

- So genannte »**Prüfungsdrogen**« sollte man vermeiden: Kaffee und Zigaretten putschen nur kurzfristig auf. Auch Alkohol ist (selbstverständlich) am Prüfungstag Tabu!

- **Wenn es losgeht:** kurz vor der Prüfung noch einen **Energieschub** (Müsliriegel, Banane, Traubenzucker oder Ähnliches) zuführen. Auch ein Glas Mineralwasser beruhigt die Nerven.

IV. Gesetzestext

Der **Gesetzestext** sollte frei von Markierungen, Zetteln, Randbemerkungen etc. sein. Gerade in den Anfangssemestern und bei Nebenfachstudenten finden sich regelmäßig geradezu haarsträubende »Upgrades« in den Gesetzestexten. Da werden mitunter ganze Lehrbuchseiten in Mini-Schrift auf die Einbandinnenseiten abgeschrieben. Von derart »aufgebohrten« Gesetzestexten ist mit Nachdruck abzuraten! Es gelten je nach Studienort und Art der Klausur (Uni, Examen etc.) ganz unterschiedliche Regeln, auf deren Grundlage beurteilt wird, was noch als zulässiges Hilfsmittel eingestuft werden kann und was nicht. Die Prüfungsordnungen für das Erste Staatsexamen verbieten es, außer einfachen Unterstreichungen Kommentare und Verweise in den bei den schriftlichen Prüfungen zugelassenen Hilfsmitteln anzubringen. Von diesem Verbot werden auch alle »Tricks« erfasst, mit deren Hilfe dies umgangen werden soll. Mit einem »jungfräulichen« Gesetzestext ist man insoweit immer auf der sicheren Seite und spart sich eine Menge Stress und gegebenenfalls auch Ärger (nämlich dann, wenn die Aufsichtsperson fünf Minuten vor Abgabe auf einmal die Unterstreichungen im mitgebrachten BGB als Täuschungsversuch bewerten möchte). Zur Verdeutlichung soll folgender kleiner Fall dienen.

VG Mainz, Urteil vom 11. Dezember **2002** (Az.: 7 K 502/02):

> *»Der Kläger nahm an den schriftlichen Prüfungen zum 1. jur. Staatsexamen teil. Bei einer Kontrolle der Hilfsmittel stellte sich heraus, dass sein „Schönfelder" eine Vielzahl umkreister Buchstaben sowie handschriftliche Anmerkungen enthielt. Die Gesetzessammlung wurde darauf eingezogen und die entsprechende Klausur mit null Punkten bewertet. Die gegen diese Bewertung erhobene Klage blieb erfolglos.*
>
> *Der Kläger hat durch die Verwendung des unzulässigen Hilfsmittels einen Täuschungsversuch begangen. Seine Arbeit war daher mit null Punkten zu bewerten.*
>
> *1a) Die Unzulässigkeit des „Schönfelder" folgt zunächst aus den darin enthaltenen Umkreisungen einzelner Buchstaben. Die einschlägige Prüfungsordnung gestattet in den verwendeten Hilfsmitteln lediglich „einfache Unterstreichungen oder ähnliche Hervorhebungen", verbietet aber Randbemerkungen aller Art. Dies wurde den Prüfungskandidaten bei der Ladung zur Prüfung auch durch die beigefügten „wichtigen Hinweise" mitgeteilt. Erlaubt sind daher nur solche Hervorhebungen, die als Lesehilfe dienen, jegliche Kommentierung aber ist verboten. Die Umkreisung einzelner Buchstaben durch den Kläger stellt eine solche Kommentierung dar, da so dem Gesetzestext ein neuer Bedeutungsinhalt hinzugefügt wurde. So waren z.B. in den §§ 323, 684, 977 BGB jeweils die Buchstaben „r" und „f" als Abkürzung für „Rechtsfolgenverweisung" und in § 681 BGB die Buchstaben „p...f...v" für „positive Forderungsverletzung" hervorgehoben. Mit dieser Zusammensetzung neuer Begriffe umging der Kläger das Verbot kommentierender Anmerkungen.*
>
> *b) Daneben enthielt der „Schönfelder" auch Randbemerkungen (§§ und Buchstaben), die bereits unmittelbar aufgrund des Verbots in der Prüfungsordnung unzulässig waren.*
>
> *c) Ein Täuschungsversuch mit einem unzulässigen Hilfsmittel liegt bereits dann vor, wenn der Betroffene dieses in der Prüfung mit sich führt, auch wenn es für die Lösung der gestellten Aufgabe ohne Nutzen bleibt. Entscheidend ist vielmehr, ob das unzulässige Hilfsmittel generell für die Bearbeitung der Klausur geeignet ist. Diese Geeignetheit ist hier gegeben, da der „Schönfelder" des Klägers zahlreiche unzulässige Kommentierungen in Vorschriften enthielt, die bei der Bearbeitung der gestellten Klausur aus dem Handels- und Gesellschaftsrecht Anwendung finden können.*
>
> *Das Mitführen eines unzulässigen Hilfsmittels stellt nur dann keinen Täuschungsversuch dar, wenn der Prüfling nachweisen kann, dass es weder vorsätzlich noch fahrlässig in dessen Besitz gelangt ist. Aufgrund der „wichtigen Hinweise" wusste der Kläger aber um die Unzulässigkeit seiner Gesetzessammlung. Daher konnte er auch nicht „blind" auf die Angaben Dritter, wonach solche Umkreisungen zulässig sind, vertrauen. Soweit er anführt, die Hervorhebungen seien von ihm beim Ausradieren vor dem Examen übersehen worden, geht dies*

zu seinen Lasten. Das Risiko unerlaubter Anmerkungen in den zugelassenen Hilfsmitteln geht immer zu Lasten des jeweiligen Prüflings.

2. Die Bewertung der Arbeit mit null Punkten ist auch unter Ermessensgesichtspunkten nicht zu beanstanden. Bei der Verwendung von unzulässigen Hilfsmitteln ist es ständige Übung der Beklagten, die Arbeit mit null Punkten zu bewerten, so dass insoweit von einer zulässigen Ermessensbindung auszugehen ist. Dies ist schon deshalb nicht unverhältnismäßig, da die Prüflinge mehrfach auf das Verbot des Mitführens von unzulässigen Hilfsmitteln hingewiesen werden. Ein Ermessensfehler liegt auch nicht deshalb vor, weil der Täuschungsversuch des Klägers im Rahmen einer Stichprobe entdeckt wurde. Hierin liegt keine Beeinträchtigung der wegen Art. 3 GG gebotenen Chancengleichheit, da eine umfassende Kontrolle aller Prüflinge aufgrund deren großer Zahl nicht möglich ist. Eine stichprobenartige Überprüfung ist jedenfalls dann zulässig, wenn jeder der Prüfungskandidaten jederzeit mit einer Kontrolle seiner Hilfsmittel rechnen muss.«

Insbesondere für Anfänger ist es zudem in jedem Fall sinnvoll, sich frühzeitig **von Markierungen und anderen Hilfsmitteln zu lösen**. Der Gesetzestext selbst enthält die notwendigen und wirklich wichtigen Hinweise. Viele Unterstreichungen führen entweder dazu, dass bei späterem Nachlesen auf einmal »alles wichtig« erscheint oder die in einem bestimmten (Fall-)Kontext eingefügte Unterstreichung verleitet bei der Lösung eines ganz anderen Falles zu falschen Schlüssen.

Gesetz ist nicht gleich Gesetz. Die meisten in den Bundesländern zugelassenen Gesetzestexte sind unterschiedlich aussagekräftig, was je nach Klausurthema durchaus zu berücksichtigen ist. So finden sich im »**Schönfelder**« mit schöner Regelmäßigkeit in den Fußnoten Hinweise zu Ausnahmetatbeständen oder ähnlichen Regelungen in anderen Gesetzen (praktischerweise zumeist direkt mit einem Verweis auf die entsprechende »Hausnummer«). Dagegen finden sich in den **dtv-Ausgaben** in der Regel Einleitungen, die sich mit theoretischen Grundlagen und Prinzipien des betreffenden Rechtsgebiets beschäftigen. In seltenen Fällen wird man auch hier nützliche Informationen für eine erfolgreiche Klausurlösung finden können.

Merke: In der Prüfung ist eine ***eigene*** Leistung zu erbringen. Diese Leistung ist nur mit den von der Prüfungsordnung gestatteten Hilfsmitteln zu erbringen. Wenn ein Prüfling weitere Hilfsmittel benutzt, kann dies sanktioniert werden.

Im Einzelfall ist jedoch fraglich, ab wann eine unzulässige Inanspruchnahme fremder Hilfsmittel zu bejahen ist. Dies ist sicherlich der Fall, wenn beim Schreiben einer Klausur **Funkgeräte** für den Kontakt nach außen eingesetzt werden, kann aber auch bereits bei geringeren Verstößen vorliegen.

Wichtig: Es gibt keinen allgemeinen Grundsatz des Prüfungsrechts, nach dem bereits die Gestattung oder Duldung der Übernahme einer eigenen Prüfungsleistung durch einen anderen Prüfungsteilnehmer (= »*abschreiben lassen*«) zu einer Sanktionsnote und dem Verlust des Bewertungsanspruchs führt.[78]

C. Zeitmanagement

Die verschiedenen Phasen der Anfertigung einer Klausur müssen zeitlich aufeinander abgestimmt werden, um ein optimales Ergebnis zu erzielen. Dabei hängt viel vom individuellen Schreibstil und Schreibtempo ab. Wer in kurzer Zeit viel zu Papier bringen kann, muss nicht so früh mit der Niederschrift beginnen, wie sein Nachbar, der für eine Textseite zehn Minuten benötigt.

Grundregel: In einer Klausursituation immer die Uhr im Blick behalten!

I. Erfassen des Sachverhalts

Etwa **zehn Prozent** der insgesamt zur Verfügung stehenden Zeit sollte man auf die ordentliche **Erfassung des Sachverhaltes** verwenden. Dies versteht sich eher als Mindestangabe denn als Obergrenze! Da immer wieder Klausurbearbeitungen »am Thema vorbei« gehen, gilt das Axiom: **Lesen geht vor Lösen!** Ungenauigkeiten bei der Sachverhaltserfassung wirken sich unmittelbar auf das Gutachten aus. Das Wort »lesen« bedeutet ursprünglich so viel wie »sammeln« oder »zusammentragen«. Dementsprechend müssen in einer Klausurbearbeitung die sich aus dem Aufgabentext ergebenden Informationen zusammengetragen werden und sammeln, zunächst um den Inhalt des Aufgabentextes zu erfassen, dann, um ihn zu bearbeiten. Zu empfehlen ist also ein **mehrfaches Lesen** des Aufgabentextes.[79]
Das **erste Lesen** dient vorerst nur der eigenen Information über die Sachlage. Empfehlenswert ist es, sich schon bei dieser Gelegenheit einige wichtige Stichworte (Streitpunkte, Verteidigungsargumente) zu notieren und die Zeitdaten in Form eines Zeitstrahls zu erfassen.

Alternativ kann man beim ersten Lesen auch »**von hinten nach vorne**« vorgehen und sich zunächst die Fallfrage und den Bearbeitervermerk klarmachen. Erst danach liest man den Sachverhalt und zu diesem Zeitpunkt dann bereits im Hinblick auf die zu lösende Aufgabe. Ob die eine oder andere Vorgehensweise sinnvoller ist, ist reine Geschmackssache.

Das **zweite Lesen** dient der Bearbeitung des Sachverhaltes. Das ist wörtlich zu verstehen! Die wichtigen Daten können mit dem Textmarker oder auf andere Weise gekennzeichnet werden. Textpassagen, deren wörtliche Verwendung später beabsich-

78 VGH Mannheim NVwZ 1987, 1014 f.
79 *Olivet*, Juristische Arbeitstechnik, Rz. 485.

tigt wird, sollten eingeklammert werden. Gegebenenfalls sollte der Aufgabentext dann auch noch ein drittes Mal zur Kontrolle gelesen werden. Dabei gilt: Jedes Wort in einem Klausursachverhalt **kann** eine juristische Bedeutung haben, **muss** es aber nicht. Keinesfalls dürfen Dinge in den Sachverhalt »hineingelesen werden«, die sich aus diesem nicht eindeutig oder zumindest nicht bei lebensnaher Betrachtung ergeben (»**Sachverhaltsquetsche**«).

> **Für Spezialisten:** Viele Prüfungskandidaten neigen insbesondere im Ersten Staatsexamen dazu, Sachverhalte in Schubladen zu stecken. Zumeist hat man sich im Zuge der Examensvorbereitung mit hunderten von Fällen auseinander gesetzt. Die Versuchung ist groß, den vorgelegten Fall in ein Raster pressen zu wollen und einen bereits bekannten Lösungsweg einfach zu reproduzieren, weil man glaubt, der gestellte und der zuvor gelernte Fall seien identisch. Eine solche Herangehensweise führt aber in einer Vielzahl von Fällen nicht zum gewünschten Ergebnis. Der Klausurfall liegt nämlich in aller Regel inhaltlich (und sei es in Nuancen) anders als der bekannte Fall. Denn genau aus diesem Grund ist der Fall als Klausurthema angenommen worden! Eine schematisch reproduzierte Lösung geht in einem solchen Fall an den Kernproblemen vorbei. Das Resultat sind magere Punkte und zumeist die späte Erkenntnis, sich selbst hereingelegt zu haben.

Normalerweise wird in der Aufgabenstellung über Formulierungen wie »*Nennen Sie ...*«, »*Skizzieren Sie ...*«, »*Erläutern Sie (knapp) ...*«, »*Diskutieren Sie ...*«, »*Beschreiben Sie ...*« angedeutet, in welcher Ausführlichkeit auf die Fragestellung eingegangen werden soll. Die oftmals daneben vermerkte maximal zu erreichende **Punktezahl** für die Aufgabe gibt einen weiteren Hinweis, mit welcher Intensität und in welchem zeitlichen Umfang diese zu bearbeiten ist.

> **Merke:** Keine unreflektierte Anwendung einer bereits bekannten Lösung auf den Klausursachverhalt!

Klausuraufgaben beinhalten meistens **Besonderheiten**, welche die Lösung nach »Schema F« unmöglich machen (siehe oben). Es geht dem Fall(en)steller damit gerade darum, zu prüfen, ob die Kandidaten die anzuwendende Methode verstanden haben oder ob sie nur – frei nach dem Motto »Stumpf ist Trumpf« – auswendig gelerntes Wissen unreflektiert wiedergeben. Die so genannte »**Transferleistung**« soll vom Prüfling erbracht werden, also vorhandenes Wissen auf einen unbekannten Fall angewendet werden. Werden in solchen Fällen die vorgegebenen Sachverhalte einfach in eine schon bekannte Lösung »hineingepresst«, entspricht das unter keinem Aspekt einer wissenschaftlichen Auseinandersetzung. Vom so genannten »**Schubladendenken**« muss man sich also de facto **verabschieden**. Klausurfälle wiederholen sich selten. Die Hoffnung, eine bestimmte Fallkonstellation werde sich erneut einstellen oder sei gar ein »Dauerbrenner« ist unbegründet, auch wenn »Standardprobleme« natürlich gerne geprüft werden.

Keinesfalls sollte man den **Sachverhalt von vorneherein in Frage stellen**. Zwar gilt auch für den Aufgabensteller, dass Irren ein menschlicher Wesenszug ist, die Wahrscheinlichkeit, dass eine Prüfungsaufgabe insgesamt oder in ihren wesentlichen Bestandteilen unlogisch oder nicht bearbeitbar ist, tendiert gegen Null, da derartige Aufgaben vor der Ausgabe regelmäßig gründlich auf Plausibilität und inhaltliche Stimmigkeit überprüft worden sind.

II. Lösungsskizze

Weitere **20-30 Prozent** des Zeitbudgets sollten auf die inhaltliche **Lösung** des Falles und deren Fixierung in Stichworten verwendet werden. Dies mag manchem Studienanfänger viel zu hoch angesetzt erscheinen. Diese Fehlvorstellung resultiert nicht zuletzt daraus, dass der größte Teil der Kandidaten unmittelbar nach Erhalt des Aufgabentextes bereits mit der Niederschrift beginnt. Der größte Teil der Kandidaten fällt aber auch durch oder besteht die Arbeit im unteren Punktedrittel. Im Internet kann man im Forum eines Studentenportals folgenden illustrativen Eintrag nachlesen, den der Verfasser als Antwort auf die Frage nach der richtigen Vorgehensweise für eine juristische Aufsichtsarbeit formuliert hat:

> *»Nicht lange mit Schmierzetteln aufhalten, sondern gleich drauflos schreiben... sonst wirst du nicht fertig! Das Abhaken der Tatbestandsmerkmale musst du im Geiste vollziehen und dann in einen Text bringen. Bloße Listen bringen dir keine Punkte. Wichtig ist auch, alle Paragraphen & Tatbestandsmerkmale, die irgendwie in den Kontext passen, zu prüfen, auch wenn die Fakten scheinbar offensichtlich sind. Wenn man nicht jeden Pups prüft, verliert man massig Punkte! Viel Glück und Erfolg...«*

Der Autor dieser scheinbar »lebensnahen« Hinweise hat sich offenbar noch nicht mit juristischer Arbeitstechnik auseinander gesetzt. Sein fehlendes Verständnis dokumentiert er in seinem Text gleich **mehrfach**. Sehen wir uns die einzelnen Aussagen einmal der Reihe nach an:

> *»Nicht lange mit Schmierzetteln aufhalten, sondern gleich drauflos schreiben... sonst wirst du nicht fertig!«*

Von einer derartigen Herangehensweise **muss nachdrücklich abgeraten werden**! Eine juristische Arbeit ist in aller Regel so anspruchsvoll gestaltet, dass eine schlüssige Lösung nicht ohne entsprechende Vorüberlegungen einfach hingeschrieben werden kann.[80] Dabei ist es ein Trugschluss, zu glauben, dass man durch die Vorarbeiten »aufgehalten« würde. Das **Gegenteil** ist der Fall: Teilt man den Klausurprozess in zwei Abschnitte ein – einen »Denkteil« und einen »Schreibteil« –, dann geht überhaupt keine Zeit verloren, sondern es wird umgekehrt Zeit gewonnen. Um sich das klar zu machen, hilft folgendes **Szenario**:

> → **Student 1** setzt sich hin, nimmt den Klausursachverhalt entgegen, liest diesen. Er beginnt unmittelbar mit der Niederschrift, da er meint, den Fall bereits aus der Vorlesung zu kennen. Auf Seite 4 seiner Gutachtenlösung fällt ihm auf, dass der Sachverhalt an einer Stelle nicht mit der von ihm gedachten Lösung übereinstimmt, so

---

80 Anders sehen das offenbar *Schwab/Löhnig* Falltraining im Zivilrecht, 2003, S. 5.

dass die bisher angestellten Überlegungen wertlos sind. Er muss die Niederschrift erneut beginnen.

→ **Student 2** setzt sich hin, nimmt den Klausursachverhalt entgegen, liest diesen. Er beginnt zunächst mit einer Fallskizze und stellt dabei fest, dass der Sachverhalt von dem in der Vorlesung besprochenen in einem Punkt abweicht. Dementsprechend entwickelt er seine Lösung. Nachdem er fertig ist, beginnt er mit der Niederschrift.

An diesem Beispiel wird schnell klar, dass es für eine erfolgreiche Klausurbearbeitung **mitnichten** darauf ankommt**, möglichst schnell Ergebnisse zu Papier zu bringen**. Es ist zwar kein Geheimnis, dass in die Bewertung nur die tatsächlich zu Papier gebrachte Lösung eingeht. Diese will aber auf jeden Fall wohl durchdacht sein. Ein Korrektor, der eine Arbeit über mehrere Seiten liest und dabei keine thematische Linie, keinen »**roten Faden**« erkennen kann, wird die juristischen Fähigkeiten des Bearbeiters eher gering einschätzen. Es entsteht bei solchen Arbeiten sehr schnell der Eindruck von Konzeptionslosigkeit. Deshalb dient die gedankliche Gliederung (die man auch schriftlich festhalten sollte) dazu, die Ausführungen zu ordnen und in dieser Folge niederzuschreiben.

Student 1 in unserem Beispiel befindet sich übrigens auch **psychisch** in einer Drucksituation. Das aufkeimende Gefühl, die bisherige Zeit »sinnlos« vertan zu haben, die tickende Uhr und das Wissen, den richtigen Lösungsweg noch nicht gefunden zu haben, können schnell dazu führen, dass sich ein klassisches »Blackout« einstellt. Um dem vorzubeugen ist es unabdingbar, die Bearbeitungszeit nach dem oben vorgestellten System einzuteilen.

Übrigens ist dieses **Konzept** vollkommen **unabhängig** davon, **ob es sich um eine neunzigminütige oder eine fünfstündige Klausur handelt**. Auch bei einem knappen Zeitbudget kann man zunächst einen Lösungsweg »bis zum Ende« durchdenken, bevor die eigentliche Niederschrift beginnt.

Zurück zu unserem unbekannten Autor im Internet. Dieser empfiehlt uns weiter:

»Das Abhaken der Tatbestandsmerkmale musst du im Geiste vollziehen und dann in einen Text bringen.«

Dieser Aussage liegen gleich **<u>zwei</u>** grundlegende Irrtümer zugrunde:

Erstens: Tatbestandsvoraussetzungen dürfen auf keinen Fall einfach nur »abgehakt« werden. Jedes Merkmal kann im Einzelfall Probleme aufwerfen, ein vorschnelles Vorgehen bei der Entwicklung des Lösungswegs kann hier wertvolle Punkte kosten. Man sollte an jede Aufgabe stets mit der gebotenen »Naivität« herangehen, also sich den Fall Stück für Stück unter Beachtung aller methodischen Regeln erarbeiten.

Zweitens: Darüber hinaus sollten die Überlegungen keinesfalls nur »im Geiste« stattfinden. Gerade in einer Klausursituation ist man nämlich in hohem Maße Stress ausgesetzt. Das führt dazu, dass Gedankengänge leichter vergessen werden oder man im schlimmeren Fall ein totales »Blackout« erlebt. Je mehr »Gedächtnisstützen« man unmittelbar zu Beginn der Bearbeitung zu Papier bringen kann, desto geringer ist das

Risiko, sich an wichtige Punkte im entscheidenden Moment nicht mehr erinnern zu können. Je mehr wertvolle Stichwörter und Schlüsselbegriffe auf dem Papier stehen, desto entspannter kann man anschließend an die Formulierungsarbeit gehen. Würde man demgegenüber versuchen, alle Gedanken im Kopf festzuhalten und erst bei der Niederschrift abzurufen, läuft man Gefahr, dass ein großer Teil davon verloren geht oder man an den entscheidenden Stellen später zu viel Zeit mit dem Durchdenken der Probleme verliert. Alles klar?!

Werfen wir jetzt noch einen **letzten** Blick auf die Empfehlungen aus dem Internet:

> *»Bloße Listen bringen dir keine Punkte. Wichtig ist auch, alle Paragraphen & Tatbestandsmerkmale, die irgendwie in den Kontext passen, zu prüfen, auch wenn die Fakten scheinbar offensichtlich sind. Wenn man nicht jeden Pups prüft, verliert man massig Punkte! Viel Glück und Erfolg.«*

Dass ein **Gutachtentext** zu verfassen ist, ist so selbstverständlich, dass es hierzu keiner weiteren Ausführungen bedarf. Übrigens gilt dies auch für so genannte »Frageklausuren«. Das Fach Jura ist eine Textwissenschaft, von den Vertretern dieser Disziplin erwartet man (zu Recht), dass sie in ganzen Sätzen Auskunft geben können.

Der zweite Teil der Aussage ist deshalb grob falsch, weil Irrelevantes oder Offensichtliches in der Tat nicht im **Gutachtenstil** zu prüfen, sondern knapp im **Urteilsstil** abzuhaken ist. Entgegen der landläufigen Meinung ist in juristischen Arbeiten niemals alles problematisch, meistens sogar nur zwei oder drei Aspekte des Falls.

> Als goldene Lebensregel können wir übrigens aus diesem Kapitel bereits jetzt festhalten: **Glaube nicht alles, was im Internet zu lesen ist!**

III. Die Niederschrift

Die verbliebene Zeit ist für die **Niederschrift** der ermittelten Lösung zu verwenden. Das dürften je nach Dauer der Vorarbeiten zwischen 60 und 70 Prozent der insgesamt zur Verfügung stehenden Zeit sein. In dieser Zeit sollte man sich bemühen, so viel von den entwickelten Gedanken wie möglich auf das Papier zu bringen, also ein maximales Schreibtempo zu entwickeln. Der Grund ist simpel: Je mehr Material dem Korrektor vorliegt, desto genauer kann er sich ein Bild von der Leistung des Prüflings machen. Ein genaueres ist dabei tendenziell auch immer ein positiveres Bild. Mit anderen Worten: Jeder zusätzliche Gedankengang, der auf dem Papier steht, macht die Arbeit wertvoller. Dünne Bearbeitungen mit einem Umfang von nur wenigen Seiten werfen die Frage auf, weshalb der Verfasser nur so wenig geschrieben hat. Wusste er womöglich nicht mehr?

> **Übrigens:** Zwar leidet das Schriftbild regelmäßig, wenn man das Schreibtempo erhöht, schlechte Schrift ist aber für die Bewertung einer Arbeit grundsätzlich nicht re-

levant. Dies gilt jedenfalls, solange der Text überhaupt noch lesbar ist.[81] Wenn ein Korrektor etwas wirklich nicht lesen kann, kann es (natürlich) auch nicht bewertet werden. Spekulieren darf er nicht (das passiert öfter, als man zunächst glauben mag). Aber: Der Korrektor ist auch (nur) ein Mensch und es versetzt ihn durchaus in eine gereizte Stimmung, wenn er über Seiten »Hieroglyphen« entziffern muss – das sollte sich zwar nicht in der Bewertung niederschlagen – aber kann man das immer garantieren? Deshalb sollte man sich im eigenen Interesse auch in diesem Punkt bemühen, dem Korrektor seine Arbeit möglichst angenehm zu machen. Das dürfte sich in aller Regel durch ein gewisses (meistens völlig unbewusstes) Wohlwollen gegenüber den inhaltlichen Ausführungen bemerkbar machen.

Im Hinblick auf die **Schreibgeschwindigkeit** merken wir uns bitte:

> Die Niederschrift der Klausur sollte nach Möglichkeit nur noch ein rein mechanischer Vorgang sein. Korrekturen am Lösungsweg sind zu diesem Zeitpunkt im Idealfall nicht mehr vorzunehmen!

Dies wird mit zunehmender Übung im Laufe des Studiums immer besser und einfacher funktionieren, da sich nach und nach ein Fundus an gängigen Formulierungen im Kopf angesammelt hat, die man nach dem Baukastenprinzip hintereinander reiht.

Beachte: Auch bei Klausuren gilt häufig das »Gesetz des sinkenden Grenznutzens des nächsten geschriebenen Satzes«: Meist schreibt man am Anfang das Wichtigste nieder, dafür gibt es im Ergebnis dann auch die meisten Punkte. Wenn man bei mehreren Fragen zu einer Aufgabe nichts mehr zu schreiben weiß, sollte man auf keinen Fall verkrampfen, sondern lieber zum nächsten Teil übergehen. Unter Umständen kann man später noch einmal auf die offen gelassene Aufgabe zurückkommen.

Für **Fragenklausuren** gilt daneben zur Steigerung des Schreibtempos und im Sinne einer effektiven Bearbeitung noch die folgende Regel:

> **Merke:** Eine Aufgabe ist nur so lange zu bearbeiten, bis das für sie vorgesehene »Zeitbudget« aufgebraucht ist oder man nichts mehr zu schreiben weiß. Dabei ist stets darauf zu achten, wie viele Punkte für ihre Beantwortung und wie viele Minuten im Hinblick auf die »Punkte-/Minuten-Relation« vorgesehen sind!

Durch diese bewusste Vorgehensweise **verhindert** man, dass die **Bearbeitungszeit** »**plötzlich**« **abgelaufen** ist und man zu den entscheidenden und damit punkteträchtigen Fragen noch überhaupt nicht Stellung genommen hat. Bei Klausuren, in denen der Aufgabensteller die Gewichtung mitteilt, sollte man sich den **Schwerpunkten** nach Möglichkeit **zuerst zuwenden**, um bereits hier die entscheidenden Punkte »einzufahren«.

Während der Niederschrift sollte jeder geschriebene Satz gewissenhaft auf seine Richtigkeit **überprüft** werden. Als Korrektor hat man gelegentlich den Eindruck, »im

81 VGH München Urteil v. 29.12.1992 (3 B 92.399); OVG Münster NVwZ 1995, 800.

falschen Film« zu sein, weil die Ausführungen nur am Rande (oder überhaupt nicht) mit der gestellten Frage zu tun haben. Es entsteht der Eindruck, dass die Kandidaten die Aufgabe nur flüchtig gelesen haben, sodann einige Assoziationen vor ihrem geistigen Auge aufgestiegen sind und sie zu diesen anschließend ihr **gesamtes vorhandenes Wissen erst einmal vollumfänglich »abgeladen«** haben – ganz egal, ob das nun verlangt war oder nicht. Dies entspricht nicht den Anforderungen, die an eine vernünftige juristische Arbeit gestellt werden.

> **Merke:** Es ist stets (nur) die gestellte Frage zu beantworten!

Dies sollte man während der gesamten Bearbeitung vor Augen haben. Darüber hinaus muss oberstes Ziel sein, auf dem Weg zu dieser Antwort **nach Möglichkeit nur »richtige« Sätze** zu schreiben. Jeder Satz, jede Überlegung muss für sich genommen nachvollziehbar und begründbar sein. Es empfiehlt sich, den Text so zu formulieren, dass man schon für den (denkbaren) Fall einer Remonstration genug Argumentationsstoff bietet. Bei Unsicherheiten sollte man sich auf »sichere« Formulierungen zurückziehen. Die Behauptung

»Gewährleistungsansprüche aus Kaufverträgen verjähren ***stets*** *in 2 Jahren.«*

ist natürlich **unrichtig**, denn wie § 438 I BGB beweist, ist dies nur der Regelfall. Ausnahmsweise kann die Verjährungsfrist auch bis zu 30 Jahren betragen. Dies sollte man unbedingt klarstellen und dementsprechend formulieren. Eine »sichere« Formulierung wäre etwa:

»Gewährleistungsansprüche aus Kaufverträgen verjähren ***regelmäßig*** *in 2 Jahren.«*

> **Merke:** Das Wort »*grundsätzlich*« ist nur angebracht, wo es eine Ausnahme gibt und diese erheblich ist. Das Wort »*gewiss*«, etwa in den Wendungen »*in gewisser Weise, gewissermaßen, ein gewisser Betrag*«, beschreibt einen genau messbaren Betrag und darf **nicht** zur Bezeichnung einer unbestimmten Menge verwendet werden.

Derartige Formulierungen trifft man auch in der juristischen Literatur sehr häufig an. Hierdurch werden logische Fehler vermieden, da bereits bei nur einem einzigen Gegenbeispiel die erste Aussage unrichtig würde. Wenn man bei der Abfassung des Klausurtextes solche Feinheiten berücksichtigt, ist man der Prädikatsnote schon ein erhebliches Stück näher gekommen. Einem böswilligen Korrektor (kommt sehr selten vor!) würde vollständig der Boden unter den Füßen entzogen.

Der Text ist nach Möglichkeit erkennbar durch **Absätze** und gegebenenfalls durch vorangestellte Buchstaben und Zahlen (wie im ersten Teil beschrieben) zu gliedern.

Generell sollte nicht zu viel gegliedert werden, da sonst leicht der Eindruck von Stückwerk entsteht. Fragwürdig ist es auch, jeden noch so kleinen Prüfungspunkt mit einer eigenen Überschrift zu versehen. Dies kostet im Hinblick auf die gesamte Bearbeitungszeit nicht nur wertvolle Zeit, sondern mutet auch nach »Seitenschinderei« an. Insofern sollte man besser längere Passagen formulieren und die einzelnen Sinnabschnitte nur optisch durch Absätze oder Leerzeilen voneinander trennen.

Dabei ist aber Folgendes zu beachten: **Zu viele Absätze haben die gleiche Wirkung wie zu wenige Absätze** – in beiden Fällen wird dem Leser bei der Erfassung des Textes nicht geholfen. Zusammenhängendes sollte in Absätzen auch zusammenhängend dargestellt werden. Die Ausführungen dürfen nicht durch zu viele Absätze »zergliedert« werden.

Profitipp: Man sollte nicht unnötig sparsam mit seinem Papier umgehen und größere Sinnabschnitte bzw. längere Passagen jeweils auf einem **neuen Blatt** beginnen. Dies erleichtert es später, den Text unter Umständen teilweise zu ersetzen oder neu zu ordnen, sofern dies notwendig werden sollte. Hinter Textstellen, in denen Argumente aufgeführt werden, sollte etwas Platz gelassen werden, um gegebenenfalls nachträglich noch weitere Aspekte, die einem oft gegen Ende der Bearbeitung wegen des dann sinkenden Stresspegels einfallen, noch einfügen zu können. Die **Seitenzahlen** sollten erst ganz zum Schluss auf den Blättern vermerkt werden.

Und zum Schluss wollen wir uns bitte auch noch merken, dass die Blätter der Bearbeitung vor der Abgabe **sortiert**, **richtig herum** und mit **Deckblatt** samt aller (etwaigen erforderlichen) **Anmeldekarten** sauber **geheftet** werden. Sollte die Zeit einmal nicht ausreichen und man bei der Falllösung nicht zum Ende kommen, sollte die Lösungsskizze der Arbeit beigefügt werden. Manche Arbeit, die unter alleiniger Zugrundelegung des Gutachtentextes nicht mehr als »bestanden« zu bewerten war, konnte hierdurch noch »gerettet« werden.

Merke: Die Seiten müssen bei der Abgabe in die **richtige Reihenfolge** gebracht werden.

Abschließend wollen wir uns die Zeiteinteilung in ihren Proportionen noch einmal optisch am Beispiel einer fünfstündigen Examensklausur verdeutlichen.

▪ Sachverhalt (ggf. mehrmals) und Fallfrage gründlich lesen ▪ Lösungsrelevante Stellen im SV markieren ▪ Fallskizze anfertigen (Zeitstrahl, Zeichnung)	**~ 30 Min.**
▪ Lösungsskizze entwerfen	**~ 90 Min.**
▪ Niederschrift anfertigen	**~ 180 Min.**

Kapitel 4 – Der Ernstfall: Die Hausarbeit

Vorspiel: Es macht nur wenig Sinn, die vorlesungsfreie Zeit mit mehr als zwei Hausarbeiten zu verplanen. Auch hier gilt das Effizienzgebot, mit dem geringsten Aufwand den maximalen Nutzen zu erzielen. An vielen Hochschulen genügt inzwischen das Bestehen **einer** Hausarbeit bereits zum Bestehen der Zwischenprüfung bzw. für die Zulassung zur Staatsprüfung. Nachdem die Hausarbeit in den meisten Bundesländern inzwischen bereits aus dem Programm des Ersten Staatsexamens gestrichen wurde bzw. dies in absehbarer Zeit passieren wird, kann auch nicht mehr damit argumentiert werden, man müsse an der Uni über die Anfertigung möglichst vieler Hausarbeiten für den späteren »Ernstfall« trainieren. Diesen gibt es de facto nicht mehr. Bei der Planung der Hausarbeiten im Studium gilt also nunmehr: so wenig wie möglich, so viel wie nötig.

Für die **konkrete Zeiteinteilung** während der vorlesungsfreien Zeit kann man sich an folgender »**Küchen-Metapher**« orientieren: Je mehr Töpfe auf dem Herd stehen, desto größer ist die Gefahr, dass eine Suppe überkocht, weil man mit dem Umrühren nicht schnell genug nachkommt. Sollte es tatsächlich einmal notwendig werden, mehrere Hausarbeiten innerhalb derselben Ferienperiode anzufertigen, so ist absolute Mindestvoraussetzung, dass diese sich nicht zeitlich überschneiden. Parallel an zwei Arbeiten zu schreiben führt bei 99 Prozent aller Kandidaten nur zu Überlastung und damit zu Frust und letztendlich mangelhaften Ergebnissen. Wer konzentriert und mit Engagement eine Hausarbeit schreibt, ist in aller Regel auch damit bereits gut ausgelastet. Auch wenn eine höhere Zahl an Pflichthausarbeiten absolviert werden muss, dürften **zwei Arbeiten** während einer Semesterferienphase erfahrungsgemäß **die Obergrenze des Schaffbaren** darstellen. Bitte merken!

Und jetzt zum **Kern diese Kapitels**: wir wollen uns im Folgenden einige regelmäßig neuralgische (= mit Nervenschmerzen verbundene) Punkte der Erstellung einer Hausarbeit näher ansehen und hierzu praktische Hilfestellung leisten.

A. Vorbereitungen

Es ist soweit, der Tag der Sachverhaltsausgabe rückt allmählich näher. Jetzt ist der richtige Zeitpunkt gekommen, um die notwendigen Vorbereitungen für die Hausarbeitszeit zu treffen. Vor der weiteren Lektüre und jeglicher Arbeit am Sachverhalt steht zuerst einmal die folgende

Frage: Ist für die Hausarbeit eine besondere **Anmeldung** erforderlich und erfülle ich alle **Voraussetzungen**, damit mir die Benotung auch als Studienleistung angerechnet werden kann?

Nur wenn man – sofern erforderlich – ordnungsgemäß angemeldet ist und die gegebenenfalls erforderlichen Vorleistungen erbracht hat, kann mit den Vorbereitungen begonnen werden. Der Hausarbeits-GAU passiert nämlich regelmäßig dann, wenn Kandidaten nach vierwöchiger Befassung mit der Materie und Erstellung einer erstklassigen Arbeit sowie anschließender Last-Minute-Abgabe feststellen müssen, dass diese Hausarbeit leider das Bestehen der Klausur im Grundkurs Strafrecht BT voraussetzt und diese erst im nächsten Semester auf dem Stundenplan steht.

Wir gehen hier davon aus, dass alle denkbaren bürokratischen Hürden genommen sind und gehen jetzt mal in medias res[82] (lat. = mitten hinein in die Sache).

I. Grundkenntnisse

Vor dem Beginn der eigentlichen Arbeit sollte man sich bestimmte **Grundkenntnisse** angeeignet haben oder dies jedenfalls kurzfristig nachholen. Hierzu zählt die Beherrschung des Schreibgeräts, also in der überwiegenden Zahl der Fälle des **Computers**, an dem man die Hausarbeit verfassen möchte. Wichtig ist es dabei, nicht nur zu wissen, wo man den Monitor einschaltet und wie man das Textverarbeitungsprogramm startet. Wichtig ist es vielmehr, dass die im ersten Teil dieses Buches beschriebenen Formalien richtig umgesetzt werden können, etwa durch den Einsatz einer Formatvorlage[83]. Beherrschen sollte man zumindest das Einfügen von römischen und arabischen Seitenzahlen, von Fußnoten sowie die Erstellung von Inhaltsverzeichnissen. Wie man Dateien speichert, löscht, verschiebt gehört natürlich ebenfalls zu den essentialia einer guten Vorbereitung.

Auch die **Peripheriegeräte** wie Drucker, Scanner, Modem etc. sollte man selbstständig bedienen können. Kaum etwas ist ärgerlicher, wenn nach vierwöchiger juristischer Höchstleistung die kostbare Arbeit nicht ausgedruckt werden kann, weil man nicht in der Lage ist, den Papierstau im Drucker alleine zu beheben. Denjenigen, die für derartige technische Spielereien überhaupt kein Händchen haben, ist zu raten, sich frühzeitig um geeignete Unterstützung im Bekanntenkreis zu bemühen.

Ein weiterer wichtiger Punkt bei der Erstellung der Hausarbeit ist die **Datensicherung** des bereits geschriebenen Textes. Der Verlust von 40 mühevoll erkämpften Seiten durch einen Stromausfall oder einen Festplattencrash stellt eine mittlere Katastrophe dar. Derartige »worst-case«-Szenarien sind übrigens trotz aller Warnungen immer wieder mit »schöner« Regelmäßigkeit zu beobachten. Möglicherweise auch deswegen, weil in der ohnehin schon angespannten »heißen Phase« einer Hausarbeit kaum jemand noch die Nerven hat, sich mit so »überflüssigen« Dingen wie der Anfertigung von Sicherungskopien zu befassen. Zwar lässt sich auch mit maximaler Vorsicht das Risiko eines derartigen plötzlichen Datenschwunds nicht völlig ausschließen, man kann es jedoch mit einfachen Mitteln ganz erheblich verringern:

---

82 *Horaz*, ars poetica 148.

83 Näheres hierzu bei *Rohrlich/Krämer* Jura Professionell – Haus- und Examensarbeiten mit Word.

1. Datenträger

Es müssen unbedingt solide und qualitativ hochwertige **Datenträger** verwendet werden. Die Zeiten von 3,5-Zoll-Disketten sind nahezu vorbei, in vielen tragbaren Computern werden inzwischen überhaupt keine entsprechenden Laufwerke mehr eingebaut. Wer dennoch zur Diskette greift, um seine Arbeit abzuspeichern, der sollte darauf achten, nicht die billigste No-Name-Disc zu verwenden und auch nicht das älteste auffindbare Exemplar seiner Art. Vorzugswürdig ist in jedem Fall die Verwendung eines USB-Sticks, die es inzwischen bereits sehr günstig in jedem Elektronik-Fachgeschäft zu kaufen gibt. Diese handlichen Geräte haben den Vorteil, dass sie nicht über einen Schreib-/Lesekopf abgetastet werden müssen (wie das bei Disketten der Fall ist). Damit spielen Staub, Kratzer, elektromagnetische Felder, Hitze und Kälte kaum noch eine Rolle im Hinblick auf die Sicherheit der Daten. Alternativ kann die aktuelle Fassung der Arbeit auch auf CD-R gesichert werden. In jedem Fall sollte man sich mit der Bedienung der entsprechenden (Brenn-) Software bereits vor Ausgabe des Sachverhaltes eingehend auseinander setzen. Während der Bearbeitungszeit geht andernfalls wertvolle Zeit verloren.

2. Sicherungskopien

Die Arbeit ist **regelmäßig** zu **sichern**. Das gilt sowohl während der Texterfassung als auch am Ende jedes Bearbeitungstages. In den Optionen von Word für Windows lässt sich die »Hintergrundspeicherung« aktivieren und in neueren Versionen kann darüber hinaus noch die »AutoWiederherstellen«-Funktion zugeschaltet werden. Diese bewirken, dass bei einem Programmabsturz oder einem Stromausfall der aktuelle Bearbeitungsstand nicht verloren geht, sondern beim nächsten Start der Anwendung wieder zur Verfügung steht. Hierzu kann ein Speicherintervall angegeben werden. Zu empfehlen ist hier ein Wert von ca. zehn Minuten. Am Ende des Arbeitstages sollte man die aktuelle Dateiversion auf zwei **verschiedenen** Datenträgern (z.B. Festplatte **und** USB-Stick) sichern und durch einen entsprechenden Dateinamen den Stand kennzeichnen. Am nächsten Tag sollte man die gespeicherte Version aufrufen und unter einem neuen Dateinamen abspeichern. Auf diese Weise erhält man für jeden Tag der Bearbeitung ein Dokument, so dass sich später jede Änderung des Textes taggenau zurückverfolgen lässt.

3. Online-Datenbanken

Beabsichtigt man, **Online-Datenbanken** wie JURIS oder beck-online zu verwenden, sollte man sich mit der entsprechenden Benutzeroberfläche bereits vorab vertraut machen, so dass gezielte Suchabfragen keine Schwierigkeiten bereiten. Was für den Online-Bereich gilt, lässt sich auf die übrigen »klassischen« Recherchemethoden übertragen: Die Standorte der wichtigsten Zeitschriften und Kommentare im Seminar oder in der Bibliothek sollten bekannt sein, ebenso die Arbeit mit den verschiedenen Standortkatalogen (Systematik, Schlagworte etc.).

4. Arbeitsplatz

Wichtig ist auch die Wahl des richtigen **Arbeitsplatzes**. Die Frage, wo eine Hausarbeit am einfachsten und effizientesten zu schreiben ist, kann nicht pauschal beantwortet werden. In Betracht kommt entweder die Arbeit in einem juristischen Seminar oder alternativ (nach dem Wortsinn) eben zu Hause.

a) Im Seminar – unterwegs

Die Arbeit in der Bibliothek hat dabei zunächst den Vorteil, dass nahezu alle benötigten Arbeitsmittel in Form von Büchern und Datenbanken greifbar sind. Berücksichtigen sollte man allerdings, dass gerade in Hausarbeitszeiten die (vermeintlich) entscheidenden Materialien oft vergriffen (oder von missgünstigen Kommilitonen versteckt) sein können. An kleineren Universitäten weist der Präsenzbestand der Bibliotheken auch häufig nur ein einziges Exemplar eines Titels aus. Sollte dies im Laufe der Hausarbeitszeit auf die eine oder andere Art und Weise »verloren gehen«, dann ist entweder Organisations- oder Improvisationstalent gefragt.

> **Achtung!** Für die Arbeit in Seminaren ist meist ein **tragbarer PC** (Notebook) erforderlich, da die wenigsten Institute und Seminare ihren Benutzern eigene Rechner für die Texterstellung und -bearbeitung zur Verfügung stellen. Wer ein solches Gerät nicht besitzt oder nicht beschaffen kann, sollte darüber nachdenken, ob es nicht sinnvoller ist, die Arbeit schwerpunktmäßig zu Hause anzufertigen. Die Abfassung eines Manuskripts (manus, lat. = Hand) vor der Erstellung des Typoskripts (Schreibmaschinenfassung) ist als überholt anzusehen. Im Übrigen ist der Zeitaufwand, der entsteht, wenn die Arbeit zunächst einmal handschriftlich verfasst und anschließend »abgetippt« wird, unter Umständen beträchtlich. Viel effektiver ist es, den Text unmittelbar im Computer zu erfassen.

In Seminaren und Institutsbibliotheken sind meistens auch **Fotokopiergeräte** vorhanden. Das erleichtert das schnelle und unkomplizierte Sammeln von Material (Aber merke: *Kapieren kommt nicht von Kopieren!*). Voraussetzung ist allerdings, dass die Geräte einwandfrei gewartet sind (angesichts leerer Kassen der öffentlichen Haushalte durchaus keine Selbstverständlichkeit mehr) und sich nicht 50 Leute stundenlang um einen Kopierer scharen. Der durch das Warten erwirtschaftete Zeitverlust konterkariert den erwarteten Zeitgewinn. Mit anderen Worten: Wenn's am Kopierer mal wieder länger dauert, sollten die für die Bearbeitung relevanten Passagen direkt und unmittelbar aus den Originalquellen exzerpiert (= abgeschrieben/abgetippt) werden.

Daneben gibt es im Seminar, wo zumeist mehrere Kommilitoninnen und Kommilitonen zeitgleich mit derselben Arbeit befasst sind, üblicherweise so etwas wie eine »**herrschende Meinung**«, also einen gewissen Konsens darüber, in welche Richtung der Lösungsweg sich entwickeln muss.

> **Merke:** Es ist selbstverständlich, dass die Arbeit **allein** zu verfassen ist. Korrektoren finden Arbeiten mit sehr ähnlichem Aufbau oder gar identischen Textpassagen

sehr schnell! Teil des wissenschaftlichen Arbeitens ist es aber auch, sich mit anderen über die aufgetretenen Probleme **auszutauschen**.

Nicht zu vernachlässigen ist bei der Entscheidung auch die im Seminar stattfindende »**soziale Kontrolle**«, die man für sich nutzbar machen kann. Diese ist klassischerweise in zwei Ausprägungen anzutreffen. **Im besseren Fall** warten die Kollegen bzw. Kolleginnen, mit denen man sich im Laufe der ersten Woche angefreundet hat, täglich darauf, dass man pünktlich an seinem Arbeitsplatz sitzt und fordern einen während eines Bearbeitungstages immer wieder auf, eigene Ergebnisse zu präsentieren und gewonnenes Wissen mit ihnen zu teilen. Das kann denjenigen, die damit Schwierigkeiten haben, durchaus als **Motivationshilfe** dienen und eine gleichmäßige Beschäftigung mit der Arbeit sicherstellen.

Im anderen Fall hat man während der ersten Woche keine freundschaftlichen Kontakte geknüpft (auch nicht schlimm), die Gesichter am Tisch gegenüber kennt man inzwischen dennoch. Und da man kaum hinter den ungeliebten Konkurrenten zurückstehen möchte, wird **argwöhnisch** jedes aus dem Regal entnommene Buch begutachtet und jeder – vermutete – Fortschritt sofort registriert. Auch hierdurch wird eine Motivationslage geschaffen, mit der man vier Wochen mühelos seine volle Energie in die juristische Arbeit stecken kann. Insbesondere der Arbeitsrhythmus passt sich mit jedem Tag weiter an, da kaum einer der an diesem »Spiel« Beteiligten wagt, seinen Arbeitsplatz abends früher zu räumen oder morgens später zu besetzen. Bereits zu diesem Zeitpunkt seiner Ausbildung entwickelt man also – je nach Universität und persönlicher Neigung – eine gehörige Portion Konkurrenzdenken. Wir wollen diese leicht humoristische Darstellung jedoch einstweilen so zur Kenntnis nehmen und für uns folgendes Fazit ziehen: **Die Arbeit im Seminar eignet sich sowohl für »Teamplayer« als auch für »Einzelkämpfer«**.

Tipp: Bei der Arbeit in der Bibliothek darf man sich keinesfalls von der »**Seminarmeinung**« irritieren oder ganz aus dem Konzept bringen lassen! Bestenfalls darf sie als grobe Richtschnur dienen. Grund: auch völlig abwegige Gedanken verbreiten sich in diesem »anfälligen« Umfeld rasch. Ihr Richtigkeitsgehalt kann oftmals von denjenigen, die sie transportieren, überhaupt nicht eingeschätzt werden.

b) Zu Hause – stationär

Ausschließlich am heimischen Schreibtisch sollte sich demgegenüber nur derjenige niederlassen, der <u>keine</u> Schwierigkeiten damit hat, sich selbst über die Dauer der Hausarbeit angemessen zu disziplinieren und zu motivieren. Hier findet üblicherweise keine »soziale Kontrolle« im oben beschriebenen Sinne statt.

Ein entscheidender Vorteil der Heimarbeit liegt dann zunächst in der ruhigen **Arbeitsumgebung**. Dabei dürfen allerdings die typischen Ablenkungsfaktoren, wie Telefon, Radio, Fernseher, DVD-Sammlung, Playstation, Kühlschrank, Mitbewohner und Bett nicht außer Acht gelassen werden. Diese können sich im Wege eines permanenten, schleichenden Zeitverlusts ganz erheblich bemerkbar machen. Das vorab zu beschaffende Material ist am eigenen Schreibtisch über den gesamten Zeitraum hinweg mit einiger Sicherheit dauerhaft verfügbar, ein nerven- und zeitraubender »Kampf um die Bücher« entfällt. Im Gegensatz zu öffentlichen Bibliotheken, die an feste Öffnungszeiten gebunden sind, ist in der häuslichen Umgebung auch Nachtarbeit möglich (mit Sinn und Un-Sinn solcher »Nachtschichten« befassen wir uns sogleich). Je nach Ausrüstung mit einem PC und Internetzugang lassen sich auch Online-Datenbanken problemlos zu Hause benutzen. Es besteht jedoch die – insbesondere von Anfängern oft unterschätzte – Gefahr des »**Festfahrens**«. Wenn man vom selbst entwickelten Lösungsansatz überzeugt ist, führt dies nach einiger Zeit zu einer gewissen Kritiklosigkeit an der eigenen Arbeit (eine weitere wissenschaftliche Untugend!). Infolge fehlender Auseinandersetzung mit anderen Gedanken und Ansichten tendieren die Verfasser solcher Arbeiten dazu, ihr (möglicherweise) unrichtiges Ergebnis weiter zu zementieren. Dadurch wird Falsches noch falscher gemacht – das Resultat sind Noten im untersten Drittel der Punkteskala.

c) Ergonomie am Schreibtisch

Der **Arbeitsplatz** selbst sollte tatsächlich Platz zum Arbeiten bieten. Diese scheinbar banale Aussage wird in der Praxis gnadenlos oft unterschätzt. Es kann nicht oft genug daran erinnert werden, dass die **Arbeitsfläche** großzügig dimensioniert (min. 160 x 80 cm) sein sollte, aufgeräumt und frei von überflüssigem Beiwerk. Das wird in Bibliotheken regelmäßig der Fall sein. Die folgenden Basisregeln richten sich deshalb weitergehend in erster Linie an diejenigen, die zu Hause am eigenen Schreibtisch und vor einem **Computerbildschirm** arbeiten:

Die Positionen von Monitor, Schreibtisch und Bürostuhl müssen folgendermaßen aufeinander abgestimmt werden: Man sollte **gerade** vor dem Monitor sitzen, so dass Kopf und Körper nicht gedreht werden müssen. Der **Abstand** zum Bildschirm sollte etwa **eine Armlänge** betragen, die Bildschirm-Oberkante sollte sich etwa in Augenhöhe befinden, auf keinen Fall jedoch darüber. Der Winkel zwischen Ober- und Unterarmen sollten bei geradem Sitzen 90 Grad betragen. Das Gleiche sollte für Ober- und Unterschenkel gelten, wenn die Füße vollständig auf dem Boden stehen Der Bildschirm sollte im Winkel von 90 Grad zum Fenster aufgestellt werden, wobei direkt einfallendes Außenlicht etwas gedämpft werden sollte (etwa durch Jalousien). Generell sollte der Arbeitsplatz nicht heller ausgeleuchtet sein als die Umgebung. **Helle Arbeitsplatten** sind Wachmacher und damit empfehlenswert, da das Auge durch einen dunklen Untergrund wegen des damit verbundenen Kontrasts zu Papier und Bildschirm stärker beansprucht wird und damit schneller ermüdet.

5. Schlaf und Erholungsphasen

Ausreichend **Schlaf und Erholungsphasen** sollte man sich auch während der Bearbeitungszeit gönnen. Wichtig ist es hierbei vor allem, einen geordneten Tagesablauf einzuhalten. Entsprechende Überlegungen kann und sollte man bereits vor dem Beginn der Arbeit anstellen. Der Energiehaushalt muss gerade bei einer solchen Dauerbelastung sorgfältig ausbalanciert werden, da ansonsten ein Mini-Burnout droht, also das spontane Nachlassen der Leistungsfähigkeit aufgrund permanenter Überlastung. Noch etwas: Das abenteuerliche Flair von »durchgemachten« Nächten mit zeitgleich maximalem Konsum von Kaffee und Zigaretten kann kaum die erheblichen Defizite im Hinblick auf Konzentrations- und Denkfähigkeit kompensieren, die sich zwangsläufig aus dem entstandenen Schlafmangel ergeben. Die Arbeitszeit pro Tag sollte man je nach persönlichem Ehrgeiz auf etwa 8-10 Stunden festlegen. Zwischendurch sollte man sich unbedingt kurze Pausen (maximal 15 Minuten) gönnen, eventuell einen kurzen Spaziergang unternehmen. Es empfiehlt sich, unmittelbar zu Beginn der Bearbeitung einen knappen **Arbeitsplan** aufzustellen, in dem man die konkret zu bewältigenden Aufgaben zeitlich sortiert und sinnvoll auf die verbleibenden Wochen verteilt.

6. Büromaterial

Neben den auch für eine Klausur benötigten **Schreibutensilien** sollte vor allem schon vor dem Beginn der Arbeit eine ausreichende Menge (etwa dreimal soviel, wie der geplante Umfang der Arbeit) hochwertiges Druckerpapier beschafft werden. Hier ist eine Papierstärke von **100g/m²** durchaus angebracht. Kaum ein anderer Faktor hat solche unbewusste Wirkung auf den Leser einer Arbeit, wie die Papierqualität. Hier kann schon einmal der eine oder andere Ermessens-Zusatzpunkt eingefahren werden. Das bedeutet nicht, dass hier übertrieben penibel ausgewählt werden müsste. Handgeschöpftes Büttenpapier mit Wasserzeichen ist nicht nötig und gewiss auch nicht sachdienlich. Es sollte jedoch unbedingt **weißes Papier** sein, das nicht nach dem Ausdruck in einem Laserdrucker (hohe Temperatur!) direkt unschöne Wellen schlägt. Selbstverständlich hat das Papier **unbedruckt** zu sein, darf also weder liniert noch kariert sein.

Zusätzlich sollte ein möglichst handlicher **Locher**, ein **Hefter** samt »Munition« und mindestens ein **Ringbuchordner** besorgt werden, um Fotokopien und handschriftliche Ausführungen später geordnet ablegen zu können.

7. Bibliotheks-Know-How

Rechtzeitig vor dem Beginn der Hausarbeit sollte man sich vor Ort über die Gegebenheiten in den für die Bearbeitung ins Auge gefassten Bibliotheken informieren. Sofern benötigt, sollte man einen entsprechenden **Benutzerausweis** beantragen und sich die Öffnungszeiten notieren. Insbesondere sollte dabei auf eventuell geänderte

Öffnungszeiten wegen Feiertagen, Betriebsferien, Aufräumarbeiten etc. geachtet werden. Einplanen sollte man auch eine gewisse Menge Kleingeld als **Kopiergeld**. Alternativ kann eine vorhandene oder noch zu besorgende **Kopierkarte** mit einem entsprechenden Geldbetrag aufgeladen werden.

Wohnt man nicht am Hochschulort oder wird die Arbeit aus anderen Gründen nicht in unmittelbarer Nähe zur Universität angefertigt, sollte man sich im Vorfeld der Arbeit schon einmal Gedanken darüber machen, wie die An- und Abreise an den Hochschulort – insbesondere am Tag der Abgabe – bewerkstelligt wird.

B. Zeitmanagement

Während der Bearbeitungsphase einer Hausarbeit tendieren viele Studienanfänger zu einer Art »Vermeidungsstrategie«. Bei diesen Personen war die Wohnung nie so sauber, das Auto niemals so gut gepflegt und die Video-Sammlung nie so perfekt geordnet wie kurz vor dem Niederschreiben der Arbeit. Ein durchaus allgemein bekanntes Phänomen: Konfrontiert mit der Hausarbeit fällt einem so viel ein, das vor dem Beginn der Schreibarbeit »noch eben schnell« erledigt werden könnte. In Wirklichkeit handelt es sich dabei um ein unbewusstes (und leider meist erfolgreiches) Ausweichmanöver. Verstärkt wird dieser Effekt dadurch, dass die auf den ersten Blick großzügig bemessene Bearbeitungsdauer von durchschnittlich vier Wochen zu der Fehlvorstellung verleitet, man könne die zu erledigenden Arbeiten an der Hausarbeit problemlos noch etwas herauszögern. Diese Form von Selbstbetrug kann sogar dazu führen, dass manche Menschen an der Hausarbeit selbst »scheinarbeiten«, also mehr oder weniger unwichtige Dinge im Zusammenhang mit der Arbeit erledigen (zum Beispiel stundenlang Aufsätze kopieren, um sie später einmal zu lesen!). Das mag einer der Gründe dafür sein, warum so viele Arbeiten erst im letzten Augenblick und dann unter enormem Druck (und mit in der Regel dann nur mäßigem Erfolg) geschrieben werden. Wir wollen uns daher als wichtige Grundüberlegung den folgenden Gedanken klarmachen:

> **Merke:** Die Bearbeitungszeit einer Hausarbeit ist im Verhältnis zum Umfang der erwarteten Leistung genauso knapp kalkuliert, wie die Bearbeitungszeit einer Klausur!

Daraus wird ersichtlich, dass man natürlich den vorgegebenen Zeitrahmen auch deutlich unterschreiten ***kann***. So wie besonders gut vorbereitete Kandidaten in Klausuren bereits eine halbe Stunde vor Schluss ihre Bearbeitungen abgeben, verhält es sich auch bei Hausarbeiten. Allerdings ist insbesondere Anfängern hiervon ausdrücklich abzuraten. Stattdessen sollte die volle Bearbeitungszeit ausgenutzt werden.

> **Grundsatz 1:** Jede Bearbeitung wird abgegeben.

Auch bei einer Hausarbeit, die gefühlsmäßig »nicht so gut läuft« darf man keinesfalls die Jura-Flinte ins sprichwörtliche Korn werfen, sondern sollte seine Arbeit unter allen Umständen nach bestem Wissen und Gewissen fertig stellen und abgeben. **Grund:** Man bringt sich anderenfalls um die oftmals lehrreiche Korrektur und Benotung der Arbeit. Letztlich ist jede Prüfungsaufgabe an der Universität und im Staatsexamen nur eine Vorbereitung auf das spätere Berufsleben. Übung macht den Meister, und der fällt ja bekanntermaßen nicht vom Himmel! Zu einem erfolgreichen Lernprozess gehören auch Rückschläge, aus denen man Konsequenzen ziehen kann. Manchmal gilt sogar: Je herber der Rückschlag, desto größer der Lerneffekt. Man sollte sich deshalb keinesfalls von Kommilitonen oder anderen »Ratgebern« entmutigen lassen und in jedem Fall das, was man erarbeitet hat, auch dem Korrektor präsentieren. Im besten Fall ist der entwickelte Lösungsweg einfach von niemandem gesehen worden und der Korrektor ist entsprechend fähig, diese vertretbare Abweichung von der Lösungsskizze auch entsprechend zu würdigen.

Grundsatz 2: Die Arbeit darf erst dann abgegeben werden, wenn man für sich selbst zu der Überzeugung gelangt ist, dass keine Fehler mehr vorhanden sind.

Das bedeutet selbstverständlich nicht, dass die Arbeit zu diesem Zeitpunkt auch tatsächlich **fehlerfrei** ist. Es spricht sogar einiges dafür, dass sie es nicht ist, denn *errare humanum est*[84] (lat. = Irren ist menschlich). Wenn dem Verfasser aber bei Abgabe bereits bewusst ist, dass seine Arbeit noch behebbare Schwächen besitzt, ist das ein deutliches Indiz dafür, dass die Arbeit insgesamt nicht mit maximalem Einsatz geschrieben worden ist – ein maximaler Punkteerfolg ist damit bereits unabhängig von allen weiteren Störfaktoren (wie schlechte Stimmung des Korrektors) ausgeschlossen. Man sollte bei der Abgabe das Gefühl haben, die unter den gegeben Umständen bestmögliche Leistung erbracht zu haben.

Die **Dauer der Bearbeitung** beträgt in aller Regel **zwischen drei und sechs Wochen** je nach Thema und Schwierigkeitsgrad. Zunächst ist daher eine sorgfältige **Zeiteinteilung** erforderlich.

I. Erfassen des Sachverhalts und der Aufgabenstellung

Erfahrungsgemäß benötigt man mindestens **eine Woche**, um den Sachverhalt und die in ihm enthaltenen Probleme ansatzweise zu erfassen und diese ersten Eindrücke durch oberflächliche Recherchen zu bestätigen. Zu diesem Zeitpunkt macht es wenig Sinn, bereits Teile der Arbeit niederzuschreiben, die später gegebenenfalls wieder komplett umgestellt oder sogar entfernt werden müssen.

Wie bei Klausuren gilt auch für Hausarbeiten: Lesen geht vor Lösen! Dementsprechend müssen die sich aus dem Aufgabentext ergebenden Informationen zusammen-

84 So ursprünglich bei *Seneca* (54 v. Chr. – 39 n. Chr.).

getragen und gesammelt werden, zunächst um den Inhalt des Aufgabentextes zu erfassen, dann um ihn zu bearbeiten. Zu empfehlen ist also ein **mehrfaches Lesen** des Aufgabentextes.[85] Das **erste Lesen** dient vorerst nur der eigenen Information über die Sachlage. Empfehlenswert ist es, sich schon bei dieser Gelegenheit einige wichtige Stichworte (Streitpunkte, Verteidigungsargumente) zu notieren und die Zeitdaten in Form eines Zeitstrahls zu erfassen.

> **Alternativ** kann man beim ersten Lesen auch »**von hinten nach vorne**« vorgehen und sich zunächst die Fallfrage und den Bearbeitervermerk klarmachen. Erst danach liest man den Sachverhalt und zu diesem Zeitpunkt dann bereits im Hinblick auf die zu lösende Aufgabe. Ob die eine oder andere Vorgehensweise sinnvoller ist, ist reine Geschmackssache.

Das **zweite Lesen** dient der Bearbeitung des Sachverhaltes. Das ist wörtlich zu verstehen! Die wichtigen Daten können mit dem Textmarker oder auf andere Weise gekennzeichnet werden. Textpassagen, deren wörtliche Verwendung später beabsichtigt wird, sollten eingeklammert werden. Gegebenenfalls sollte der Aufgabentext dann auch noch ein drittes Mal zur Kontrolle gelesen werden. Dabei gilt: Kein Wort des Aufgabentextes darf missverstanden, keines darf übersehen und unbeachtet gelassen werden. Man sollte hier also mit dem gebotenen kritischen Abstand zum bisherigen Leseergebnis vorgehen.

> **Merke: Datumsangaben** im Sachverhalt lassen auf **Fristprobleme** schließen. Gesetze und Vertragsbestandteile, die im **Wortlaut** (Anführungszeichen!) wiedergegeben werden, deuten darauf hin, dass ihre **Wirksamkeit** bzw. Gültigkeit überprüft werden muss. Das im Originalwortlaut wiedergegebene Vorbringen der beteiligten Personen weist darauf hin, dass möglicherweise eine Falschbezeichnung vorliegt und der wahre Wille durch Auslegung ermittelt werden muss.

II. Klausurmäßige Lösung

Anschließend sollte in einem Zeitrahmen von etwa zwei bis drei Stunden unter Zuhilfenahme des Gesetzestextes und maximal eines Standardkommentars eine **Klausurlösung** des Falles abgefasst werden. Diese erste Skizze dient fortan als Gerüst der Arbeit, das im Laufe der Bearbeitung immer weiter verfeinert, erweitert und gegebenenfalls auch verändert wird.

III. Literaturrecherche

Als nächster Schritt folgt die **Literaturrecherche**. Der Begriff ist weit zu verstehen, hierunter fällt also alles, was in geschriebener Form zum Thema auffindbar ist. Ausgehend von den erkannten Problemen arbeitet man sich zum Kern des Falles vor. Zunächst sollte die Lektüre hierbei mit einigen **Standardlehrbüchern** begonnen wer-

85 *Olivet*, Juristische Arbeitstechnik, Rz. 485.

den. Erst danach, wenn ein erster Überblick über die Streitstände zu den problematischen Aspekten des Falls besteht, sollten die einschlägigen **Kommentare** hinzugezogen werden. Von dort aus wird auf **Gerichtsentscheidungen** und **Aufsätze** in Fachzeitschriften verwiesen. Diese liest man zum Schluss und orientiert sich in der zeitlichen Abfolge dann von älteren Entscheidungen und Aufsätzen zu neueren und neuesten Veröffentlichungen.

Praxistipp: Oftmals unbekannt ist Studierenden der Anfangssemester die **Karlsruher Juristische Bibliographie** (KJB). Die Karlsruher Juristische Bibliographie wurde vor etwa 40 Jahren von den Leitern der Bibliotheken des Bundesverfassungsgerichts und des Bundesgerichtshofes ins Leben gerufen, erscheint **monatlich** und erfasst die bibliographisch **unselbstständige Literatur**, also vor allem Zeitschriftenaufsätze, Beiträge in Sammelwerken und in Festschriften. Das eigentlich interessante daran ist die Sortierung nach Sachgebieten. Man findet dort also die jeweils neuesten Aufsätze zu einem bestimmten Rechtsgebiet.

Das sorgfältige Recherchieren und Bibliographieren von Quellen und Sekundärliteratur wird in aller Regel mehrere Tage in Anspruch nehmen. Auch wenn man zu Hause schreibt und einen gewissen Vorrat an Literatur verfügbar hat, wird noch eine größere Anzahl von Büchern und Aufsätzen zu besorgen sein. Dabei können jederzeit Verzögerungen auftreten, sei es weil Bücher entweder nicht ausgeliehen werden können oder gar nicht in der Bibliothek vorhanden sind. Im ersten Fall merkt man sie vor, im zweiten Fall schickt man eine Fernleihbestellung los – in beiden Fällen muss man warten! Deswegen empfiehlt es sich, dies auf jeden Fall **frühzeitig** zu erledigen, damit diese Quellen noch vor Abgabe zur Einarbeitung vorliegen.

1. Der richtige Umgang mit Fotokopien

Fotokopien sind eine feine Sache. Durch die Möglichkeit Kopien anzufertigen, steht das benötigte Werk auch den anderen Benutzern der Bibliothek nach kürzester Zeit wieder zur Verfügung. Kopien erlauben Markierungen und Unterstreichungen, sie ermöglichen ein rasches und problemloses Auffinden wichtiger Literaturstellen – sofern man auch hier einige Grundregeln beherzigt. Vor allem sollte **nur kopiert werden, was zuvor bereits gelesen wurde**. Beim Kopieren »ins Blaue hinein« besteht die Gefahr, schnell den Durchblick zu verlieren und die immense Flut von Informationen nicht mehr geordnet aufnehmen zu können.

Hinweis: Damit man nach einer Woche Kopierarbeit auch Nutzen aus dem gewonnenen Material ziehen kann, müssen sämtliche Kopien handschriftlich mit den **bibliographischen Daten** der Quelle (mindestens: Autor(en), Titel, Auflage, Erscheinungsjahr) gekennzeichnet werden, da ansonsten für das Literaturverzeichnis jede Fundstelle ein zweites Mal gesucht – und gefunden – werden muss. Enorm wichtig ist auch eine geordnete und übersichtliche **Ablage**. Die Kopien möglichst durchgängig im gleichen Format (DIN A4) anfertigen, direkt lochen und abheften!

2. Lesen und Verarbeiten des recherchierten Materials

Ist die Literatur schließlich mit einer gewissen Vollständigkeit zusammengetragen, so ist das **Lesen**, **Verarbeiten** und **Ordnen** der Information der nächste und wohl zeitintensivste Schritt, der noch vor dem eigentlichen Schreiben steht. Hier bestimmt das individuelle Lesetempo den Zeitrahmen. Auch in diesem Bereich kann man seine Arbeitstechnik verbessern:

Je nach Leseinteresse, Vorwissen und Textkomplexität lassen sich verschiedene Techniken einsetzen, um die Lesegeschwindigkeit zu erhöhen. Selbstverständlich kann dadurch das spätere intensive Lesen nicht ersetzt werden, die Struktur des Textes kann jedoch leichter erfasst werden. Selbst wenn zunächst einige Textteile mehrmals gelesen werden müssen, ergibt sich im Endeffekt eine enorme Zeitersparnis dadurch, dass die Textteile, die keiner genaueren Auseinandersetzung bedürfen, sehr schnell identifiziert und bei der späteren Lektüre weggelassen werden können. Man unterscheidet vor allem zwei Methoden des Schnell-Lesens (so genanntes ***Survey-Reading***):

Beim **Überfliegen** eines Textes soll zunächst festgestellt werden, wovon der Text im Ganzen handelt. Dies ist zum Beispiel dann wichtig, wenn geklärt werden soll, ob ein Text für eine genauere Analyse überhaupt geeignet ist. Dazu werden zunächst alle Informationen zu Rate gezogen, die den Fließtext ergänzen, also vor allem die Überschrift, die Einleitung und die (Zwischen-)Überschriften. Sodann liest man den Fließtext, ohne dabei Sätze oder einzelne Wörter zu fokussieren. Dadurch lassen sich die Struktur und der ungefähre Argumentationsverlauf grob erfassen.

Beim **Querlesen**, auch als diagonales Lesen bezeichnet, wird Seite für Seite des Textes sehr zügig gelesen. Dies funktioniert am besten, wenn der Blick von links oben nach rechts unten über die Seite gerichtet wird. Die dabei entstehende »Blick-Diagonale« ist sozusagen die Schnittmenge aus den zwei Richtungen, die ein gedruckter Text (wenigstens in den europäischen Sprachen) verfolgt: von links nach rechts bzw. von oben nach unten. Hierbei muss genügend Abstand zum Text eingehalten werden, um einen möglichst großen Teil der Seite gleichzeitig im Blick zu haben. Konzentrieren sollte man sich auf **Subjekte** und **Prädikate** der Sätze, **Substantive** sind wichtiger als Adjektive. Sie lassen sich zudem leicht erfassen, da sie (im Deutschen) groß geschrieben werden. Wichtig sind auch sinntragende **Konjunktionen** wie »*daher*«, »*deshalb*«, »*weil*«.

Diese Techniken bauen aufeinander auf und man kann sie beliebig miteinander kombinieren. Nachdem die verschiedenen Textquellen auf diese Weise erschlossen worden sind, beginnt man nach spätestens der Hälfte der Bearbeitungszeit mit der

IV. Niederschrift

Das eigentliche Schreiben selbst **verbraucht in der Regel am wenigsten Zeit**. Da aber angemessene Sorgfalt nur mit angemessenem Tempo zu erreichen ist, sind mehr als **vier Seiten Text pro Tag** auch für geübte Schreiber kaum zu schaffen.

> **Merke:** Ziel der Hausarbeit ist es, den vorgegebenen Fall in einer bestimmten Zeit vertretbar zu lösen, nicht eine vollumfängliche Diskussion aller im Sachverhalt enthaltenen Probleme. Einige Unschärfen sind dabei zugunsten einer deutlichen Schwerpunktsetzung und einer lösungsorientierten Struktur in Kauf zu nehmen.

Ergebnisorientiert zu arbeiten ist in diesem Zusammenhang übrigens nicht gleichbedeutend damit, dass es auf das Ergebnis in besonderem Maße ankommt. Denn was das Ergebnis anbelangt, gilt auch für juristische Hausarbeiten insoweit die allgemeine Lebensweisheit: **Der Weg ist das Ziel**. Es kommt auf den Lösungsweg an, dieser allein wird später vom Korrektor nachvollzogen und letztlich bewertet. Das ermittelte Ergebnis selbst – sofern es **argumentativ fehlerfrei** herbeigeführt und damit vertretbar ist – interessiert demgegenüber bei der Notenfindung nur am Rande. Zu Beginn des Studiums fällt es oftmals schwer zu glauben, dass viele juristische »Lösungen« keinesfalls einen Anspruch auf Richtigkeit und Vollständigkeit erheben. Dieses Phänomen ist übrigens auch in der täglichen Arbeit der Gerichte wahrzunehmen. Dort werden oftmals nahezu identische Fälle mit völlig unterschiedlichem Ergebnis rechtsgültig beurteilt. Gerade aus diesem Grund gibt es den Instanzenzug, der den Bürger in die Lage versetzt, die gegen ihn ergangene Entscheidung erneut überprüfen zu lassen. Und auch die Bundesgerichte haben schon häufig ihre ursprünglich gefundenen Ergebnisse aufgrund veränderter Umstände und neuerer Entwicklungen korrigieren müssen. Jura ist keine statische Wissenschaft. Beim Abfassen einer Hausarbeit sollte deshalb mehr Wert auf eine **»saubere« Methode** und eine **nachvollziehbare Darstellung** gelegt werden als auf die Herbeiführung eines vermeintlich »erwünschten« Ergebnisses.

> <u>**Exkurs:**</u> Beim Schreiben stellt sich manchmal ein besonderes Problem ein. Man hat alles im Kopf und weiß nicht, wie man es formulieren soll (»**Schreibstau**«). Jede Formulierung, die man gerade noch im Kopf erdacht hatte, wird sofort wieder verworfen. Selbst wenn der Anfang gemacht ist, einige geordnete Sätze zu Papier zu bringen, findet sich kein Weg, den Gedankengang richtig zu Ende zu bringen. Dieses typische Phänomen stellt sich bei vielen ein, die vor einem leeren Blatt sitzen und etwas zu Papier bringen wollen oder müssen (der Psychologe spricht vom so genannten **»White Paper-Syndrom«**). Es ist allerdings auch das genaue Gegenteil möglich, also ein Schreibfluss oder sogar »Schreibrausch«. Um einen solchen »Workflow« zu generieren, bieten sich verschiedene Vorgehensweisen an, die sich allerdings nicht als Patentrezepte verstehen. Notwendig ist in jedem Fall eine kontinuierliche und dauerhafte Befassung mit der Arbeit, ausgedehnte Pausen bzw. Unterbrechungen schaden dem Arbeitsfluss immens.

Im Hinblick auf die einmal entwickelte Lösung möchten wir eindringlich davor warnen, sich in der Endphase der Bearbeitung noch von seinen wesentlichen Gedanken abbringen zu lassen. Eine gewisse »Teambildung« während der Hausarbeitszeit – jenseits von Täuschungsversuchen – dient dem fachlichen Austausch und ist keinesfalls zu beanstanden. **Vorsicht ist jedoch vor schlechten Ratgebern geboten**, etwa solchen Personen, die in der Nacht vor dem Abgabetermin freudig erregt anrufen, um mitzuteilen, dass sie nunmehr kraft göttlicher Eingebung endlich die einzig »richtige Lösung« gefunden haben und einen nunmehr dazu bewegen möchten, an ihrem trügerischen Glück teilzuhaben. Ähnliches ließe sich seitenweise ausführen über Bekannte aus höheren Semestern, Fachanwälte aus dem Bekanntenkreis der Eltern, und Leute, die in jeder Klausur des letzten Semesters 14 Punkte geschrieben haben. Derartige »Unterstützung« sollte man tunlichst vermeiden und dankend ablehnen. Stattdessen muss der eigene Lösungsansatz – der ja im Normalfall das Produkt einer intensiven Befassung und einer kritischen Prüfung ist – vor solchen Störeinflüssen geschützt werden. **Kurzfristige Modifikationen** (= Änderungen) **in letzter Minute** können eine Arbeit kaum signifikant verbessern, sie können aber unter Umständen größeren Schaden anrichten, nämlich dann, wenn hierdurch die Stringenz (lat. zwingende Schlussbündigkeit) und Folgerichtigkeit des Lösungswegs beeinträchtigt wird.

V. Abschlussarbeiten

Wichtig ist, sich für die Endkorrekturen (Feintuning) nochmals genug Zeit zu nehmen. Der hier anfallende **Zeitaufwand** wird häufig unterschätzt. Das gilt sowohl für den Inhalt als auch für das äußere **Erscheinungsbild** der Arbeit, die Formalien. Der Text und natürlich die Fußnoten sollten nochmals im Hinblick auf Rechtschreibung, Grammatik, Stil und Ausdruck sorgfältig durchgesehen werden. Das **Literaturverzeichnis** sollte auf »**Leichen**«, also Einträge, die sich nicht in einer Fußnote wieder finden, abgeklopft werden. Umgekehrt sind alle Einträge zu ergänzen, die noch nicht aufgenommen worden sind. Für diese Arbeit benötigt man, betreibt man sie ernsthaft, etwa zwei bis drei Tage! Sinnvoll ist es, die fertige Arbeit vor dem endgültigen Ausdruck am besten **von mehreren Personen lesen** zu lassen und die sich hieraus gegebenenfalls ergebenden Korrekturen nachzutragen. Grund: Wenn man sich lange mit einem eigenen Text beschäftigt hat, stellt sich eine erhebliche »Fehlerblindheit« ein.

Die Arbeit sollte im **Blocksatz** geschrieben sein. **Fettdruck** ist zu vermeiden. Hervorhebungen im Text und sämtliche Namensangaben von Autoren, die zitiert werden, sind ***kursiv*** zu schreiben. Unansehnliche Lücken, die durch fehlerhafte Textumbrüche entstehen, behebt man, indem am Anfang der Folgezeile an passender Stelle **bedingte Trennstriche** (bei MS-Word: Strg-»-«) gesetzt werden.

Was **vorher** so ausgesehen hat:

> *»Lorem ipsum dolor sit amet, consetetur sadipscing, nonumy eirmod tempor invidunt diam voluptua. accusam et justo duo dolores et ea rebum.«*

sollte **hinterher** dann folgendermaßen aussehen:

> *»Lorem ipsum dolor sit amet, consetetur sadipscing nonumy eirmod tempor invidunt diam voluptua accusam et justo duo dolores et ea rebum..«*

Exkurs: Platzprobleme oder: »Mir fehlte die Zeit, um den Text kürzer zu schreiben«

Häufig gibt es bestimmte (zwingende) Richtwerte für den Umfang einer Hausarbeit. Diese Obergrenzen dienen dazu, den logistischen Aufwand der Durchsicht von einigen hundert Bearbeitungen kalkulierbar zu machen und eine Vergleichbarkeit der Arbeitsergebnisse sicherzustellen. Manche Arbeit hat aber entweder deutlich weniger oder deutlich mehr Umfang. Also ist es sinnvoll, zumindest optisch die Substanz an die Vorgaben anzunähern. Dabei ist es immer ratsam, zunächst alle Möglichkeiten auszuschöpfen, um den Text **inhaltlich** auf den gewünschten Umfang zu bringen. Häufig können bestimmte Probleme ausführlicher diskutiert oder Randprobleme kürzer gefasst werden. Dies gehört zu der im Endeffekt bewerteten juristischen Leistung dazu. Es gilt daher der

Grundsatz: Besser inhaltlich kürzen als optisch kürzen, besser inhaltlich erweitern als optisch erweitern!

Sollten alle inhaltlichen Register bereits gezogen worden sein, kann man versuchen das Gutachten jedenfalls **optisch** noch auf die gewünschte Länge zu bringen. Einfache technische Maßnahmen, wie ein doppelter Zeilenabstand oder eine um mehrere Punkte vergrößerte oder verkleinerte Schrift, fallen dem Korrektor dabei schnell auf und wirken oftmals plump. Empfehlenswert ist daher stets die Kombination verschiedener »subtiler« Techniken, da dann die Normabweichungen jeweils in einem kaum wahrnehmbaren Toleranzbereich liegen können. Es gibt in den gängigen Textverarbeitungsprogrammen verschiedene Einstellungen, mit denen sich der optische Textumfang gut abstimmen lässt. Dies sind im Einzelnen:

Trennhilfe: Die einfachste Methode der Umfangsvergrößerung oder -verringerung ist die Hinzuziehung oder bewusste Unterdrückung der Trennhilfe. Das kann je nach Schriftart, Seitenrändern und Wortwahl des Autors bis zu 1,5 Seiten Platzersparnis bringen.

Jede **Schriftart** hat ein spezifisches Erscheinungsbild und verbraucht damit unterschiedlich viel Fläche pro Buchstabe. Allein durch die Veränderung der Standard-Schriftart (sofern dies vom Hausarbeitssteller zugelassen wird) lässt sich einiges am optischen Umfang ändern. Unterscheiden muss man hier zwischen **proportionalen** und **nicht-proportionalen** Schriften. Proportionalschriften geben die einzelnen Buchstaben gemäß ihres Platzbedarfes wieder, ein »i« verbraucht hier also weniger Platz als ein »m«. Nicht-proportionale Schriften (auch »monospaced« genannt) hingegen weisen jedem Buchstaben den gleichen Platz zu; die Buchstabenbreite aller Buchstaben bestimmt sich also automatisch nach dem Platzbedarf des »größten« Buchstaben. Folglich verbrauchen nicht-proportionale Schriften für den gleichen Text regelmäßig deutlich mehr Platz. Dieser Umstand kann bei einer 25-seitigen Hausarbeit schnell zwei bis fünf Seiten ausmachen. Auch im Schriftschnitt ergeben sich durch Unterschiede in der Schriftmetrik teilweise riesige Unterschiede in der Wiedergabe. Besonders feine Schriften wie einige Mitglieder der Garamond-Schriftfamilie (z.B. Apple Garamond) sind so eng geschnitten, dass sie im Vergleich zu einer »kräftigen« Schrift wie Arial oder Courier ca. zwei Punkte größer eingestellt werden müssen, um die gleiche **optische Größe** zu erzielen. Es lohnt sich also, hier einiges auszuprobieren.

Auch die **Schriftgröße** lässt sich natürlich noch verändern. Es wird empfohlen, maximal in Werten von 0,5 Punkten zu arbeiten, alles andere wird vermutlich schnell erkannt und dann als plumper Täuschungsversuch gewertet.

Zu erwähnen ist noch die Möglichkeit einiger Textverarbeitungssysteme, die **Laufweite** der Buchstaben festzulegen, also den Abstand der einzelnen Zeichen voneinander. Wird hier entsprechend dezent eine Erhöhung oder Verringerung vorgenommen, können hieraus bei durchschnittlichem Umfang bis zu zwei Seiten zusätzlicher Raum gewonnen werden.

Die **Seitenränder** lassen sich in allen gängigen Programmen individuell anpassen. Üblich ist es, im Teil der Ausarbeitung linksseitig für Korrekturanmerkungen 7 cm Seitenrand zu lassen (entspricht 1/3 der DIN A4-Seitenbreite). Man kann diesen Rand durchaus größer machen, beispielsweise direkt **1,5 cm zugeben für die Lochung** (erhöht den Umfang). Der rechte Rand sollte bei **0,8-1,0 cm** liegen (manche Drucker vertragen es sogar, wenn man hier auf bis zu 0,5 cm heruntergeht, das verringert den Umfang; vergrößern sollte man den rechten Rand **nicht**, weil hierdurch schnell der Eindruck des »Seitenschindens« entsteht. Die oberen und unteren Seitenränder lassen sich ebenfalls justieren. Auch hier sollte man tendenziell sparsam mit Platzzugaben umgehen. Eine weitere Möglichkeit ist die Veränderung des Abstandes der Kopf- bzw. Fußzeile zum Seitenrand.

Die Änderung des **Zeilenabstands** ist der schwierigste Punkt und erfordert einiges Fingerspitzengefühl, wenn sie dem Korrektor nicht sofort auffallen soll. Die Einstellung kann bei Word als Punktwert (wie die Punktgröße bei der Schrift) mit den

Optionen »mindestens« und »genau« angegeben werden. Dabei lassen sich auch Dezimalstellen hinter den Punkten angeben. Hierin liegt der eigentliche Reiz dieser Funktion zum angesprochenen Zweck, da kleine Abweichungen (unter 0,5 Punkt) auch bei einem Laserausdruck mit exakten Schriftlinealen kaum erkannt werden können. Es empfiehlt sich, »mindestens« zu wählen, damit die regelmäßig größeren Überschriften nicht abgeschnitten werden. Diese Maßnahme kann bei einer durchschnittlichen Hausarbeit (25 Seiten) bis zu einer Seite Raumgewinn bringen.

Nicht zu unterschätzen ist die Möglichkeit, die **Fußnoten** umzuformatieren, zumal die Hausarbeitssteller häufig keine näheren Spezifikationen vorgeben. Der Fußnotenapparat lässt sich in der Regel kleiner als der Haupttext setzen. Die Angaben können entweder untereinander (kostet viel Platz, sieht dafür übersichtlicher aus) oder durch Semikola getrennt nebeneinander geschrieben werden (sehr platzökonomisch).

- Exkurs Ende -

»**copy&paste**« ist eine vielfach in Textverarbeitungssoftware angewandte Technik, mit der einzelne Wörter, Sätze oder ganze Absätze und Kapitel innerhalb eines Dokuments verschoben werden können. Diese technische Möglichkeit, den Aufbau einer Arbeit schnell zu ändern, will jedoch vorsichtig eingesetzt sein. Das Resultat einer oberflächlichen Benutzung sind nämlich Sätze wie dieser:

» K könnte einen Anspruch der K einen Anspruch auf Schadensersatz haben«

Es ist selbstverständlich, dass derartige Sprachungetüme eine gewissenhafte Durchsicht der Arbeit vor der Abgabe unter keinen Umständen überstehen dürfen!

Achtung! Die automatische **Rechtschreibkorrektur**, die in vielen Programmen integriert ist, sollte man übrigens mit Vorsicht genießen. Üblicherweise finden sich in Texten, die von der Software als fehlerfrei identifiziert werden, nämlich immer noch eine ganze Reihe von Fehlern. Der Grund hierfür besteht darin, dass der Computer (noch) dort an seine Grenzen stößt, wo sich die Falschschreibung nicht mehr durch Abgleich mit einem Wörterbuch ermitteln lässt. Einige Beispiele von möglichen Fehlern die **nicht** erkannt werden:

»*Erfolge*«	statt	»*Erbfolge*«
»*Gegenwert*«	statt	»*Gegenwart*«
»*Notar*«	statt	»*Notarzt*«
»*wahr*«	statt	»*war*«
»*Gewebe*«	statt	»*Gewerbe*«
»*Patient*«	statt	»*Patent*«
»*das Mietende*«	statt	»*der Mietende*«
»*Gericht*«	statt	»*Gesicht*«

Fazit: Sich **blind** auf die Rechtschreibfunktionen der Textverarbeitungssoftware zu verlassen, ist also ein **großer Fehler**. Für die automatische Überprüfung der Grammatik gilt das Gleiche.

Letzter Schritt ist sodann der **Ausdruck** der Arbeit und die anschließende **Bindung** sowie die fristgerechte **Abgabe**. Wer sich in der Vorbereitungsphase (s.o.) sorgfältig präpariert hat, sollte hier keine bösen Überraschungen erleben.

Der Ausdruck erfolgt bestenfalls über einen handelsüblichen **Laserdrucker**, da hierdurch ein scharfes und deutliches Schriftbild erzielt wird. Ältere Tintenstrahldrucker, bei denen die Farbe schwarz nicht in einem separaten Tintentank vorhanden ist, sondern aus den übrigen Farben zusammengemischt wird, erzeugen kein reines schwarz, sondern zumeist einen dunklen Braunton. Ihr Einsatz ist daher nicht zu empfehlen. Ansonsten gilt hier (ausnahmsweise ohne Vorbehalt): Erlaubt ist, was gefällt.

Die Arbeit ist auf der letzten Seite mit dem Vermerk »**ENDE DER BEARBEITUNG**« sowie Ort, Datum und **Unterschrift** zu versehen. Hiermit versichert der Unterzeichnende, dass er der Urheber des Textes ist und diesen nur mit den zulässigen Hilfsmitteln angefertigt hat. Eine Ausnahme bilden in diesem Zusammenhang die Examenshausarbeiten in einigen Bundesländern nach derzeit noch geltender Rechtslage. Dort muss die Bearbeitung frei von jeglichen unmittelbaren Hinweisen auf die Person des Verfassers sein, einzig die Angabe einer durch das Justizprüfungsamt vergebenen **Prüfungsnummer** auf dem Deckblatt der Arbeit ist zulässig.

Zu empfehlen ist eine **Spiralbindung** (die bis zu einem Umfang von etwa 200 Seiten auch problemlos funktioniert). Diese erleichtert dem Korrektor das Umblättern gegenüber der Klebebindung, wenngleich diese gewiss einen professionelleren Eindruck hinterlassen dürfte. Die Farbgebung des **Einbands** sollte betont dezent gestaltet sein, Farbtöne außer schwarz, grau und blau sollten nur in dunklen Schattierungen gewählt werden. Im Übrigen ist auf jeglichen »Schmuck« zu verzichten. Symbole, Logos, Fotos und Universitätswappen sollten anderen Druckwerken vorbehalten bleiben.

Wenn sich die Abgabe einer Hausarbeit tatsächlich einmal so sehr verzögert, dass die Arbeit nicht mehr am sachlich zuständigen Lehrstuhl oder Institut abgegeben werden kann, bleibt nur noch der Weg zum örtlichen **Hauptpostamt** bzw. zum nächsten Hauptbahnhof. Dort haben die Postfilialen oftmals noch bis 22.00 Uhr oder länger geöffnet. Die Arbeit sollte keinesfalls einfach in einen Briefkasten geworfen werden. Man sollte unbedingt darauf achten, dass am Schalter noch der **Poststempel** des Abgabetages auf den Umschlag kommt. Nur dann besteht eine reelle Chance, dass die Arbeit nicht als verspätet zurückgewiesen wird. Um sicherzugehen empfiehlt es sich, die Arbeit per **Einschreiben mit Rückschein** zu versenden.

Zeiteinteilung bei einer vierwöchigen Hausarbeit:

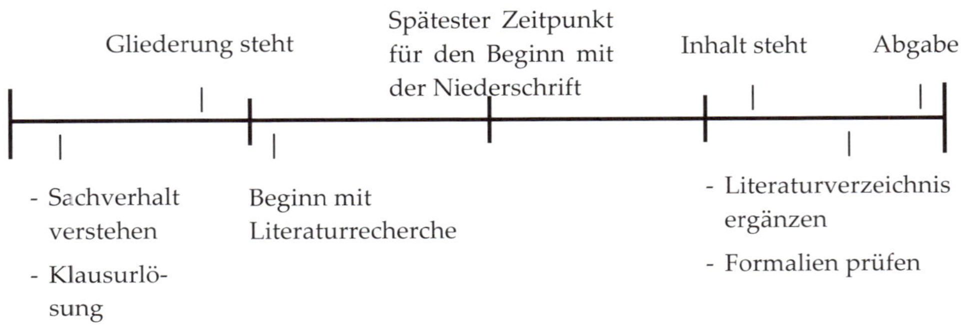

Kapitel 5 – Frequently Asked Questions

An dieser Stelle möchten wir noch einmal in aller Kürze die wichtigsten Fragen beantworten, die im Zusammenhang mit Formalien und Stil juristischer Prüfungsarbeiten in der Praxis häufigsten gestellt werden.

1. Muss ich auch BGH-Urteile im Literaturverzeichnis aufnehmen?

Nein. Urteile zählen nicht zur Literatur. Sie werden als Belege unmittelbar in den Fußnoten aufgeführt, dort nach Möglichkeit unter Angabe des Aktenzeichens und des Datums der Entscheidung sowie der Fundstelle.

2. Muss ich Urteile mit Datum und Aktenzeichen zitieren?

Nein. Allerdings enthalten beide Angaben im Zusammenspiel eine ganze Menge von Informationen. Die Angabe BAG v. 3.7.2005 (2 AZR 224/03) etwa, bedeutet, dass die Entscheidung vom 2. Senat des Bundesarbeitsgerichts stammt, der in einer Revisionssache am 3.7.2005 nach zweijähriger Bearbeitungszeit entscheiden zu einem nicht völlig einfachen Rechtsproblem entschieden hat. Das Aktenzeichen benennt durch die vorangestellte Zahl nämlich den Spruchkörper. Das folgende Registerzeichen (eine Übersicht findet sich im Anhang I des »Schönfelder«) gibt an, um welche Art von Entscheidung es sich handelt. Die Zahl am Schluss gibt schließlich an, als wievielter Vorgang und in welchem Jahr die Rechtssache anhängig gemacht wurde.

3. Wann muss ich bei einer Hausarbeit mit dem Schreiben anfangen?

Spätestens nach der Hälfte der vorgesehenen Bearbeitungszeit sollte mit der schriftlichen Ausarbeitung begonnen werden. Anderenfalls steht zu befürchten, dass man zum Ende der Bearbeitungsphase hin in Zeitnot gerät.

4. Wie viele Seiten darf die Gliederung maximal haben?

Die Gliederung kann beliebig lang sein, sofern sie nicht außer Verhältnis zum Gutachtentext steht. Da der Apparat (Deckblatt, Sachverhalt, Gliederung, Literaturverzeichnis) nicht zum Gutachtext zählt, wirkt er sich im Hinblick auf einen vorgegeben Maximalumfang nicht aus.

5. Ich habe schon 10 Seiten »Vorspann« in meiner Arbeit, werden diese in die maximal erlaubte Seitenzahl mitgerechnet?

Siehe Antwort zu Frage 3

6. Ich habe zu viele Seiten. Was soll ich tun, um den vorgegeben Umfang einhalten zu können?

In erster Linie: sinnvoll inhaltlich kürzen. Unproblematische Aspekte kürzer fassen, zu ausufernde Streitdarstellungen komprimieren. Danach Leerzeilen eliminieren und Überschriften so gestalten, dass sie in eine Zeile passen. Absätze zusammenfassen. Erst anschließend technische Hilfsmittel einsetzen: Zeilenabstände und Seitenränder punktweise reduzieren, Laufweite und Schriftart (wenn zulässig) verändern.

7. Wo bekomme ich den Sachverhalt für eine Hausarbeit her?

Die Sachverhalte werden an der Universität von den jeweiligen Instituten und Lehrstühlen zumeist als Kopierexemplar zur Verfügung gestellt und im Internet publiziert.

8. Welche Hausarbeit und zu welchem Zeitpunkt soll ich schreiben?

Eine Hausarbeit sollte man so früh wie möglich schreiben. Sinnvollerweise werden hier in der Regel nur die Bücher des BGB Prüfungsgegenstand sein. Die Nebengebiete, also Prozessrecht, Arbeitsrecht und Handels- sowie Gesellschaftsrecht werden allenfalls am Rande zu diskutieren sein.

9. Stimmt es, dass es zu jeder Hausarbeit eine Leitentscheidung gibt, mit der man den Fall lösen kann?

Das trifft nicht immer zu. Häufig werden aktuelle Sachverhalte des Zeitgeschehens einfach herangezogen. Oft sind auch etwa bestehende Leitentscheidungen für den durchschnittlichen Studierenden nicht greifbar, da sie unveröffentlicht geblieben sind. Keinesfalls sollte man die Bearbeitungszeit als eine Jagd nach DER Lösungsskizze oder DER Leitentscheidung gestalten.

10. Wo finde ich aktuelle Aufsätze zu einem bestimmten Rechtsgebiet?

Neben den Online-Datenbanken (beck-online, juris) werden monatlich die aktuellen unselbstständigen Veröffentlichungen in der KJB (Karlsruher Juristische Bibliographie) zusammengestellt. Auch in anderen Zeitschriften, wie etwa der JZ findet sich regelmäßig eine Zusammenstellung neuer Publikationen.

11. Wie finde ich eine Anspruchsgrundlage?

Zunächst ist zu ermitteln worauf der begehrte Anspruch gerichtet ist. Ansprüche können sich sodann aus Verträgen, Vertrauensbeziehungen und dem Gesetz selbst ergeben. Zunächst muss daher geklärt werden, ob eine Vertragsbeziehung zwischen den in Betracht kommenden Beteiligten besteht und welchen Inhalt sie hat. Dies kann man im Falle des BGB recht einfach anhand des Inhaltverzeichnisses feststellen. Scheiden derartige Anspruchsgrundlagen aus, ist entsprechend weiterzuprüfen. Nur im Notfall sollte auf ungeschriebene Anspruchsgrundlagen und Rechtsinstitute (wie etwa den „Vertrag mit Schutzwirkung für Dritte") zurückgegriffen werden.

12. Was ist zu prüfen, wenn in einer zivilrechtlichen Arbeit nach der „Rechtslage" gefragt ist?

In diesem Fall ist grundsätzlich auf sämtliche denkbaren Ansprüche zwischen allen Beteiligten einzugehen. Allerdings muss hierbei auch das konkrete Interesse der Parteien, wie es sich aus der Schilderung des Sachverhaltes ergibt, berücksichtigt werden. Macht ein Beteiligter nach dem Sachverhalt überhaupt keine Ansprüche geltend, kann er bei der Falllösung als Anspruchsteller außer Betracht bleiben.

13. Ich habe nicht von allen Büchern die aktuellste Auflage benutzt. Was soll ich im Literaturverzeichnis schreiben?

Dieser beklagenswerte Normalfall wird in der Praxis dadurch behoben, dass im Literaturverzeichnis zwar sämtliche verwendeten Titel mit der neuesten Auflage angegeben werden, am Schluss der Auflistung aber noch ein Hinweis darauf erfolgt, dass zur Zeit der Bearbeitung nicht sämtliche Titel in aktueller Auflage vorgelegen haben. Alternativ kann dieser Hinweis auch direkt beim jeweiligen Werk erfolgen.

14. Warum muss ich meine Arbeit auf der letzten Seite unterschreiben?

Dies kommt in universitären Prüfungsarbeiten einer Versicherung gleich, dass die Arbeit vom Unterzeichner selbst und ohne fremde Hilfe angefertigt worden ist. Fehlt die Unterschrift kann der Aufgabensteller die Korrektur und Benotung verweigern. Einzige Ausnahme bildet in einigen Bundesländern die Hausarbeit im 1. Staatsexamen nach bislang noch geltendem Recht

15. Korrigiert der Professor selbst meine Arbeit?

Was universitäre Arbeiten anbelangt: in aller Regel nein. Professoren korrigieren allenfalls im Rahmen der Staatsprüfungen. An der Hochschule übernehmen diese Aufgaben wissenschaftliche Mitarbeiter (mit mindestens 1. Staatsexamen) oder eigens dafür eingestellte Korrekturassistenten mit gleicher Qualifikation. Nur wenn Arbeiten besonders gut oder an der Grenze zum Bestehen liegen, werden sie im Einzelfall dem Hochschullehrer vorgelegt.

16. Ist eine Lösung falsch, wenn sie von der Lösungsskizze oder der herrschenden Meinung abweicht?

Eine vertretbare und mit nachvollziehbaren Argumenten begründete Lösung ist niemals falsch. Derartige Abweichungen von der »Musterlösung« (die es deshalb per se gar nicht gibt) dürfen nicht mit einem Punktabzug geahndet werden. In einer Prüfungsarbeit darf auch von der in »herrschenden Meinung« oder der »herrschenden Lehre« abgewichen werden, wenn dies überzeugend begründet wird.

17. Muss ich meine Telefonnummer auf dem Deckblatt meiner Hausarbeit vermerken?

Die Telefonnummer zählt nicht zu den zwingend erforderlichen Angaben, ist aber insbesondere dann hilfreich, wenn die Arbeit nicht zum offiziellen Termin abgeholt wird, oder im Einzelfall Rücksprache gehalten werden muss. Man sollte sie also vermerken, wenn keine zwingenden Gründe dagegen sprechen.

18. Kann ich meine Hausarbeit auch vor oder nach dem Abgabetermin noch einreichen?

Eine Abgabe **vor** dem Abgabetermin ist problemlos möglich. Nach dem Abgabetermin wird die Arbeit jedoch nicht mehr angenommen oder bewertet. Juristen sollen sich frühzeitig an Ausschlussfristen gewöhnen.

19. Was mache ich, wenn ich die Abgabefrist nicht einhalten kann?

Am Tag der Abgabe selbst kann man versuchen die Arbeit mit der Post zu versenden. Dabei ist auf den tagesaktuellen Poststempel zu achten und günstigerweise die Versandart »Einschreiben mit Rückschein« zu wählen

20. Muss das Literaturverzeichnis nach Kommentaren, Lehrbüchern und Aufsätzen unterteilt werden?

Nein, diese früher übliche Unterteilung wird heutzutage nicht mehr vorgenommen.

21. Was passiert, wenn ich die vorgegebene maximale Seitenzahl überschreite?

Bei einer absolut geringfügigen Überschreitung von wenigen Zeilen, wird diese üblicherweise folgenlos bleiben. Bei gravierender Überschreitung wird der überschüssige Teil der Arbeit der Bewertung nicht zugrunde gelegt. In Extremfällen kann auch die Überschreitung als solche mit einem geringen Punktabzug geahndet werden.

22. Wie kann ich herausfinden, welches die aktuellste Auflage eines Buches ist?

Die aktuell verfügbare Ausgabe lässt sich schnell und unkompliziert über eine entsprechende Abfrage auf der Seite **www.buchhandel.de** ermitteln.

23. Wie füge ich bei MS Word Fußnoten in ein Dokument ein?

Je nach Version über das Menü Einfügen und entweder »Fußnote...« oder »Referenz« → »Fußnote...«. Für eine längere Arbeit empfiehlt es sich eine Schaltfläche einzufügen, so dass Fußnoten bequem mit einem Klick integriert werden können. Diese Schaltfläche findet man unter »Extras« → »Anpassen« → »Befehle« und kann sie von dort aus per drag&drop direkt in die Symbolleiste ziehen.

Sachverzeichnis

Leitfaden Berufseinstieg

André Niedostadek
Jörg-Christian Lorenz
Der erfolgreiche
Berufseinstieg für Juristen
• Orientieren
• Qualifizieren
• Bewerben
Ein Leitfaden
2004. 311 Seiten, kartoniert
ISBN 3-7663-3529-4

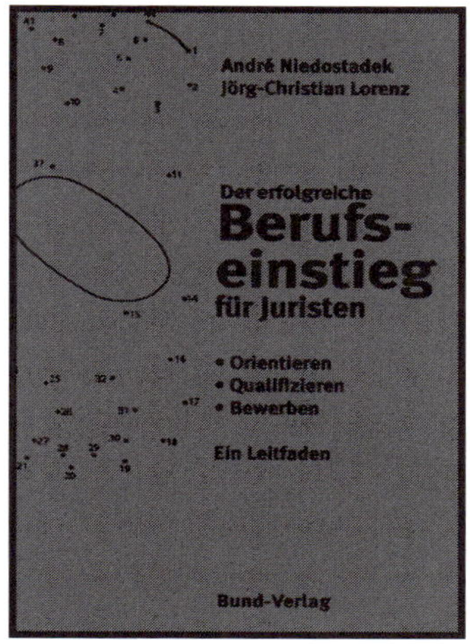

Welche Perspektiven bieten sich Juristen, die einen beruflichen Einstieg suchen? Wer sich beruflich orientieren möchte, der benötigt vor allem fundierte Informationen und Anregungen. Welche Chancen gibt es auch außerhalb der klassisichen Bereiche in Justiz, Rechtspflege und Verwaltung? Wie lässt sich ein erfolgreicher Berufsstart planen und umsetzen? Wie kann man die eigene Ausgangssituation verbessern?

Der Leitfaden gibt auf diese und weitere Fragen brauchbare Antworten. Wohl einzig in seiner Art bündelt dieses Buch erstmals viele relevante Informationen rund um das Thema Berufseinstieg und stellt sie kompakt und speziell nur auf Juristen zugeschnitten dar.

Zahlreiche Kontaktadressen, vertiefende Literaturhinweise sowie weitere praktische Tipps vermitteln das nötige Rüstzeug, um die eigenen beruflichen Ziele zu verwirklichen.

Besuchen Sie uns im Internet: www.bund-verlag.de

Bund-Verlag